Trudi Harmath Bachmann

ES WAR EINMAL...

Kindergeschichten
Erwachsenengeschichten
Winter- und Weihnachtsgeschichten

Von der Weisheit der Seele

edition editka, Basel 2022

©2022 edition editka
Verlag: edition editka, Blauenstrasse 17, 4054 Basel, editor@edition-editka.ch
Druck: WIRmachenDRUCK GmbH, Mühlbachstrasse 7, 71522 Backnang
Autorin, Illustrationen: Trudi Harmath Bachmann
Sämtliche Inhalte dieses Buchs sind urheberrechtlich geschützt

ISBN 978-3-85642-004-8

*Was nützt uns all die Schulweisheit,
wenn sie uns nicht die Sinne für die
Weisheit unserer Seele zu öffnen vermag?*

Sonja von Eisenstein

Einführung

Zur Person: Bei einem heftigen Gewitter um die Mittagszeit kam ich im Jahre 1936 auf die Welt. Schon immer haben mich Märchen in meinem Leben begleitet. Mein Vater erzählte mir die Bergsagen von den Wichteln, den guten Helfern der Menschen.

Auf meinem langweiligen und einsamen Schulweg in der ersten Klasse wartete ich, bis jemand daherkam, dem ich dann meine selbst erfundenen Geschichten erzählen konnte.

Später, als Kinderkrankenschwester, Mütterberaterin, Erzieherin und Hortleiterin gehörte das Geschichtenerzählen zu meinem Alltag.

Als Puppenspielerin spielte ich die Geschichten mit Handpuppen, die mich überallhin begleiteten.

Mit dem Studium der Psychosophie - der Lehre von der Weisheit der Seele - begann ich, die Geschichten aufzuschreiben. Dieser Schritt von der Märchenerzählerin zur medialen Märchenschreiberin half mir, meine persönlichen Schwierigkeiten zu meistern und mich zu verändern, indem ich viel über meine alten Muster lernte.

Bald konnte ich Kindern und Bekannten für sie persönlich geschriebene Geschichten als Lebenshilfe anbieten und das Schreiben aus dem Unterbewussten brachte Freude und Abwechslung in mein Leben.

Es war mir immer auch ein Anliegen, mit den Geschichten den hyperaktiven Kindern, den sogenannten Indigo-Kindern, eine Hilfestellung zu bieten, indem ich den Eltern einen Zugang zu diesen Kindern gab. Die Geschichten sollten als Wegweiser und zum besseren Verständnis dienen, damit diese Menschen nicht alleine durch diese Welt wandern müssen.

Zu den Geschichten: Wir sind Suchende nach dem Sinn des Lebens. Wir machen uns Sorgen um die Umwelt. In den Familien mit Kindern läuft nicht immer alles so, wie wir uns das vorstellen. Menschen, insbesondere auch ältere und alleinstehende, vereinsamen und ziehen sich von allem und allen zurück. Oft bestehen Vorurteile gegenüber Andersdenkenden oder Menschen aus uns fremden Kulturen.

Die vorliegenden Geschichten zeigen exemplarisch Situationen aus dem Alltag und Wege und Möglichkeiten, Veränderungen herbeizuführen. Es sind Geschichten zum Nachdenken; Geschichten auch, die zeigen, dass es für alles eine Lösung gibt, wenn wir nur bereit sind, etwas in unserem Leben zu verändern oder loslassen können. Sie helfen, Dinge neu wahrzunehmen und die dunklen Wolken um uns herum aufzulösen, damit die Sonne wieder scheinen kann.

Danksagung: Folgenden Menschen bin ich in grosser Dankbarkeit verbunden:
Heidi Schweizer, die mir die Schreibart der Psychosophie beibrachte.
Susanne Senn, meiner Lehrerin, die mir beim Malen und Zeichnen beigestanden ist.
Barbara Seidel, meiner Lektorin.
Barbara Berger vom Schreibservice BABS.
Christine Wirz, die für mich den Verleger Fritz Koelliker gefunden hat, der dieses Buch mit viel Geduld und Können verwirklicht hat.
Allen Erwachsenen und Kindern, für die ich in all den Jahren ihre Geschichten schreiben durfte.

Trudi Harmath-Bachmann, Basel 2021

INHALT

Teil: Geschichten für Kinder ... 1

Das Mäusekind wie Samt und Seide ... 3
Das Pferd und der Delfin ... 6
Das Sonnenstrahlenkind Leila ... 8
Der einsame Adler ... 10
Der Hase und das Meerschweinchen ... 12
Der Hase und die Delfine ... 15
Der kleine Piper ... 17
Der Krieger und die Venus ... 22
Der Prinz, der seine Ruhe haben wollte ... 24
Der Rosengarten ... 27
Der Wanderer und die Maus ... 30
Der Wichtel im Wald ... 32
Der Wichtelkönig ... 34
Die blaue Henne Josefine ... 36
Die Geburtstagstorte ... 47
Das Rehkitz in der Wiese ... 49
Die Rosen und die Königin ... 51
Die Schwalbe Vorwitzling ... 54
Die Discoparty auf dem Friedhof ... 57
Eine ganz besondere Zirkusvorstellung ... 58
Globi und das Riesenrad ... 60
Die Erbsenprinzessin ... 62

Teil 2: Geschichten für Erwachsene ... 65

Als sich die vier Elemente trafen ... 67
Warnung vor dem Sturm Lothar
Auf dem Bauernhof ... 69
Altern, Generationen
Das Geheimnis des Königs ... 72
Sich in der Einsamkeit verkriechen, bis man aufgeweckt wird
Der Bauernhof und der Brunnen ... 74
Lebenssinn im Alter
Der Clown und der Schmetterling ... 76
Einsamkeit, Depressionen im Alter

Der einsame König 79
  Einsamkeit
Der Engel und das Eichhörnchen 82
  Den Partner festhalten wollen, Angst, Vertrauen
Der Gepard 84
  Mit Liebe Hilfe leisten, Vertrauen, Loslassen
Der kleine Wassergeist 87
  Umweltprobleme, Wasser
Der Kürbisdäumling 90
  Selbstvertrauen
Der Lebensbaum 92
  Familienchronik, seine Wurzeln finden
Der Regenbogen und die Perle 95
  Der Regenbogen als Brücke zum Jenseits, Fragen nach dem Tod
Der Schatz der Bergfee 98
  Der Weg zur spirituellen Entwicklung
Der Silberschwan 100
  Beeinflussung durch Andere, Vorurteile, Selbstvertrauen
Der Sultan Suleikum 103
  *Wenn man vom hohen Ross heruntersteigen muss,
  Demut und Bescheidenheit lernen*
Der Wasserfall in den Bergen 106
  Eine Suchende, welche die Welt verändern will, wer bin ich?
Der Wassergeist in der Flasche 108
  Umweltprobleme, Wasser
Die Bauchtänzerin 112
  Lebensrettendes Element Wasser, Durchsetzungsvermögen
Die Beduinenfrau Tania 116
  Umweltprobleme, Tiere
Die farbigen Stoffe der Hoffnung 119
  Mut, sich nicht ausbeuten und beeinflussen lassen
Die Fee Samanda 120
  *Umwelt, eine schwere Zeit kommt auf die Menschheit zu,
  umdenken und handeln*
Die Karawane 124
  Abenteuer, Mut, Durchhaltevermögen
Die Pyramide 126
  Geheimnisse früherer Völker, Tourismus

Die Tanne und die Vogelfamilie 128
    Völkerwanderungen, Umweltkatastrophen,
    Vermischung fremder Kulturen
Die Wasserfee 130
    Was Wut und Unbeherrschtheit anstellen können
Frau Amsel und die Katzenmutter 133
    Zwischenmenschlichkeit, Vorurteile, Rassismus
Im Palast des Wassergeistes 135
    Auf der Suche nach dem Sinn des Lebens
Die Wolke und die Kräuterfrau in den Bergen 137
    Die Lösung unserer Probleme in uns selbst finden
Kater Theophil und der Pfarrer 139
    Tod, und was kommt danach?
Larissa und der Stein 142
    Edelsteine, Ausbeutung der Natur
Liebe und Geborgenheit 144
    Bereit sein, andern Hilfe in der Not zu leisten
Mara, das Kind aus dem Meer 147
    Der große Wunsch nach einem Kind
Sheila, die Haremsdame 156
    Mit Liebe heilen, auf seltsame Art
Wie ein Stern Licht zu den Menschen brachte 160
    Jeder Mensch ist wichtig und hat seine Aufgabe
Wie Simba zum Sultan kam 163
    Lebensentscheidungen

3. Teil: Winter- und Weihnachtsgeschichten 167

Als ein Sternenkind auf Erden kam 169
Der blaue Bär 172
Der Engel auf der Torte 174
Der Igel und der Kater 178
Der Lumpenkönig 179
Der Steinbock, der Hüter der Berge 183
Die rote Weihnachtskugel 186
Die Weihnachtskugel, die singen sollte 190
Eine Vorweihnachtsgeschichte 192
Peter Pan und der kleine Weihnachtsbaum 195
Weihnachten bei der Kräuterfrau Susan 198

Teil 1: Geschichten für Kinder

Das Mäusekind wie Samt und Seide

Es war einmal eine kleine Behausung unter einer uralten Tanne in einem dichten Wald. Sie gehörte einer Waldmäusefamilie. Die Familie hatte viele Kinder, welche ein- und ausgingen.

Es gab Tage, an denen der Mäusevater den Überblick komplett verlor, vor allem wenn seine Kinder noch ihre Freunde mitbrachten.

Eines Abends sagte er vollkommen erschöpft zu seiner Frau: «Also heute wusste ich einen Moment lang nicht mehr, welches meine Kinder sind und welches nicht.»

Die Mäusemutter lächelte weise, ihr konnte das nicht passieren. Eine Mutter weiss immer, wer ihre Kinder sind.

«Geht es dir manchmal auch so?», wollte er von seiner Frau wissen, die schweigend an einem Kleidchen für eines ihrer Kinder nähte.

«Nein», bekam er zur Antwort.

«Ist das alles, was du dazu zu sagen hast?», fragte er leicht erbost.

«Das ist alles», kam es kurz und bündig zurück.

«Bist wohl heute nicht zum Sprechen aufgelegt», murmelte er vor sich hin und schaute an die Decke seiner Behausung. Was er entdeckte, liess ihn erstarren.

«Was ist das da oben?», wollte er entsetzt wissen. Durch ein Loch beobachteten ihn zwei grosse Augen.

«Was ist was?», fragt die Mäusemutter ohne aufzuschauen.

«Das da, da oben an der Decke?»

Die Aufregung war perfekt. Die Mäusemutter lächelte nur: «Beruhige dich, es ist unsere Jüngste. Sie hat sich da oben eingenistet.»

Dem Vater wurde es ganz schwindlig. «Die Jüngste nistet sich ganz allein da oben ein?» Das gab es eigentlich nicht in einer guten Mäusefamilie. Alle wohnten zusammen.

«Was ist mit ihr? Warum muss sie alleine sein? Was soll diese Extrawurst?», kam es wütend vom Vater.

«Sie ist halt anders als die anderen», bekam er zur Antwort.

«Was soll das heissen: anders als die anderen? Hat sie einen Defekt oder was?»

Empört stand der Mäusevater auf. Bis jetzt hatte es in seiner Familie nur perfekte Mäusekinder gegeben. Eines war wie das andere, ohne Ausnahme. Und jetzt sollte eines anders sein, ein Einzelgänger?

«Sie soll sofort runterkommen, ich will sie mir anschauen», donnerte der Mäusevater bedrohlich.

Doch die kleine Maus stand schon die ganze Zeit neben ihm, ohne dass er es gemerkt hätte.

«Pieps, warum schreist du so, Papa?»

Vor ihm stand sein Kind ohne Makel; ein Fell wie aus Samt und Seide, glänzend in einem perfekten Grau, dazu zwei wunderschöne, grosse Augen. Er war überwältigt.

«Das ist meine Tochter?» Er konnte es kaum fassen. Leicht beschämt schaute er sie an. «Warum bist du mir nie aufgefallen?»

«Du bist halt immer so sehr beschäftigt und hast so wenig Zeit für uns», säuselte die kleine Maus.

Von da an hatte er nur noch Zeit für seine Jüngste.

Doch in einer hellen Mondnacht war sie plötzlich verschwunden. Die Aufregung war enorm, der Mäusevater vermutete schon das Allerschlimmste.

Der halbe Wald wurde durchkämmt auf der Suche nach ihr, alle Gefahren ausser Acht lassend.

Sogar die Eule hatte Erbarmen und beschloss, dieses eine Mal auf die Mäusejagd zu verzichten und beim Suchen zu helfen.

Nicht lange und die Eule entdeckte die kleine Maus: Sie war am See, badete im Mondlicht und sang sehnsüchtig ein Liebeslied.

«Wo ist mein Prinz meines Herzens? Denn ich liebe voller Schmerzen. Ich kann dein Kommen kaum erwarten, wann find ich dich in meinem Garten?»

Es tönte herzerweichend. Die Eule schüttelte sich vor Lachen und flog zum Mäusevater zurück.

«He, Mäusevater, deine Prinzessin ist am See und vergeht vor lauter Liebeskummer», krächzte die Eule von der Tanne herunter.

«Danke, ich werde sie sofort holen», und er wollte schon davonrennen.

«Lass das bleiben; wir waren alle einmal jung und wollten allein gelassen werden in unserem Liebeskummer», mahnte die Eule und flog davon.

«Ich werde alt», dachte der Mäusevater und kehrte um.

Er stolperte geradewegs in die Arme seiner Frau.

«Wir müssen unsere Kinder ziehen lassen. Wir haben kein Recht, sie zurückzuhalten.» Liebevoll nahm sie ihn beim Arm und führte ihn ins Haus.

«Die Kleine wird mir fehlen. Ach, es ist so leer hier drinnen», und er liess sich in den Sessel fallen.

«Nicht lange, mein Lieber und schon bald kommen die ersten Grosskinder. Dann wird es wieder laut. Dann wird dir die Leere fehlen», meinte die Mäusemutter leicht wehmütig.

«Du magst recht haben, geniessen wir die Ruhe und den Frieden», tönte es nun schon ganz vernünftig aus dem Sessel.

«Aber was soll ich jetzt tun?»

«Tue doch einmal einfach nichts!»

Das Pferd und der Delfin

Es war einmal eine klare Nacht mit einem Himmel voller Sterne. Der Mond wurde immer runder und es machte ihm Mühe, am Himmel entlangzuziehen. Irgendwo nahe einem Strand, wo die Meereswellen sanft an das Ufer rollten, blieb der Mond stehen und schaute auf die Wellen. Es herrschte eine bezaubernde Stille, kein anderer Laut war zu hören als das Rauschen des Meeres.

«Ich muss aufpassen, dass ich nicht einschlafe», dachte der Mond bei sich und konnte sich nur schwer von diesem stillen Ort trennen.

Da hörte er plötzlich das Galoppieren eines Pferdes. Es kam direkt auf den Strand zu. «Was will dieses Pferd mitten in der Nacht wohl hier?», fragte sich der Mond und schaute neugierig hinunter. Mit lautem Wiehern blieb ein weisses Pferd vor den Wellen stehen und sandte seinen Ruf über das Meer.

Bald darauf kam ein Delfin daher geschossen, stellte sich auf die Hinterflossen und rief: «Was willst du, alter Freund, so mitten in der Nacht?»

«Ich brauche Hilfe, der Prinz ist erkrankt und niemand kann ihm helfen», erwiderte das Pferd.

«Und was soll ich da tun?», fragte der Delfin verwundert. «Ich bin doch kein Arzt.»

«Na, du weisst schon, ihr Delfine habt den Menschen doch immer geholfen.» Das Pferd wurde langsam unruhig.

«Hör mal, mein guter Freund, ich kann nicht aus dem Wasser, das weisst du doch genau», sagte der Delfin etwas traurig.

«Ach entschuldige, das habe ich ganz vergessen. Der Prinz tut mir so leid und ich liebe ihn so sehr.» Traurig liess das Pferd den Kopf hängen.

Der Mond hatte die ganze Zeit zugehört und sich so seine Gedanken gemacht.

«He, ihr beiden Sportsfreunde, ich hätte da eine Idee», rief er munter.
Es ging eine Zeit, bis das Pferd und der Delfin begriffen, dass der Mond zu ihnen sprach.
«Na, sag schon, was hast du für eine Idee?», wollten beide wissen.
«Ich kann ein Sternenkind zum Schutzengel des Prinzen schicken. Wenn wir ihn ganz fest darum bitten, kann er dem Prinzen helfen», erwiderte der Mond.
«Warum müssen wir seinen Schutzengel zuerst darum bitten, warum hilft er nicht einfach so?», wollte das Pferd wissen.
«Weil Engel nur helfen können, wenn wir sie darum bitten, aber dann tun sie es mit Freuden. So ist das halt bei uns», meinte der Mond.
«Gut, dann ruf das Sternenkind und lass den Schutzengel holen», bat nun der Delfin.
Der Mond verschwand einen Moment hinter einer Wolke und es wurde merklich dunkler.
«Glaubst du, das klappt? Ich weiss nicht recht. Warum sind denn die Schutzengel nicht immer bei den Kindern?», wunderte sich das Pferd.
«Ich kenne mich da auch nicht so gut aus, wir werden ihn fragen, wenn er kommt», meinte der Delfin bestimmt.
Plötzlich stand ein Engel vor den beiden: «Ihr habt mich rufen lassen?»
«Bist du der Schutzengel vom Prinzen? Der Prinz ist krank und niemand kann ihm helfen. Der Mond meinte, du könntest es, wenn wir dich darum bitten», flehte nun das Pferd.
«Ja, ja, dich kenne ich doch, du bist der beste Freund des Prinzen, oder nicht?», fragte der Engel lächelnd.
«Ja, natürlich.»
Der Engel schaute liebevoll zum Pferd und dem Delfin. «Keine Angst, dem Prinzen fehlt nichts, ausser dass er nicht ausreiten durfte die letzten Tage; Befehl von seinem Vater. Er muss zwischendurch auch lernen und kann nicht nur reiten. Das ist der Grund», erklärte der Engel sanft.

«Und wie sagen wir das dem Prinzen, er versteht uns ja beide nicht?» Das Pferd wurde ganz mutlos.
«Lasst mich machen. Habt Vertrauen, es wird alles wieder gut», beruhigte der Engel die beiden und verschwand.
Das Pferd und der Delfin verabschiedeten sich und der Mond kam wieder lachend hinter der Wolke hervor.

«Hab ich das nicht gut gemacht?»

Ein glückliches Wiehern, ein Aufspritzen des Wassers und ein Delfinruf waren die Antwort.

Am anderen Tag sah man den Prinzen mit roten Ohren und heissem Kopf hinter seinen Büchern sitzen und lernen, lernen, lernen. Vor dem Fenster wieherte sein weisses Pferd ungeduldig.

«Wann kommst du endlich?»

Der König hatte ein Einsehen. «Aber nur eine Stunde, dann musst du weiterlernen.»

Wie der Wind ritten die beiden zum Strand; dort erwartete sie der Delfin mit wilden Sprüngen.

Zuerst die Arbeit und dann das Vergnügen. Das gilt für Prinzen wie für alle Kinder.

Das Sonnenstrahlenkind Leila

Es war einmal ein kleines Mädchen in einem Garten auf der Wiese, das sich fröhlich im Kreise drehte und die Sonnenstrahlen einfangen wollte.

«Ich werde dich bestimmt kriegen», rief es mit einem Lachen in seiner Stimme. Doch es griff immer nur ins Leere. Die Sonnenstrahlen freuten sich an diesem Kind und machten mit bei diesem Spiel.

Doch bald wurde das Mädchen müde und warf sich ins Gras. Vom Summen der Insekten schlief es ein und träumte von den Sonnenstrahlen, die es fangen wollte.

«Weisst du, uns kann man nicht einfangen, das ist gefährlich.» Ein Sonnenstrahlenkind hatte sich neben das Mädchen gesetzt.

«Warum? Wenn ich dich fange, habe ich immer ein Licht und schön warm», sagte das Mädchen und wollte den Sonnenstrahl berühren. Nun spürte es, wie heiss er war und zog seine Hand schnell wieder zurück.

«Wie heisst du eigentlich?», wollte der Sonnenstrahl wissen.

«Bella, und du? Hast du auch einen Namen?»

«Eigentlich nicht, aber für dich will ich einen haben. Dann kannst du mich rufen, wenn du Licht und Wärme brauchst.»

«Sag, welchen?», wollte Bella wissen.

«Wie wäre es mit Leila?»

«Oh ja, das gefällt mir gut.»

Die Mutter hatte Bella schon lange gerufen und fand sie nun im Gras schlafend.

«Bella, aufwachen, wir wollen Oma besuchen.»

Bella wurde so abrupt aus dem Traum zurückgerufen, dass sie sich nicht mehr von Leila verabschieden konnte. Weinend erwachte sie.

«Was hast du denn, Bella?», wollte die Mutter besorgt wissen.

«Leila ist fort, ohne Adieu zu sagen.»

«Wer ist Leila?», fragte die Mutter erstaunt.

«Ein Sonnenstrahlenkind wie ich.»

«Du hast nur geträumt. Komm jetzt, wir müssen gehen», beruhigte sie die Mutter.

Als Bella grösser wurde, kam ihr dieser Traum immer wieder in den Sinn. Sie wusste, irgendwo gibt es einen Sonnenstrahl, der Leila heisst.

Die Jahre vergingen, sie wurde erwachsen und dachte, dass alles nur ein Traum gewesen sei. Und doch, wenn es manchmal dunkel wurde um sie herum, dachte sie sofort an Leila und wurde ruhig.

Zu ihrem 20. Geburtstag bekam sie einen Ring mit einem kleinen Diamanten. Sie drehte ihn im Licht und ein Sonnenstrahl verfing sich im Stein; wie ein Feuerwerk leuchtete der Stein auf. «Habe ich etwa Leila darin gefangen?», fragte sie sich im Stillen.

In ihrem Leben kamen Höhen und Tiefen und sie versuchte, sie zu meistern. Nur die Dunkelheit mied sie. Doch solange Leila bei ihr war, konnte ihr nichts passieren.

Als sie ihr erstes Kind bekam, erhielt es den Namen Leila. Auch es versuchte, die Sonnenstrahlen zu fangen und war traurig, wenn es nicht gelang. Also erzählte ihr die Mutter die Geschichte vom Sonnenstrahl Leila. Immer wieder musste sie diese Geschichte erzählen und oft schlief ihr Kind dabei ein mit seinem «Nuschi» in der Hand.

Eines Tages wurde Leila schwer krank und als die Ärzte nicht mehr weiterwussten, bat das Kind die Mutter, den Sonnenstrahl Leila zu holen.

«Aber das geht doch nicht, das war doch nur ein Traum», versuchte sie ihrem Kind zu erklären. Doch das Kind war so sicher, dass nur noch Leila ihr helfen konnte. Draussen regnete es in Strömen. Wie sollte man da einen Sonnenstrahl herbeirufen? Ihrem Kind zuliebe rief die Mutter nach Leila und drehte ihren Ring im Licht.

Plötzlich öffnete sich die Wolkendecke; Sonnenstrahlen kamen durch und fielen auf das Bettchen des Kindes.

Leila, der Sonnenstrahl stand vor ihr.

«Du hast mich gerufen, was willst du von mir?»

Das Kind jubelte. «Bitte, bitte nimm diese böse Krankheit von mir, ich will wieder gesund sein.»

«Dann musst du mit mir über die Regenbogenbrücke, damit dich die Mutter Sonne heilen kann.»

So kam Leila zur Mutter Sonne und bat um Heilung.
«Weil du an uns glaubst, können wir dich heilen», sprach die Sonne und schickte Leila wieder zurück.
So heilte der Glaube das Kind.

Der einsame Adler

Es war einmal ein urwaldähnlicher Wald am Fuss eines Vulkans, feucht und warm, von vielen Tieren bewohnt und von wunderschönen Pflanzen überwachsen.

In einer Vollmondnacht versammelten sich die Tiere zu einer Konferenz. Es hatte sich ein Vogel eingestellt, der in dieser Gegend unbekannt war. Es war ein riesiger Vogel, der für alle Tiere eine grosse Gefahr bedeutete, frass er doch Mäuse und andere Kleintiere und stürzte sich aus der Luft lautlos auf seine Opfer. Ungewohnt für diese Gegend kam es, dass schon einige Tiere Familienmitglieder verloren hatten.

«Was ist das für ein Fremdling, der da so ungefragt in unserem Wald aufkreuzt?», wollte der Affenkönig wissen.

«Wo kommt der überhaupt her? Aus welchem Land?», wollte der Skorpion wissen.

So ging es noch eine Zeit lang weiter. Alle Tiere waren aufgebracht und unruhig. Der Löwenkönig nickte etwas sorgenvoll mit seinem Kopf. Auch ihm war der Vogel ungeheuer. Ein Räuber mehr, das war nicht gut.

«Warum fragt niemand den Vogel selbst?», schlug das Nashorn vor. Für dieses grosse Tier war dieser Vogel keine Gefahr. Die Elefanten stimmten dieser Idee zu.

«Ja, wo ist denn dieser Vogel überhaupt? Hat ihn denn niemand zu dieser Konferenz eingeladen?» Tiefes, betretenes Schweigen herrschte. Nein, niemand hatte den Mut dazu gehabt. Zudem war, soweit man wusste, noch kein Tier mit diesem Vogel ins Gespräch gekommen. Wer ihn zu Gesicht bekam, rannte in Schrecken davon.

Eben dieser Vogel sass währenddessen still auf einem Baumast und hörte allen zu.

«Die mögen mich alle nicht, haben Angst vor mir», dachte er traurig. «Ich bin ein Fremdling hier, ein Vertriebener in einem fremden Wald mit einem Klima, an das ich mich noch gewöhnen muss; vorausgesetzt, ich kann bleiben, was bei so viel Ablehnung fraglich ist.»

Zudem vermisste er die hohen Berge seiner Heimat, die Tannen und den Schnee weit oben. Hier gab es einen Berg, der Feuer und Asche spuckte, eine Hitze verströmte, dass man ins Schwitzen geriet. Dazu kam die heisse, klebrige Masse, die den Berg herunterfloss. Wo war er da nur hingeraten? Es wäre wohl besser, mit diesen Tieren zu sprechen, dann würde er sehen, ob er bleiben könnte.

So hüpfte er vom Ast unter die versammelten Tiere, die alle vor Schreck aufschrien.

«He, ich tue euch nichts. Darf ich mich vielleicht einmal vorstellen?», beruhigte er die verängstigten Tiere.

«Einverstanden», meinte der Löwe, «Sprich! Wer bist du und wo kommst du her?»

«Ich bin, was man in meiner Heimat einen Adler nennt. Ich komme aus den Bergen, wo es Eis und Schnee hat, und in den Wäldern meterhohe Tannen wachsen. Meine Mahlzeit besteht aus Mäusen und anderen Kleintieren und ich sorge für Ausgleich. Ich bin der König der Berge und der Lüfte», erzählte nun der Adler ruhig und mit grosser Würde.

«Warum bist du denn aus deiner Heimat weggeflogen?», wollte der Löwe wissen.

Ein trauriges Seufzen kam aus der Brust dieses majestätischen Vogels.

«Man hat uns vertrieben, ich meine die Menschen. Sie haben uns ausgerottet. Ich bin bald der Letzte meiner Art. So zog ich in die Welt hinaus, um eine neue Heimat zu finden», antwortete der Adler.

«Aber warum gerade hier?», wollte nun der Affenkönig wissen.

«Meine Reise war lang und mühsam, nun bin ich müde. Erlaubt mir, hierzubleiben. Ich jage nur, was ich brauche», bat das stolze Tier die anderen.

Nach einigem Hin und Her einigte man sich darauf, dass er bleiben konnte. Da er hohe und weite Flüge machte und dabei alles scharf beobachtete, konnte er die Urwaldtiere rechtzeitig vor der Gefahr warnen, die vom Vulkan kam, wenn der wieder einmal heisse Lava ausspuckte, um alles zu vernichten.

Bald wurde der Adler zum Freund aller Tiere. Seine Weisheit war gefragt. Doch einige Tiere mussten sich vor ihm in Acht nehmen, wenn er auf der Jagd war, um seinen Hunger zu stillen.

Der Hase und das Meerschweinchen

Es war einmal ein kleiner Hase, der einsam in einem Feld sass und sich den Bauch voll frass mit den saftigen Kräutern rings um ihn herum. In all dem Überfluss war er aber nicht eigentlich glücklich. Was ihm fehlte, wusste er auch nicht genau, aber er langweilte sich oft.

Nun ist eine Hasenfamilie im Allgemeinen gross und es gab zudem auch viele Hasen in der Nachbarschaft. Unser Häschen war aber allein und hatte keine Geschwister und da es viel frass, war es auch ausserordentlich gross für sein Alter. Bekanntlich wächst aber die Intelligenz nicht mit der Leibesfülle. Genau da begann des Häschens Problem. Sein Vater, ein strenger, wenig geduldiger Hase, wollte von ihm viel und hielt Zucht und Ordnung; zu viel Zucht, was seinen Hasenpelz öfters zum «Räuchnen» brachte, wenn es Schläge hagelte.

So war es wieder einmal; ein Hasengewitter ging über Häschen-Klein nieder und nun hatte er sich ins Feld zurückgezogen und frass sich den Bauch voll. Zwar war das auch nicht gut für ihn ... Bauchweh war meist die Folge davon oder er wurde gehässig, sodass es besser war, wenn kein anderes Hasenkind ihm über den Weg lief. Hänseleien konnte er schon gar nicht ausstehen, da wurde er grob und schlug zu wie sein Vater, dass die Fetzen, respektive die Pelze flogen.

Wie das so ist, auch Hasen müssen in die Schule, lernen still zu sitzen, aufzupassen und lernen, was ihnen der Lehrer beibringt; alles wichtige Sachen fürs zukünftige Hasenleben. Aber eben, genau das war für unser Häschen nicht immer das, was es sich wünschte. «Aufpassen», hiess das Wort, das dem Häschen ganz und gar nicht passte. Es wollte tun und lassen, was und wie es ihm gerade Spass machte.

Eigentlich haben Hasen viel Narrenfreiheit. Was ihm aber am meisten zu schaffen machte, war seine immer wiederkehrende schlechte Laune, ja man könnte sagen: sein Jähzorn. Es machte Sachen, die es nachher bereute, aber dann war es schon zu spät. Immer nur der Schuldige zu sein und ausgeschimpft zu werden, war gar nicht lustig. So bekam es bald überall ernsthafte Schwierigkeiten. Zu Hause hagelte es Schläge, der Vater schrie, dass sich die Nachbarn beklagten. Der Lehrer sprach ihm gut zu, aber unser unglücklicher Hase konnte beim besten Willen nicht aus seinem Hasenpelz. So sehr er es auch versuchte, schwupp schon war es wieder passiert. Wieder sass er in einem Feld voll saftiger Kräuter und frass sich randvoll.

«Was soll ich tun?», jammerte er vor sich hin, «Warum werde ich immer so wütend?» Ach, es war zum Aus-dem-Pelz-Fahren. Er wusste, diesmal galt es ernst und er konnte sich nicht mehr aus der Schlinge ziehen. Was also tun?

«He, mein Freund, hast du Sorgen?» Erschrocken fuhr das Häschen herum. Was war denn das für ein seltsames Pelztier? «Wer und was bist du?», wollte unser Hase wissen.

«Huch, stellst du immer so viele Fragen auf einmal? Ich bin ein Meerschweinchen», gab es zur Antwort.

«Ein was? Schweinchen kenne ich anders, vor allem grösser», meinte Häschen, nicht ohne einen herablassenden Ton anzuschlagen.

«Du weisst nicht viel, wenn du uns nicht kennst. Wir sind die Tiere, die alle Kinder lieben», meinte das Meerschweinchen leicht pikiert.

Das hätte für unser Häschen eigentlich schon gereicht, einen Streit anzufangen, doch irgendwie hielten ihn die freundlichen Augen und der drollige, struppige Pelz davon ab. Zudem fühlte es sich sehr allein und ein Kamerad hätte ihm gut gepasst. Zusammen etwas aushecken war viel interessanter. Mal schauen, ob der für so was zu haben war.

Meerschweinchen sind im Allgemeinen nicht streitsüchtig und dieses hier war besonders liebenswürdig. Nein, mit ihm war nichts zu machen in Sachen Blödsinn und Dummheiten, um andere zu ärgern.

Hätte unser Häschen nun gesagt: «Also … kein Interesse … suche dir einen anderen Kumpel», wäre dies das Ende dieser Begegnung gewesen. Doch nein, irgendwie kam es von diesem Sonderling nicht los.

«He, was suchst du eigentlich hier?», wollte Häschen wissen.

«Ich habe gehört, dass du in Schwierigkeiten bist bis zum Hals, stimmts?»

«Ja, das kann man wohl sagen», seufzte unser Häschen recht mutlos und frass und frass.

«Wenn du so weiter in dich hineinfrisst, wirst du kugelrund und das macht krank.»

«Lass mich in Ruhe, das ist das Einzige, was mir noch Spass macht und noch keiner verboten hat», nun wurde unser Häschen wirklich gehässig.

Das Meerschweinchen spürte die dicke Luft und auch die Gefahr; es lenkte ab und sagte: «Willst du meine Familie kennenlernen? Ich habe zwei Brüder und zwei Schwestern.»

«Zwei und zwei macht... äh, vier, so viele Geschwister, das muss ja toll sein», meinte das Häschen nun sofort begeistert.

«Och, es hält sich in Grenzen. Man muss alles teilen und so …», dämpfte das Meerschweinchen Häschens Begeisterung.

«Komm lass uns gehen, hier ist ohnehin nichts los», meinte Häschen schon ganz ungeduldig.

«Nun mal langsam, bei uns wird nicht gestritten und geschrien, das würde meine Mutter nicht aushalten, sonst aber freut sie sich über jeden Besuch.»

Die beiden neuen Freunde rannten los, ins Haus der Meerschweinchen. Mit offenen Armen empfing die Meerschweinchenmutter die beiden. Die herzliche Begrüssung und die warme Umarmung taten unserem Häschen bis in die langen Ohren wohl. Die Liebe der Geschwister, das Lachen und Spielen ohne Streit und Eifersucht waren für ihn ein ganz neues Erlebnis.

So kam Klein-Hase oft zu Besuch. Die Meerschweinchenmutter wusste sofort, was diesem Hasenkind fehlte: Liebe, Zärtlichkeit und viel, viel Verständnis. Seine Gedanken waren oft: «Hätte ich doch so viele Geschwister und eine Mutter, die mich so liebt und mich in ihre Pfoten nimmt, meine Tränen trocknet und bei der ich nicht immer nur gut sein muss.» Dieser Traum ging so lange nicht in Erfüllung. So war er froh, diese Familie gefunden zu haben. Nie sah er den Meerschweinchenvater schlagen. Dafür erzählte er oft von seinen Fehlern und was er daraus lernen musste. Überhaupt, die Geschichten aus dem Leben, das war es, was ihn am meisten interessierte, weil sie Wirklichkeit waren, erlebt von seinen neuen Freunden. Langsam lernte er auch mit seiner Wut umzugehen. Er bekam sogar ein geheimes Rezept vom Meerschweinchenvater, was er tun müsse, wenn sich das kleine „Hasen-Teufelchen" wieder meldete

und ihn wütend werden liess.

Bald hatte er seinen kleinen «Plaggeist» in der Hand und liess es nicht mehr zu, dass er ihn in Schwierigkeiten brachte. Überall liebte man nun unseren kleinen Hasen, der auch nicht mehr ein halbes Feld kahl fressen musste, um genug zu bekommen. Liebe, viel Geduld und Zuwendung siegten am Ende.

Der Hase und die Delfine

Es war einmal eine Küste, an der die Felsen steil ins Meer fielen, wo die Wellen kamen und gingen. Über der Küste hörte man das Kreischen der Möwen. In der Bucht spielten zwei Delfinkinder miteinander. Harmonie und Frieden lagen über der ganzen Gegend. Auf dem Felsen zog sich flaches Weideland weit ins Land hinein, weit und breit nichts als hohes Gras, das sich im Winde hin und her bewegte; eine einsame Gegend! Menschen kamen keine hierher, da die Küste von den steilen Felsen aus nicht erreichbar war. Aber überall fand sich Leben, wenn man genau hinschaute. So lebte denn im hohen Gras eine Hasenfamilie, von niemandem gestört. Der Hasenvater hatte soeben ein Machtwort zu seinem ältesten Sohn gesprochen, der wieder einmal die Abmachungen nicht eingehalten hatte. Was für die Menschen gefährlich war, nämlich die steilen Felsen zur Küste hinunterzugehen, reizte den Hasensohn umso mehr, obwohl doch diese Felsen allen Hasenkindern verboten waren.

«Ich versteh' nicht wieso», widersprach der Hasenjunge seinem Vater wieder einmal.

«Du könntest abstürzen! Wer soll dich dann finden oder gar holen? Begreifst du das denn nicht?» Es war zum Aus-dem-Hasenpelz-fahren!

Nun, der Hasenjunge kannte keine Gefahr und was verboten ist, reizt jedes Kind doppelt. Wie auch immer, so harmonisch die ganze Gegend auf alle wirkte, in der Hasenfamilie herrschte Sturm.

«Was mache ich nur mit diesem starrköpfigen Jungen?», seufzte der Hasenvater zur Hasenmutter. Die Hasenmutter liebte alle ihre Kinder, aber auch dieser Junge machte ihr Mühe.

«Da ist weit und breit keine Gefahr für uns, aber er muss eine suchen!» Nervös lief der Vater auf und ab, während der Hasenjunge trotzig in einer Ecke des Hasenbaus hockte.

Er hatte auf seinem Streifzug durch die Felsen etwas entdeckt, was er niemandem verraten wollte. Seine kleine Schwester, die ihren Bruder gut kannte, hatte so ihre Ahnungen und beschloss, ihm das nächste Mal heimlich zu folgen.

Da der Hasenjunge Hausarrest bekommen hatte, dauerte das eine Weile.

Das Wetter verschlechterte sich, die ersten Herbststürme zogen übers Land und die Küstengegend. Regengüsse setzten den Hasenbau unter Wasser und die ganze Hasenfamilie musste umziehen. Im Landesinneren, weitab von der Küste, fanden sie ein neues Heim. Fürs Erste wäre die Gefahr der Felsen vorbei.

Neue Eindrücke, neue Nachbarn und bald kam auch wieder die Zeit, um in die Hasenschule zu gehen. Ich möchte nicht behaupten, dass der Hasenjunge die Schule speziell liebte oder sie ihn interessierte. Gehorsam – damit hatte er schon immer Mühe. Seine Schwester konnte das alles viel besser und wurde dafür gelobt, er hingegen nicht.

Hie und da kamen ihm die Küste, die Felsen und sein Geheimnis in den Sinn. Sehnsüchtig träumte er davon und verpasste, was der Lehrer sagte. Immer wieder half ihm seine Schwester aus der Patsche.

«Hör auf zu träumen in der Schule, das kannst du, wenn du schlafen sollst», mahnte die Schwester gutmütig.

«Was verstehst du schon von meinen Träumen. Wart', bis ich gross bin, dann werde ich es euch allen zeigen.»

«Was denn?», wollte seine Schwester wissen.

«Was, was?»; schon war er wieder mit seinen Gedanken woanders.

Eines Tages war der Junge verschwunden. Tagelang wurde er gesucht – die Felsen! Seine kleine Schwester war sicher, er sei zu den Felsen gegangen. Mit Vater und Mutter konnte man nicht reden. Alleine zu gehen, war zu gefährlich. Also machten sich alle Hasenkinder am Morgen früh auf den Weg zu den Felsen. Der Tag war sonnig und warm.

«Hier ist der Ort, wo mein Bruder immer hinunter geklettert ist, da bin ich mir ganz sicher!» Ein schmaler Weg führte hinunter zur Küste, breit genug für kleine Hasen. Vorsichtig stiegen sie alle runter, den kleinen Fussspuren nach, bis sie zu einer Sandbank kamen.

Wellen schlugen leicht auf dem Sand auf, die Möwen kreischten, sonst war im Moment nichts zu sehen. Das Meer war ruhig. Plötzlich sahen sie alle die Delfine spielen.

«Das muss herrlich sein, so durch die Wellen zu schwimmen», fanden alle. Nur, welcher Hase ist schon gerne nass? Schwimmen konnte sowieso keiner, das lernte man nicht in der Hasenschule. Zudem sind Hasen ja auch keine Delfine.

Sie wollten schon alle wieder umkehren, als sie den vermissten Jungen entdeckten.

«Mein Bruder! Schaut euch das mal an!»

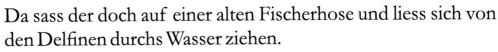
Da sass der doch auf einer alten Fischerhose und liess sich von den Delfinen durchs Wasser ziehen.

«Das glaubt uns kein Hase!», murmelte seine Schwester.

Die Delfine brachten ihn heil, wenn auch nass an den Strand.

Sein Geheimnis war gelüftet. Stolz ging er mit ihnen zurück. Er fühlte sich als Held; bis er seinem Vater Rede und Antwort stehen musste. Aber: bei so vielen Zeugen musste der Hasenvater für einmal seinen Ärger hinunterschlucken!

Der kleine Piper

Es war einmal ein kleines Flugzeug, so klein, dass es nur einen Propeller hatte. Zwei Personen mussten sich ganz schön dünn machen, um darin zu sitzen. Das kleine Flugzeug hiess Piper und man hatte es in die hinterste Ecke der grossen Einstellhalle gestellt und dort vergessen, schon seit vielen Jahren. Traurig stand es dort und verstaubte immer mehr und mehr. Die einst so leuchtenden Farben Blau und Rot und ein bisschen Weiss konnte man fast nicht mehr sehen. Das kleine Flugzeug seufzte tief und eine grosse Träne rollte auf den Boden. Doch niemand interessierte sich dafür.

«Wenn ich nur in den Flugzeughimmel könnte, hier bin ich ja doch für nichts mehr nütze. Niemand will mehr mit mir fliegen.»

Wie hatte doch der kleine Piper die Sonne geliebt und war mit den Vögeln um die Wette geflogen; doch vorbei, schon viele Jahre. Dem kleinen Piper schien es eine Ewigkeit.

Im Sommer war der kleine Piper fast immer allein in der grossen Einstellhalle. Es konnte zwar passieren, dass man einen seiner grossen Brüder brachte, wenn ihm etwas fehlte. Liebevoll wurden die Grossen dann gepflegt und geputzt, dass sie nur so glänzten. Stolz schauten sie dann auf den kleinen Piper hinunter, der da ganz schmutzig und vergessen in der Ecke stand und verstohlen nach seinen grossen Brüdern schaute. Doch meistens waren sie so stolz und hochmütig, dass sie kein Wort zu dem kleinen Piper sagten. Er hätte fürs Leben gern gewusst, wie es nach so langer Zeit am grossen Himmel unter der Sonne wohl aussehen mochte. Aber er war viel zu scheu, um mit einem dieser grossen Flugzeuge, die wie Silber glänzten, ein Gespräch anzufangen. Nur einmal hatte der kleine Piper allen Mut zusammengenommen und den riesengrossen Jumbojet gefragt, wie es draussen aussche. Doch wie fuhr da der kleine Piper zusammen, als ihn der grosse Jumbojet verächtlich anbrummte: «Lass mich in Ruhe mit deinen blöden Fragen, ich bin müde. Morgen muss ich wieder zweihundert Passagiere nach New York fliegen. Doch was verstehst du schon davon?» Dann schloss er die Augen und sagte nichts mehr.

Traurig dachte der kleine Piper bei sich: «Eigentlich hat er recht, was weiss ich schon davon.» Keine Ahnung hatte er von New York …, zweihundert Passagiere …, der kleine Piper kam sich noch winziger vor. Er hatte ja nur Platz für zwei Personen, und die mussten sich erst noch ganz dünn machen.

In dieser Nacht weinte der kleine Piper viele Tränen, sodass der kleine Rostfleck auf seiner Brust noch grösser wurde. Das war ihm gleichgültig, mochte er nur rosten und dann langsam in sich zusammenfallen. Wen kümmerte das schon? Aber trotz all der vielen traurigen Gedanken, Seufzern und Tränen schlief auch der kleine Piper ein.

Am anderen Morgen stand die Sonne schon sehr hoch am Himmel und musste einen Sonnenstrahl schicken, um den kleinen Piper zu wecken. Das gab es doch gar nicht, dass man einen so schönen Tag verschlafen konnte.

Doch der kleine Piper wollte gar nicht aufwachen, wozu auch? Er kniff beide Augen ganz fest zu. Der Sonnenstrahl liess ihm aber keine Ruhe und so gab sich der Piper geschlagen und öffnete seine Augen blinzelnd.

«Du machst aber ein trauriges Gesicht», meinte der Sonnenstrahl, «du bringst einen ja fast zum Heulen.»

«Scher dich weg», sagte der kleine Piper unfreundlich. Sonst freute er sich immer auf diesen Besuch. Aber an jenem Tag war ihm alles egal. Dann schaute er auf den Platz, wo der riesengrosse Jumbojet in der Nacht zuvor geschlafen hatte. Leer! «Der ist auch schon weg, den braucht man», brummte der kleine Piper missmutig. Dazu hatte er auch allen Grund, das müsst ihr doch zugeben, liebe Kinder!

Was der kleine Piper aber nicht wusste, war, dass dieser Tag ein ganz besonderer werden sollte.

Vergangene Nacht war nämlich ein Mr. Pingpong aus England gekommen und der suchte genau so ein kleines Flugzeug wie der kleine Piper eines war. Er wollte damit in die Berge fliegen, wo es nur noch Eis und Schnee gibt. Dazu konnte man einen Jumbojet nicht gebrauchen, auch wenn er noch so schön und prächtig war.

Nun muss ich euch zuerst ein wenig von Mr. Pingpong erzählen, damit ihr auch genau wisst, wie er aussieht und warum er ausgerechnet mit einem so kleinen Flugzeug in die Berge wollte. Alle vernünftigen Leute rieten ihm davon ab. Doch Mr. Pingpong wusste genau, was er wollte, und dabei blieb es dann auch meistens.

Also: Mr. Pingpong war gross und sehr schlank, was, wie ihr wisst, sehr wichtig war, wenn man mit dem kleinen Piper fliegen wollte. Das wusste allerdings Mr. Pingpong noch nicht. Er hatte ja den kleinen Piper noch gar nicht gesehen. Mr. Pingpong sass erst einmal im Büro des Flugzeugdirektors. Er hatte seine Pfeife im Mund und strich über seinen langen schwarzen Bart. Eine Angewohnheit, die zeigte, dass Mr. Pingpong ungeduldig wurde. Wiederholt sagte er: «Ich muss ein kleines Flugzeug haben.»

Ebenso oft erklärte der Flugzeugdirektor freundlich: «Wir haben aber keines.» Den kleinen Piper musste er völlig vergessen haben.

«Dann suchen sie eines, Geld spielt keine Rolle.» Mr. Pingpong war es nicht gewohnt, dass man seine Wünsche nicht sofort erfüllte. «Ich brauche es sofort!» Dabei zog er seinen gross karierten Anzug zurecht und verliess das Büro des Flugzeugdirektors.

Das war noch an dem Abend gewesen, an dem der hochmütige Jumbojet neben dem traurigen kleinen Piper schlief.

Wirklich im allerletzten Moment kam es aber dem Flugzeugdirektor in den Sinn, dass es in der grossen Einstellhalle doch irgendwo noch den kleinen Piper geben musste. Aber oh je, oh je, als der Flugzeugdirektor das Flugzeug endlich in der dunklen Ecke fand, schlug er die Hände über dem Kopf zusammen. Es war so schmutzig, mit einem grossen Rostfleck auf der Brust und mit blinden Fensterscheiben. Nein, mit so etwas konnte auch ein Mr. Pingpong nicht mehr fliegen, auch wenn er ein noch so guter Pilot war. Der kleine Piper würde zu einem Haufen Metall und Holz zusammenfallen, allein wenn man ihn nur bewegte. Der Flugzeugdirektor klopfte dabei dem kleinen Piper mit der Hand auf den Bauch, wie um sich zu bestätigen, dass er wieder einmal recht hatte.

Erschrocken fuhr der kleine Piper aus seinem Halbschlaf. «Was war das?»

Erst als die Staubwolke sich ein wenig gelegt hatte, konnte er den hustenden und niesenden Flugzeugdirektor erkennen.

Im selben Moment erschien auch Mr. Pingpong in der Einstellhalle. «Warum haben sie mir nicht gesagt, dass sie so ein kleines Flugzeug haben? Das ist genau das, was ich suche», dabei strich er liebevoll über den kleinen Piper und wurde nicht einmal ärgerlich, als seine Hand ganz schmutzig wurde von dem vielen Staub. Der Flugzeugdirektor hatte sich unterdessen wieder soweit erholt, dass er sprechen konnte. «Auf ihre Verantwortung. Mit diesem Wrack», er zeigte verächtlich auf den kleinen Piper, «fliegen sie keine hundert Meter. Vielleicht nimmt ihn noch das Verkehrsmuseum in Luzern.»

Der Flugzeugdirektor wollte gehen, doch Mr. Pingpong hielt ihn am Ärmel fest.

«Ich kaufe ihn, wie viel wollen sie dafür?»

«Sie müssen verrückt geworden sein. Das Genick werden Sie sich damit brechen, das ist alles.»

Doch als er sah, wie die stahlblauen Augen von Mr. Pingpong ganz eigenartig glänzten, brummte der Flugzeugdirektor nur noch: «So kommen sie in mein Büro.»

Mr. Pingpong drehte sich noch einmal zum kleinen Piper. «Ich komme bald, my little heart», und eilte hinter dem Flugzeugdirektor her.

Der kleine Piper schüttelte sich, dass man ihn vor lauter Staub einen Moment lang nicht mehr sehen konnte.

«Wache ich, oder träume ich?»

Seine Gedanken drehten sich im Kreis, dass es nur so rasselte. Was hatte da der sonderbare, bärtige Mann mit dem gross karierten Kleid doch am Schluss zu ihm gesagt? «Ich komme bald, my little heart».

Er wusste zwar nicht, was «my little heart» heissen sollte, das hätte der grosse Jumbojet sicher verstanden, aber der war ja schon wieder abgeflogen. Also da war vom Kaufen die Rede, von einem Museum! Für den kleinen Piper war dies alles zu viel auf einmal, nachdem man ihn so lange vergessen hatte. Nur mühsam konnte er wieder Ordnung in seine Gedanken bringen.

«Also noch einmal», sagte der kleine Piper zu sich selbst, «der bärtige Mann will mich kaufen für ein Museum. Aber was ist ein Museum?»

Ja, wie sollte ein kleines, unerfahrenes Flugzeug wie er wissen, was ein Museum ist? Doch eines stand fest, alles war besser, als hier untätig und von allen verachtet herumzustehen.

An diesem Tag passierte weiter nichts mehr. Der kleine Piper träumte von alten Zeiten und schlief für einmal glücklich ein.

Am anderen Morgen wurde er jäh aus dem Schlaf gerissen. Drei Arbeiter mit viel Werkzeug, einem Seil, einem Kessel und was weiss ich noch allem kamen direkt auf den kleinen Piper zu.

Mit einem «Hauruck» schoben sie ihn aus der Halle, hinaus an die frische Luft. Hey, musste da der kleine Piper staunen, wie seine grossen Brüder landeten und starteten. Er kam fast nicht nach mit Beobachten.

Da wollte ihn plötzlich der Mut wieder verlassen. Doch dazu liess man ihm gar keine Zeit. Von allen Seiten wurde er bearbeitet, gewaschen, eingeseift und abgespritzt. Es nahm ihm fast den Atem. Je länger die Prozedur dauerte, desto erholsamer schien sie dem kleinen Piper. Von Stunde zu Stunde fühlte er sich besser. Als man dann noch seine Farben blau-rot und ein bisschen weiss auffrischte und er wieder glänzte wie in alten Zeiten, da wurde er ganz stolz und er war kein bisschen mehr traurig, dass er so klein war.

Die Sonne wollte gerade untergehen, als die drei Arbeiter ihr Werkzeug zusammenpackten und den kleinen Piper wieder allein liessen. Was nun?

«Guten Abend, my little heart», tönte es plötzlich neben ihm. Da erst bemerkte er Mr. Pingpong mit seiner Pfeife im Mund.

«Du gefällst mir prima», dabei lächelte er den kleine Piper freundlich an, «morgen probieren wir es miteinander!»

Der kleine Piper glaubte, diese Nacht vor lauter Glück nicht schlafen zu können. Die grosse Aufregung hatte ihn aber so müde gemacht, dass er ganz schnell mit einem glücklichen Lächeln einschlief.

Mr. Pingpong holte den kleinen Piper früh aus der Einstellhalle. Die drei Arbeiter rollten ihn auf die Startbahn, Mr. Pingpong mit seiner Pfeife im Mund hinter dem Steuer, ein Arbeiter drehte den Propeller …

«Sehe ich nicht grossartig aus?» Vor lauter Stolz hätte der kleine Piper fast vergessen, den Motor laufen zu lassen. «Brumm … brumm …», machte er.

Hui, es konnte losgehen!

Er wollte Mr. Pingpong schon zeigen, was er alles konnte, er sollte es nie bereuen, dass er ihn aus seiner dunklen Ecke befreit hatte. Schon schoss er über die Rollbahn, dann ab in die Luft.

Dem Flugzeugdirektor fielen fast die Augen aus dem Kopf. War das wirklich der kleine, schmutzige, verlotterte Piper, den er gestern für einen Pappenstiel verkaufte, weil er glaubte, dieses Flugzeug tauge nichts mehr?

Unterdessen versuchte Mr. Pingpong den kleinen Piper in die gewünschte Richtung zu lenken. Vergebene Liebesmüh. Der kleine Piper war zu lange nicht mehr geflogen. Er vergass all seine guten Manieren und er vergass auch Mr. Pingpong, der verzweifelt am Steuer hantierte. Der kleine Piper musste zuerst seine alten Freunde besuchen. Ob sie noch alle hier waren? Ja, da vorne blinkte schon der alte Wetterhahn auf dem Kirchturm.

«Hallo alter Freund, wie geht es?», schrie der kleine Piper und drehte drei Runden um den Kirchturm, fast hätte Mr. Pingpong dabei die Pfeife verloren. Die Leute rannten vor Schreck in die Häuser. Der Wetterhahn begrüsste seinen alten Freund auf seine Art. Er drehte sich wie ein Karussell und krähte mühsam sein «Kikeriki».

Der kleine Piper musste weiter. Da war noch die alte Dampflokomotive, mit der er immer um die Wette flog. Ob sie wohl noch da war? Der Bahnhof hatte sich gewaltig verändert, fast wäre er daran vorbeigeflogen. Alles Suchen half nichts, er bemerkte nur grosse, lange Lokomotiven, die keinen Dampf machten, dafür aber ganz leise und sehr schnell fuhren. Wo mochte wohl sein alter Freund sein? Etwa auch irgendwo in einer dunklen, verstaubten Ecke, traurig und allein?

Plötzlich kam ihm Mr. Pingpong wieder in den Sinn. Was musste der wohl von ihm denken?

Bald hörte er ihn sagen: «Gut, my little heart.» Gemächlich flogen sie den Bergen entgegen.

Aber halt, da unten war doch noch eine alte Freundin von ihm, die musste er unbedingt noch besuchen. Noch einmal vergass er Mr. Pingpong, das sollte bestimmt das letzte Mal sein. Nicht weit entfernt wohnte die Gänsemagd Marie. Es war einfach zu lustig, ihre Gänseschar zu erschrecken und zuzuschauen, wie sie alle kopflos davonrannten. Gesagt, getan und schon ertönte ein jämmerliches Geschnatter von den erschrocken davonlaufenden Gänsen. Eine grosse, fette Frau rannte aus dem Haus und schüttelte beide Fäuste gegen das kleine Flugzeug. Der kleine Piper war enttäuscht, das war nicht mehr die hübsche Marie, die ihm damals lustig mit ihrem roten Kopftuch zuwinkte.

Von nun an hatte Mr. Pingpong keine Mühe mehr mit dem kleinen Piper. Gehorsam liess er sich in die Berge fliegen. Mr. Pingpong war sehr zufrieden mit seinem kleinen Piper.

Der Krieger der Venus

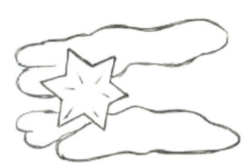

Es war einmal in einer lauen Sommernacht, als ein Junge sehnsüchtig in den Sternenhimmel schaute. Nachdem er lange versucht hatte, mit den Sternbildern klarzukommen, sah er eine Sternschnuppe dahinsausen. Da kamen dem Jungen viele Fragen auf einmal.

«Wohin gehst du, kleine Sternschnuppe, löst du dich für immer auf?»

Der Himmel zeigte wieder das gewohnte Sternenbild in aller Stille und Unendlichkeit.

Leise seufzte der Junge vor sich hin. «Wie es wohl da oben bei den Sternen ist?»

Doch er war sicher, dafür gab es keine Antwort. Wohl hatten sie in der Schule Sternenkunde und lernten die Namen der Sternenbilder. Nur, am Himmel sah alles anders aus, weit weg und unendlich gross. So begann er zu träumen, wie es wohl wäre, wenn er plötzlich zu den Sternen gebracht würde. Aber wie?

Plötzlich stand etwas vor ihm und nahm ihm die Sicht.

«He, wer bist du?» Mit einem Satz war der Junge auf den Beinen. Vor ihm stand ein Roboter mit blinkenden Augen.

«Wolltest du nicht zu den Sternen?», fragte der Roboter mit krächzender Stimme.

«Wenn das möglich wäre, warum nicht?» Doch sofort kamen ihm Zweifel; «ein Roboter kann doch gar nicht fliegen.»

«Kann ich auch nicht, mitkommen auch nicht, dorthin musst du schon allein gehen. Hast du dir überhaupt schon überlegt, was du dort machen willst?» Bewegungslos stand der Roboter vor dem Jungen.

«Ich möchte die Sterne kennenlernen. Ich möchte wissen, ob man dort oben auch leben kann, ob es Menschen gibt wie wir.»

So vieles würde ihn interessieren, alles, was nicht in seinen Schulbüchern stand. Es war ja noch niemand auf einen Stern gegangen und wieder zurückgekehrt, um darüber zu erzählen. Nur auf dem Mond war man schon und da wurde niemand gesichtet. Wieder schaute er zu den Sternen hinauf.

«Welcher Stern würde dich denn interessieren?», wollte nun der Roboter noch wissen.

«Vielleicht die Venus, die immer so hell leuchtet.»

Das war der Stern, den er auch immer sofort fand, wenn er abends zum Himmel hinaufschaute; wie auch in dieser Nacht, die besonders klar war.

«Dann werde ich den Krieger rufen, er wird dich dort hinauf bringen.»

Ächzend drehte sich der Roboter um. Es dauerte nur einen kurzen Moment und vom Himmel löste sich ein Lichtstrahl und leuchtend stand ein Sternenkrieger vor ihm. Der Roboter war verschwunden.

«Du hast mich rufen lassen, was willst du von mir?»

Der Junge erschrak, so einen Sternenkrieger hatte er noch nie gesehen, in keinem seiner Bücher.

«Ich möchte so gerne die Sterne kennenlernen, vor allem die Venus und wie man dort lebt.» Mühsam und leicht stotternd brachte er seine Bitte vor.

«Dann komm mit. Wir reisen mit dem Strahl des Laserschwertes.»

Es ging alles sehr schnell. Schon sausten sie durch die Luft und erreichten in kürzester Zeit die Venus. Dem Jungen war ganz schwindlig. Was er nun zu sehen bekam, war eine Landschaft von traumhafter Schönheit, voller Frieden und Harmonie; Farben, die er so noch nie erlebt hatte, Tiere und Pflanzen in ihrer ganzen Pracht. Nur, wo waren die Menschen?

Der Krieger lächelte leise. «Schau mich an, wir alle hier sind reines Licht. Für euch Menschen sind wir normalerweise unsichtbar.»

«Aber dich kann ich doch sehen?», erwiderte der Junge.

«Ja schon, aber nur weil ich es so wollte; ich habe mich verdichtet, damit du mich mit deinen Augen sehen kannst. Schau dir alles genau an. Hier haben wir Frieden.»

«Aber warum bist du ein Krieger, wenn ihr Frieden habt?» Der Junge konnte das nur schwer verstehen. Für ihn war ein Krieger mit Krieg, Streit und Elend verbunden. Friede aber war für die Menschen ein grosser Wunsch.

«Einmal wird dieser Wunsch in Erfüllung gehen, so wie deiner, auf die Venus zu kommen», antwortete ihm der Krieger, «komm, ich muss dich wieder auf die Erde zurückbringen. Bewahre dieses Bild von Liebe, Frieden und Harmonie in deinem Herzen. Bringe es den Menschen als Hoffnung mit.»

Als der Junge erwachte, lag er im Gras, der Sternenhimmel über ihm. Die Venus grüsste ihn mit einem Blinken, dann verblasste der Sternenhimmel. Die Sonne ging auf, ein neuer Tag begann.

So wurde der Junge über Nacht zum Lichtträger für die Menschen.

Der Prinz, der seine Ruhe haben wollte

Es war einmal ein einsamer Prinz in einem grossen Schloss, umgeben von einem grossen dunklen Wald. Es kamen nicht viele, um den Prinzen zu besuchen. Sein Leben war eintönig und von einem immer wiederkehrenden Rhythmus geprägt. Kam es vor, dass auch nur das Geringste verändert werden musste, bekam er Angst und geriet ausser sich. So kam es denn, dass nicht viel diese Eintönigkeit störte und er nur selten sein Schloss verliess und dann noch genau wusste, was auf ihn zukam, weil er es so haben wollte.

Seine Weggefährten, die täglich um ihn herum waren und seine Wünsche erfüllten, waren ein Zwerg und ein Bär. Er liebte beide von ganzem Herzen, taten sie doch exakt, was er wollte, und sie kannten auch all seine Wünsche und Bedürfnisse.

Doch da war noch jemand, der alles andere als bequem war für unseren Prinzen und ihn öfters aus seinem gewohnten Trott warf; ein Güggel. Er kam natürlich nicht ins Haus, war aber ausserordentlich selbstbewusst, liebte seinen Misthaufen und seine Hühnerschar. Passte ihm etwas nicht, so krähte er besonders laut aus voller Brust und schreckte unseren Prinzen jedes Mal aus seiner Phantasiewelt und da wollte dieser nicht gestört werden. Das aber kümmerte den Güggel nicht im Geringsten.

«Was kann man da machen? Er soll krähen, wenn ich will und wenn er mich nicht stört», klagte und befahl zugleich der Prinz, umringt vom Zwergen und dem

Bären.
Beide seufzten vernehmlich, sie wussten genau, dass dieser Wunsch unerfüllbar war. Der Zwerg in seiner liebenden Geduld versuchte es ihm zu erklären.
«Man kann den Güggel mitsamt seinen Hühnern fortschicken, auf einen anderen Hof, weit genug, dass man ihn hier nicht hört», war sein Vorschlag.
Nun, das wollte der Prinz eigentlich nicht, er hatte Spass an diesem munteren Hühnervolk. Nur das Gekrähe des Güggels zu Unzeiten passte ihm nicht.
«Schicken wir nur den Güggel weg», kam der nächste Vorschlag vom Bären.

«Ja, tut das, ich will sehen, ob es mir dann besser geht», meinte der Prinz und glaubte, so wieder seine Ruhe zu haben.
Nun aber ging der Lärm erst richtig los. Die Hühner wollten sich nicht mehr beruhigen. Man hatte ihnen den Güggel weggenommen. Ein grosses Protestgegacker war die Folge, das nun allen auf die Nerven ging. Also holte man den Güggel sofort wieder zurück und Ruhe kehrte in den Hühnerstall ein. Der Güggel krähte wieder, wann er wollte und aus Empörung besonders laut und oft. Was den Prinzen am meisten ärgerte, war, dass ihm dieser Güggel nicht gehorchen wollte. So begann er ihn zu dressieren, damit er auf Befehl krähte. Doch alle Mühe scheiterte und alles endete damit, dass er den ganzen Hühnerstall auf einen Hof weit weg verbannte. Jetzt war Ruhe.
«Ich werde meinen Güggel besuchen, wenn es mir passt und dann kann er krähen so laut und so viel er will», sagte der Prinz majestätisch und wandte sich wichtigeren Dingen zu.
Es war nun sehr still im und ums Schloss herum. So musste der Prinz öfters ausfahren, wenn er seinem Güggel einen Besuch abstatten wollte. Doch bei jedem Besuch blieb der Güggel stumm und auch die Hühner machten keinen Pieps.
Auf diese Weise verlor der Prinz bald sein Interesse und kam nicht mehr.
Dem Hühnervolk ging es unterdessen prächtig. Niemand störte mehr ihrem Frieden und der Güggel krähte, wann und wie er wollte. Der Prinz wurde nicht vermisst, im Gegenteil, ein Mädchen hegte und pflegte das Hühnervolk und dafür legte es ihm jeden Tag genügend Eier.
Eigentlich hätte nun unser Prinz in seinem stillen Schloss, vertieft in seine Träume, von vielen gemieden, dahingelebt, ohne zu merken, was in der Welt vor sich geht, wenn nicht eines Tages ein Rabe seine Ruhe empfindlich gestört hätte.

Mit einem Flügelschlag setzte er sich, durchs offene Fenster kommend, mitten auf den Schreibtisch des Prinzen. Der war in seine Gedanken versunken mit einem Bild beschäftigt, an dem er schon einige Tage malte. Als ob der Rabe nur ein störender Schatten wäre, wehrte er ihn ab, ohne aufzuschauen. Doch der Rabe krähte und der Prinz erschrak, wie schon lange nicht mehr. Erschrocken und dann erstaunt schaut er auf.

«Was tust du hier und was willst du?», fragte der Prinz.

«Wie lange willst du noch vor dich hin träumen in diesem Loch?», krächzte der Rabe.

«Dieses **L o c h** ist mein Schloss», empörte sich der Prinz. «Was hast du überhaupt hier zu suchen?»

«Die Tiere des Waldes haben mich geschickt. Sie sind sehr beunruhigt und möchten dir helfen», erwiderte der Rabe.

«Beunruhigt, wieso und worüber? Ich habe alles, was ich brauche: Meinen liebenden Zwerg und meinen treuen Bären, genug zum Leben, mehr benötige ich nicht.»

«So, meinst du. Und wenn der Zwerg und der Bär eines Tages nicht mehr da sind, wen und was hast du noch?», wollte der Rabe wissen.

Erstaunt schaute ihn der Prinz an; so ein Gedanke war ihm noch nie gekommen. Bis jetzt verlief sein Leben, wie er es haben wollte, er bestimmte, wen er sehen wollte und wen nicht. Er wollte seine Ruhe und Ordnung und sonst gar nichts. Was sollte diese blöde Fragerei eines Raben, den er überhaupt nicht kannte und den er noch nie gesehen hatte?

Doch der Rabe blieb hartnäckig sitzen und machte dem Prinzen einen ungeheuerlichen Vorschlag: «Komm zu uns in den Wald. Wenn der Mond voll am Himmel steht, haben wir eine Versammlung und möchten dich dazu einladen. Es wird dir an nichts fehlen», sprach's, breitete seine Flügel aus und flog in den Wald zurück.

Am Abend schaute der Prinz zum ersten Mal zum Mond und sah, dass es noch einige Tage brauchte und er würde in seiner vollen Pracht am Himmel stehen. «Da habe ich noch viel Zeit», dachte der Prinz, beruhigte sich wieder und malte weiter an seinem Bild.

Nun überschlugen sich die Ereignisse im Schloss. Der Zwerg wurde krank und der Bär hatte alle Hände voll zu tun, um ihn zu pflegen; es war ja sonst niemand da.

«Es muss eine Köchin her. Ich kann nicht mehr alles selbst machen», sagte der total übermüdete Bär. «Wenn ich auch noch krank werde, was dann?»

Eine grosse Angst erfasste nun unseren Prinzen; was sollte er tun? Noch nie hatte er etwas von sich aus unternehmen müssen. Er musste nur befehlen und dann wurde alles ausgeführt.

Eine Köchin kam ins Haus, kochte, wie sie es konnte, aber nicht wie es der Prinz wollte. Er drohte ihr, entweder sie mache, wie er es wolle oder sie gehe sofort wieder. Und so ging sie schon am anderen Tag weg. In seiner Verzweiflung kam ihm der Rabe in den Sinn und die Versammlung der Tiere. Den Mond hatte er total vergessen. Am Abend musste er ihn erst suchen; er war einen Moment hinter einer Wolke verschwunden. Wahrhaftig, ausgerechnet an diesem Tag war Vollmond.

Zu Fuss rannte unser Prinz durch den Wald, kam ausser Atem zu den Tieren, die schon alle auf ihn warteten.

Wortlos setzte er sich hin. Der Rabe ergriff das Wort:

«Wie ihr alle wisst, braucht unser Prinz Hilfe im Schloss.»

So wurde denn in dieser Nacht beschlossen, wer welches Amt übernehmen würde. Am anderen Tag herrschte ein emsiges Werken; da wurde gekocht, geputzt und das Unterste zuoberst gekehrt. Die Ruhe und das Träumen waren nun für den Prinzen endgültig zu Ende. Es wurde gesungen und gelacht, und auf den Prinzen warteten immer wieder neue Überraschungen, sodass er nicht mehr aus dem Staunen herauskam.

Bald gewöhnte er sich an all das Treiben. Jeden Morgen freute er sich auf den neuen Tag, schloss mit allen Tieren Freundschaft, ja, er ass sogar alles, was auf den Tisch kam mit Freuden und ohne Murren. Auch der Zwerg wurde bei so viel Pflege wieder gesund und musste nun nicht mehr die ganze Last und Verantwortung für den Prinzen tragen. Auch der Bär hatte seinen Spass und die nötige Ruhe.

So lernte unser Prinz wirklich zu leben, Freude zu haben ohne Angst vor jeder Veränderung.

Der Rosengarten

Es war einmal eine spezielle, aber kleine, gelbe Rose in einem Rosengarten, in dem man all die vielen wunderschönen Rosen schon nicht mehr zählen konnte, . Wer sieht schon in der Vielfalt die eine? Unsere kleine Rose war etwas versteckt, aber trotzdem für alle sichtbar. Nur eben, man musste mit offenen Augen durch diesen Rosengarten gehen und ein Auge für Einzelheiten haben. So kam es, dass die meisten Menschen an ihr vorbei spazierten, ohne sie auch nur gesehen zu haben. Hätte die Rosenfee die Besucher gefragt: «Habt ihr die kleine, gelbe Rose mit den rosa Rändern gesehen und ihren Duft in euch aufgenommen?», keiner hätte mit «Ja» antworten können. So leuchtete unsere kleine Rose mit all den anderen in ihrer ganzen Pracht und verströmte mit ihnen ihren Duft.

Der Sommer war heiss und das Wasser knapp, weit und breit kein Regentropfen in Sicht. Eine Rose nach der anderen liess ihre Blätter fallen und verwelkte. Am Boden lag ein Teppich von Rosenblättern, die ihren letzten Duft verströmten.

Nur die kleine Rose strahlte und blühte weiter und wurde von Bienen und Schmetterlingen besucht, die ihr Geschichten erzählten.

«Weisst du», sagte eines Tages ein Schmetterling zu ihr, «dass es so heiss ist, dass die Natur, die Tiere und die Menschen einen schrecklichen Durst haben? Nicht, dass es kein Wasser hätte. Es scheint ein Durst zu sein, den niemand stillen kann», seufzte er, putzte seine Flügel und flog wieder davon.

«Ein Durst, den niemand stillen kann?», grübelte die Rose.

Da kam ein Menschenkind mit hängendem Kopf in den Rosengarten und setzte sich auf eine Bank: ein Bild des Jammers.

«Hallo du!», rief die Rose mit zarter Stimme. Sie wurde aber nicht gehört.

«Du musst schon lauter rufen», meinte eine Hummel, «warte, ich helfe dir dabei».

Laut brummte die Hummel dem Menschenkind um den Kopf. Es wollte den lästigen Brummer abwehren, aber die Hummel liess nicht nach, bis das Menschenkind aufstand, sich umdrehte und plötzlich vor der kleinen Rose stand.

«Oh, bist du aber schön. So eine wie dich habe ich noch nie gesehen. Alle anderen sind verblüht, nur du nicht. Wie kommt das?»

Wie ein Wasserfall sprach das Menschenkind zur Rose. Der Rose wurde es ganz schwindlig dabei.

«Ich hatte dich gerufen, aber du hast mich nicht gehört», meinte nun die Rose.

«Oh, du kannst sprechen, wie das?», fragte das Menschenkind erstaunt.

«Ja, leider ist es so, dass ihr uns nur beachtet, wenn ihr verliebt seid oder sehr traurig wie du.»

«Du hast recht, wir Menschen sind sehr traurig geworden. Es gibt Streit, Krieg und Katastrophen, wo man hinschaut. Niemand traut einem mehr. Irgendwie sind uns das Lachen und die Liebe vergangen», erwiderte das Menschenkind traurig.

«Und ihr habt Durst und wisst nicht mehr wonach. Stimmt es?», wollte die Rose wissen.

«Ja, du hast recht, wir wissen es nicht mehr so genau.»

«Ich glaube, ihr habt Durst nach der Liebe und dem Frieden in euch. Darum könnt ihr unsere Farben gar nicht mehr sehen. Das muss wohl auch der Grund sein, dass meine Rosenfreunde so schnell die Blätter fallen liessen», meinte die kleine Rose.

«Richtig, auch alle anderen Blumen sind vertrocknet in dieser Hitze. Es gibt keine Farben mehr», jammerte das Menschenkind weiter.

«Da muss etwas geschehen, und zwar schnell. Sonst lassen bald auch die Menschen die Köpfe hängen und verdursten.» Die Rose war ganz aufgeregt.

«Aber was? Wer kann uns da noch helfen?»

«Da gibt es noch eine Möglichkeit. Ich rufe alle Blumenfeen und Tiergeister zusammen. Und du holst alle Kinder in den Rosengarten.»

So passierte es, dass sich an einem sehr heissen Tag viele Kinder und sämtliche Blumenfeen und Tiergeister im Rosengarten zu einer grossen Krisensitzung zusammenfanden.

«Tatsache ist, dass die Erwachsenen nur noch Steinmauern vor ihren Köpfen und ihren Herzen haben, die wir so nicht durchbrechen können», meldete sich einer der wichtigsten Tiergeister.

«Ihre Augen sind ganz blind vor lauter Materialismus. Sie füttern uns mit künstlichem Dünger, damit wir schneller wachsen, um uns zu verkaufen», sagte die Blumenfee.

«Meine Eltern haben überhaupt keine Zeit mehr für mich vor lauter Arbeit. Niemand hört mir richtig zu, wenn ich ihnen etwas sagen möchte», so klagte ein Kind.

So ging es eine Zeit lang weiter, Klagen über Klagen kamen von allen Seiten.

«Ich glaube, da gibt es nur ein Heilmittel, das wirken kann», meldete sich ein Gartenzwerg.

«Und das wäre?», wollten alle wissen.

«Wir müssen von der Bildfläche verschwinden, so lange bis uns die erwachsenen Menschen vermissen und anfangen uns zu suchen. Erst wenn wir wichtiger sind als Geld, werden sie bereit sein umzudenken», antwortete ihnen der Gartenzwerg.

So verschwanden die Kinder, die Blumen und die Tiere aus allen Städten und Dörfern. Liebevoll wurden sie von den Sternengeschwistern aufgenommen und betreut.

Es dauerte einige Zeit, bis die Erwachsenen ihre Arbeit niederlegten und sich auf die Suche nach den Kindern, den Tieren und den Blumen machten.

Erst jetzt bemerkten sie, wie leer, öde, ja trostlos die Welt geworden war und was sie alles zerstört hatten in ihrer Gier nach Macht und Gütern.

Die Not wurde so gross, dass sie sich auf die ausgetrocknete Erde warfen und sie mit ihren Tränen befeuchteten.

Es dauerte eine lange Zeit, bis aus den Tränen der Hoffnungslosigkeit die erste Blume der Hoffnung anfing zu wachsen.

Erst als die Liebe wieder Einlass in ihre Herzen fand, kamen auch die Kinder und die Tiere zurück.

Der Wanderer und die Maus

Es war einmal eine Quelle in den Bergen. Leise sprudelte sie aus dem Berg über Felsen und grosse Steinbrocken und wurde immer grösser und kräftiger. Nach der Quelle wurde sie zum Bächlein, zum Wasserfall, zum Fluss, an den Ufern überwachsen von Blumen und Kräutern und weiter zu einem See.

Wenn sich die Wolken in den Bergen zusammenzogen, gefüllt mit Tausenden Regentropfen, um sich zu entladen, wurde die Quelle schon in den Bergen zu einem reissenden Bach. Nicht selten schwemmte dieser vor lauter Übermut Steine und Geröll und Äste mit ins Tal und richtete hie und da grossen Schaden an. War das Gewitter vorbei, beruhigte sich die Quelle und die Tiere kamen wieder zum Ufer, um zu trinken.

Einmal wurde ein junger Wanderer von einem Berggewitter überrascht und musste in die nahe gelegene Hütte fliehen. Nass bis auf die Haut, versuchte der Wanderer mit dem Holz neben einem Kamin ein Feuer anzuzünden. Vergebens, der Wind drückte den Rauch wieder in den Kamin zurück. Bei so einem Wetter wird es in den Bergen nicht nur rasch kalt, sondern auch dunkel.

So blieb ihm nichts anderes übrig, als das Ende des Sturms abzuwarten und er hatte genügend Zeit, um nachzudenken. Er war in die Berge gekommen, um Ruhe zu finden vor der Hektik des Alltags, einmal nichts tun zu müssen, keine Leistungen zu erbringen. Doch das war gar nicht leicht, er brauchte auch Bewegung. Die Berge zu erklimmen, war für ihn eine echte Herausforderung. Nun musste er warten und war mit sich allein, kein Mensch zum Sprechen, sondern er musste stillsitzen; eine harte Prüfung!

«He, Freund, hast du vielleicht ein Stück Käse in der Tasche?», piepste es leise neben ihm.

Erschrocken fuhr der Wanderer herum. Was oder wer war da neben ihm?

«Ich bin's! Ach ja du kannst mich ja gar nicht sehen. Dazu braucht ihr Menschen ja eine Lampe. Wie unbequem!»

«Wer spricht da zu mir?», fragte der Mann und tastete mit seinen Händen um sich. «Nein, fassen kannst du mich nicht. Vorsicht ist die Mutter der Porzellankiste», kicherte es dicht bei ihm.

«Gut, ich kann dich nicht sehen. Wer du bist, könntest du mir aber verraten.»

In dem Moment erhellte ein Blitz, gefolgt von einem Donner die Hütte und der Wanderer sah einen Moment lang eine kleine Maus vor sich auf einem Balken sitzen.

«Ach so, eine Maus bist du und willst nichts anderes als ein Stück Käse; tut es Brot auch?», fragt er spöttisch.

«Wenn du nichts anders hast, na ja!»

«Also bescheiden bist du nicht gerade.»

«Warum sollte ich? Die Menschen haben so viel und ich brauche so wenig», kam prompt zur Antwort.

Der Wanderer ergriff seinen Rucksack und suchte nach seinem Picknick; es bestand aus einem Wurstbrot, ein paar Früchten und Wasser für den Durst.

Die Maus schnupperte: «Ich nehme auch Wurst; riecht gut, das ist etwas, das ich nur selten bekomme.» Dabei kam die Maus näher.

Der Wanderer spürte, wie die Wurstscheiben sachte aus dem Brot gezogen wurden und in der Dunkelheit verschwanden.

«Na so was, diese kleine Maus stiehlt mir die Wurst und lässt gerade noch das Brot übrig.»

Er wollte aufbegehren, liess es aber bleiben. Diese kleine, kluge Maus amüsierte ihn. Sie hatte es fertiggebracht, ihn den Sturm und die unfreiwillige Gefangenschaft vergessen zu lassen. Draussen war das Gewitter weitergezogen. In der Hütte wurde es wieder heller. Mit grossem Erstaunen sah er nun, wie die Maus mit grossem Genuss die Wurst frass, weit weg genug, um ausser Reichweite zu sein, nahe genug, um gesehen zu werden.

«Danke, das war gut», sagte sie und putzte sich mit den Pfoten den Schnauz.

«Das Gewitter ist vorbei, du kannst ohne Gefahr ins Tal hinuntersteigen. Aber warte nicht zu lange. Heute wird es schnell Nacht.» Damit war sie verschwunden.

Der Wanderer verliess die Hütte. Nebelschwaden stiegen aus dem Tal herauf, die Quelle war nicht zu überhören.

So stieg er hinunter mit der Erinnerung an eine Begegnung mit einer kleinen Maus in den Bergen und betrachtete die Natur rings um sich herum mit einer neuen Aufmerksamkeit.

Der Wichtel im Wald

Es war einmal eine blühende Wiese. Am Morgen früh lag noch der Tau darauf und die Sonne spiegelte sich in den Tautropfen. Es war, als ob die Wiese mit Tausenden von Perlen übersät wäre.

Eine Amsel hatte schon vor einiger Zeit ihr Morgenlied getrillert und alle aus dem Schlaf geweckt, als ob sie sagen wollte: «Wie kann man einen so strahlenden Morgen verschlafen?»

Ein Kind drehte sich noch einmal murrend im Bett um. Ihm war gar nicht nach Aufstehen. In die Schule zu gehen, igitt, jeden Tag in die Schule, Aufgaben machen, lernen und nochmals lernen. Was es an diesem Morgen bedrückte, waren die Aufgaben, welche es nicht gemacht hatte. Am vorigen Tag war es wie so oft auf Entdeckungsreise gegangen. Im nahen Wald hatte es eine Höhle entdeckt und war sicher, dass da drinnen jemand wohnen müsse.

Als es seinen Vater fragte, meinte der nur, es könne ein Fuchs, ein Dachs oder sonst ein Getier sein. Das war auch gerade alles. Wie immer hatte er keine Zeit für sein Kind. Die Erwachsenen haben so wenig Zeit. Schrecklich!

«Hast du deine Aufgaben gemacht?», kam es dann sofort. Nein, es hatte sie nicht gemacht und war in den Wald gerannt.

Schon rief die Mutter: «Aufstehen, das Frühstück ist fertig und du bist schon wieder spät dran!»

Nichts Neues, es wiederholte sich fast täglich. Stefan, so hiess der Junge, schlüpfte in seine Kleider, schlang sein Frühstück herunter, ergriff mit einer Hand den Schulsack, mit der anderen die Jacke und rannte aus dem Haus. Er hörte seine Mutter nicht mehr, die ihm noch Fragen und Ermahnungen nachrief.

Ein herrlicher Tag erwartete ihn draussen, alles glänzte und strahlte um ihn herum. Und da sollte er in die Schule gehen? Abrupt blieb er stehen.

«Nein, ich gehe in den Wald und will herausfinden, wer oder was in dieser Höhle wohnt.»

Vor der Höhle angekommen, schaute er sich benommen um. Wie still es hier war, dann dieses unbeschreibliche Licht! Er warf Schulsack und Jacke auf den Boden und kroch zur Höhle.

«Was willst du hier?», wurde er plötzlich gefragt. Erschrocken fuhr er herum, konnte jedoch niemanden sehen.

«Wer spricht mit mir?», fragte er schüchtern und strengte seine Augen an.

Da, vor ihm stand ein Wichtel und beobachtete Stefan grinsend.

«Gestern warst du doch auch schon da. Was suchst du eigentlich bei mir?»

«Ich möchte wissen, wer in dieser Höhle wohnt. Mein Vater meinte, ein Fuchs

oder ein Dachs, was ich aber nicht glaube», sprudelte es aus Stefan hervor.
«Du hast recht. Wir Wichtel wohnen hier. Doch die Menschen haben uns schon lange vergessen.» Es tönte fast ein wenig traurig.
«Schade», meinte Stefan, «sicher könntest du mir viel über den Wald erzählen und die Tiere, die hier wohnen. Das wäre nicht so langweilig wie in der Schule sitzen», dabei seufzte Stefan schwer.
«Solltest du aber nicht in der Schule sein?», fragte der Wichtel ernst.
«Doch, schon, nur, könnte ich nicht vielleicht bei dir in die Schule gehen?», fragte Stefan erwartungsvoll.
«Könntest du schon, nur ist bei uns Lernen auch mit Arbeiten verbunden.»
So kam es, dass Stefan im Wald beim Wichtel blieb. Jeden Tag begleitete Stefan den Wichtel mit Pickel und Schaufel durch den Wald. Bäume und Pflanzen brauchten Pflege und einigen kranken Tiere musste auch geholfen werden.
So lernte Stefan schnell, die Tage flogen nur so vorbei. Die Schule hatte er vergessen, nur hie und da machte sich das Heimweh nach Mutter und Vater bemerkbar.

Als der Winter Einzug hielt, zog sich der Wichtel in die Höhle zurück und schickte Stefan nach Hause.

Stefan war erwachsener geworden, man erkannte ihn im ersten Moment gar nicht mehr. Die Lehrzeit beim Wichtel liess ihn reifen und auf das Leben vorbereiten. Seine Mutter schloss ihn voller Freude und Dankbarkeit in ihre Arme. Immer und immer wieder musste er vom Wald und dem Wichtel erzählen.

Im Winter kamen ihm viele Fragen in den Sinn, die er seinem Wichtel stellen wollte, wenn es Frühling würde. In der Schule lernte er, was er lernen musste. Er wusste aber, dass es noch viel Anderes zu lernen gibt, um die Natur zu verstehen, zu lieben und Sorge zu ihr zu tragen.

Der Wichtelkönig

Es war einmal in einem Wald eine von Pflanzen umwachsene Quelle. Das Wasser sprudelte aus einer Höhle heraus und floss durch das grüne Dickicht über Steine und Felsen hindurch ins Tal hinunter. Wenn Sonnenstrahlen sich einen Weg zur Quelle bahnten, glitzerte das Wasser, als ob dort ein verborgener Schatz läge. Noch hatte kein Mensch diese Quelle gefunden und doch lebten viele Wesen in und um die Quelle. Der Wassergeist der Quelle war Merlin, grün und kaum von den Pflanzen zu unterscheiden. Einige Blumenfeen sorgten für Farben in diesem satten Grün. Alles in allem war es eine fröhliche Gesellschaft, die von niemandem gestört wurde.

Um die Quelle gab es einen Wald mit majestätischen Bäumen und viel Unterholz, Kräutern und Blumen jeglicher Art, mit einem Wort – ein Paradies. Tiere strichen durchs Unterholz und besuchten die Quelle, um aus ihr zu trinken. Oft erzählten sie von Ereignissen aus der Menschenwelt. Merlin hörte dann still zu und machte sich so seine Gedanken. Alle wussten sie, dass dieses Paradies wohl kaum so bleiben konnte und die Menschen eines Tages den Weg zur Quelle finden würden.

«Wir müssen dafür sorgen, dass nur Menschen mit einem reinen Herzen zu uns finden», erklärte Merlin eines Tages allen Feen und Tieren.

«Wie das?», wollte eine Blumenfee wissen, die sich Menschen hier oben beim besten Willen nicht vorstellen konnte.

«Das werdet ihr schon sehen», war alles, was Merlin zur Antwort gab.

So kam es, dass sich eines Tages ein Menschenkind im Wald verirrte, hilflos einen Weg aus dem Gestrüpp suchte und immer weiter ins Dickicht geriet.

Ein leises Stöhnen liess es aufhorchen. Sofort machte es sich auf die Suche und fand einen Wichtel in misslicher Lage. Allein konnte er sich nicht befreien, er klemmte mit seinem Bart fest.

«Warte, ich helfe dir.»

Erschrocken fuhr der Wichtel herum und verhedderte sich noch mehr. Liebevoll erlöste ihn das Menschenkind, hielt ihn wie ein Kind im Arm und wollte ihn trösten. Aber oha, statt Dank erntete es Wut!

«Lass mich los und stell mich runter. Ich bin kein Kind, sondern der Wichtelkönig dieses Waldes.» Wütend und mit funkelnden Augen schaute er das Menschenkind an, «und überhaupt, was hast du da zu suchen?»

So viel Undank hatte das Menschenkind nicht erwartet. Doch dieser kleine, wütende Wichtel brachte es trotz allem zum Lachen. Das hätte es aber nicht tun sollen. Mit ungewöhnlicher Behändigkeit schlug der Wichtel auf das Kind ein, dass es nur noch die Flucht ergreifen konnte.

Blindlings rannte es durch den Wald und kam so zur Quelle.

Erschöpft trank es zuerst einmal vom Wasser und fiel bald darauf in den Schlaf.

Merlin und seine Blumenfeen hatten das Ganze beobachtet; die Bosheit des Wichtelkönigs war allen wohlbekannt.

«Das hat das Menschenkind nun wirklich nicht verdient. Da hilft es ihm und er schlägt um sich!», empörte sich eine der Feen.

«Da hast du recht, meine Liebe. Trotz allem ist das Kind gut geblieben, hat nicht zurückgeschlagen und wollte ihm nichts Böses. Das müssen wir belohnen», sagte Merlin ernst. «Wie wäre es mit einer Party mit Musik und Tanz?», schlugen die Blumenfeen vor.

Die Idee gefiel allen. So wurde das Menschenkind am Morgen nicht nur von Sonnenstrahlen, sondern auch von himmlischer Musik geweckt.

Erstaunt rieb es sich die Augen. Tanzende Blumen und funkelnde Wassertropfen waren ringsherum.

«Guten Morgen. Das Fest ist für dich und dein gutes Herz», begrüsste Merlin das Kind.

«Das ist ja wunderbar. Aber wo ist der Wichtelkönig?», wollte es wissen. So ganz geheuer war ihm aber nicht.

«Keine Angst, wir haben ihn eingesperrt!»

«Eingesperrt, wo ich ihn doch befreit habe?», wunderte sich das Menschenkind.

«Nur wenn du ihm vergeben kannst, lassen wir ihn wieder laufen, sonst bleibt er für immer eingesperrt.», erklärte Merlin ernst.

Was sollte es tun? Er war der Wichtelkönig! Unschlüssig stand das Menschenkind da.

«Ich will ihm vergeben, wenn er mich wieder aus dem Wald führt», kam es nach langem Überlegen.

Man brachte den Wichtelkönig. Spöttisch schaute er das Kind an. Reue war in seinen Augen keine zu sehen.

Beide schauten sich lange an.

Dann plötzlich wurde dem Menschenkind wieder bewusst, wen es da vor sich hatte. «Dann komm, mein lieber Freund, führe mich aus dem Wald.»

Vorher bedankte es sich noch bei Merlin für die Party und die Lebenslektion «Vergebung ist der Schlüssel zum Glück!»

Merlin verschwand in der Höhle der Quelle.

Die blaue Henne Josefine

Der Hühnerhof

Es war einmal ein kleiner Hühnerhof auf einem Bauernhof inmitten einer hügeligen Landschaft. Die Bäuerin liebte ihr Federvieh und gab ihm nur die ausgesuchtesten Körner als Futter. Natürlich fehlte auch der Hahn nicht. Nicht nur, dass man ihn weithin krähen hörte, nein, er war auch der schönste Hahn weit und breit. Sein Kleid schillerte in der Sonne prachtvoll in allen Farben. Wie gesagt, dieses Hühnervolk war der Stolz der Bäuerin.

Es war Frühling und das erste Gewitter war im Anzug. Die Hühner samt Hahn dösten auf ihren Stangen vor sich hin, weit und breit war kein Laut zu hören.

Eine der Hennen sass auf ihren sieben Eiern, brütete und träumte dabei von ihren sieben Küken, die bald ans Licht der Welt kommen würden. Sie war stolz, so viele Eier auszubrüten. Wie sie da so von den Küken träumte, erschrak sie im Traum. Eines davon war blau. Blau! Wie konnte ein Küken blau sein? Erschrocken erwachte sie aus dem Traum und untersuchte alle sieben Eier auf eventuelle, ungewöhnliche Merkmale. Doch als sie nichts Aussergewöhnliches feststellte, ein Ei glich dem anderen, setzte sie sich wieder beruhigt in das Nest und döste weiter. Zum Glück war es nur ein Traum, nicht auszudenken, wenn so was Wirklichkeit würde!

Blitz und Donner weckten alle unsanft aus dem Schlaf und bald ging ein erfrischender Regen auf die ganze Gegend nieder. Aus Freude krähte der Hahn aus vollem Halse und unsere brütende Henne hatte den Traum vom blauen Küken vergessen.

Bald schon stiessen die kleinen Küken die Eierschalen durch und eines nach dem anderen purzelte ans Licht. Nur beim siebten tat sich noch nichts. Die Henne drehte und wendete das Ei, das ihr schwerer und auch härter als die anderen vorkam.

«Braucht wohl länger», dachte die Henne, hockte sich wieder brav hin und wartete geduldig, bis es auch dieses geschafft hatte.

Doch ihre Geduld wurde auf eine harte Probe gestellt. Es dauerte noch ganze drei Tage, bis sie ein Klopfen spürte und die Schale an einer Stelle dünner wurde. Neugierig purzelten die anderen sechs Küken schon recht munter durcheinander und halfen dem siebten Küken mit leichten Stössen gegen die Schale herauszukommen. Auch die Henne half fleissig mit und siehe da, endlich brach die Schale entzwei. Aber oooh, träumte sie oder war das tatsächlich ein blaues Küken? Die Henne machte ein grosses Geschrei, sodass der ganze Hühnerhof zusammenlief. Auch die Bäuerin liess Pfannen und Töpfe stehen und rannte in den Hühnerhof. Dort war die Aufregung mittlerweile riesengross. Ein blaues Küken war geboren, blinzelte etwas verstört in die neue Umgebung und verstand absolut nicht, warum die Aufregung so gross war.

Die Henne schob das kleine blaue Küken nicht eben freundlich hin und her, die Stösse wurden immer härter und unserem Sonderling wurde es angst und bang. Ob wohl etwas an ihm nicht stimmte? Gut, dass jetzt die Bäuerin dazu kam. Sie erfasste die Situation mit einem Blick; sie spürte die Gefahr, die von der empörten Henne ausging und ergriff das blaue Küken. Nein, so was, ein blaues, wunderschönes Küken mit lieben, lebhaften Äuglein, alles an ihm war perfekt, ausser der Farbe und woher die kam, wusste niemand zu sagen.

Jede Aufregung findet einmal ein Ende und man geht zur Tagesordnung über. So auch auf dem Hühnerhof. Allen war die Geschichte vom hässlichen Entlein bekannt. Wie auch in diesem Märchen, wurde unser blaues Küken von seiner Hennenmutter mehr geduldet als geliebt und musste auf den Spaziergängen immer am Schluss gehen. Trotz gleichen Futters und gelegentlichem Bad, ob freiwillig oder nicht, das Küken blieb blau.

Zur selben Zeit wie das blaue Küken seine Schale durchbrach, streckte eine neugierige Kürbispflanze ihre ersten Blättchen aus dem Boden.

Josefine sucht die Farben

Im Garten, nahe dem Bächlein, stand ein Pavillon, in dem sich die Bäuerin und ihre Gäste gerne ausruhten und ihren Gedanken nachhingen. Der Ort war still, man hörte nur das Rauschen des Bächleins und das Vogelgezwitscher in den Bäumen. Stille und Harmonie lagen über dem Garten, eine wohltuende Atmosphäre.

Der Morgen war noch jung und im Haus regte sich nichts und niemand. Doch im Hühnerhof gab es einige Aufregung. Die Hühner waren alle schon wach und emsig am Futtersuchen, sie scharrten den Boden auf und gackerten sich aufgeregt zu.

«Also heute muss was geschehen, so kann das nicht weitergehen», gackerte eine der grossen Hennen ganz energisch.

«Aber so kannst du nicht drein fahren und alle vor den Kopf stossen», meinte eine andere Henne.

«Immer diese Rücksichtnahme, das bringt uns nicht im Geringsten weiter», widersprach die erste.

«Ja, ja, du hast ja recht, nur nicht so direkt, mehr Diplomatie, wenn ich bitten darf», meinte die andere Henne beruhigend, kannte sie doch das hitzige Gemüt ihrer Nachbarin. So wäre das noch eine Zeit lang weitergegangen, hätte nicht der Hahn dem Ganzen ein Ende gesetzt und mit seinem lauten Krähen nicht nur die

Hennen zum Schweigen gebracht, sondern auch die Bewohner im Hause aufgeweckt.

Verschlafen kamen nun auch die kleinen Küken zum Appell und stellten sich blinzelnd in Reih und Glied, jeden Tag die gleiche Zeremonie. Nur ein kleines Küken, noch schlaftrunken, drehte sich noch einmal im Stroh um und dachte: «Heute ohne mich. Und überhaupt, wer merkt schon, wenn ich nicht da bin. Der Hahn nimmt sowieso keine Notiz von mir. Ich bin für alle nur eine Störung oder wie die grossen Hennen sagen eine «Missgeburt». Das alles nur wegen meiner anderen Farbe.» So haderte unser kleines Küken, lehnte sich wütend auf und blieb an diesem Morgen liegen.

So war es denn auch, niemandem fiel auf, dass unser kleines blaues Küken, von der Bäuerin vom ersten Tag an liebevoll Josefine genannt, nicht zum Appell erschien. Die Hennen hatten andere Sorgen, die nun endlich einmal zur Sprache gebracht werden mussten und ... und ... und ...

An diesem Morgen wurde über Vieles gesprochen und auch gestritten, wie das eben bei Erwachsenen so ist, die auf engem Raum zusammenleben müssen. Die kleine Kükenschar wurde von ihren Müttern unter die Fittiche genommen, es gab kein Entrinnen, wenigstens nicht an diesem Morgen, dabei schien die Sonne ihn ihrem schönsten Gelb. Die Bienen summten zufrieden ihr Lied und im Grossen und Ganzen herrschte Frieden an diesem Tag. Nur eben nicht unter den Hennen.

Unsere andersfarbige Josefine macht sich bei dieser Gelegenheit heimlich aus dem Staub. Sie schlüpfte durch den Zaun, auf dessen anderen Seite es eine herrliche Wiese mit viel Löwenzahn gab. Alle hatten schon gelbe Blüten und wurden von den Bienen emsig besucht. Das war ein Kommen und Gehen. Unsere Josefin konnte nur staunen. Von allen Seiten wurde sie liebevoll begrüsst. Sogar ein Schmetterling nahm sich einen Moment Zeit, um sie zu fragen, wie es ihr gehe und wohin sie heute Morgen unterwegs sei.

Das wusste unsere kleine Josefine im Augenblick auch nicht so recht. Als sie dann von einem kleinen Häschen, das sich gerade den Bauch mit Löwenzahn vollfrass, gefragt wurde: «Was suchst du eigentlich hier, gehörst du nicht in den Hühnerhof?», antwortete Josefine nur: «Ich suche die Farben.»

«Die Farben? Welche?», wollte das Häschen wissen.

«Alle Farben», antwortete unser Küken Josefine.

«So etwas, da suchst du die Farben, die sind doch alle da. Schau dich doch um, die ganze Wiese ist voll davon», antwortete das Häschen und frass weiter.

Josefine sah sich um. Wahrhaftig, da gab es alle Farben. Zögernd ging sie zu einer wunderschönen Löwenzahnblume.

«Kannst du mir sagen, warum du gelb bist?», fragte Josefine.

«Was für eine Frage. Ich werde immer gelb und später weiss, damit meine Samenkörner weitergetragen werden, wenn der Wind kommt.»

«Immer gelb, nicht vielleicht mal in einem Jahr blau?»

«Blau? Blau steht mir nicht», sagte der Löwenzahn, «warum fragst du das?», wollte die Blume wissen.

«Schau mich an, ich bin auch nicht gelb, ich wurde blau geboren und alle anderen Küken sind gelb. Darum beachtet mich auch niemand auf dem Hühnerhof. Meine Mutter mag mich auch nicht so richtig. Sie streiten sich sogar darüber, wie ich «passieren» konnte. Sie nennen mich eine «Missgeburt».

Nun fing unsere kleine Josefine an zu weinen, sodass sich bald alle Tiere auf der Wiese um sie versammelten.

«Wie kann man ihr nur helfen?», überlegten alle.

Da setzte sich ein Eisvogel, der selbst in den schönsten blauen Farben schillerte, in ihre Nähe und sagte: «Schau, mein kleiner Freund, du bist etwas ganz Besonderes und das macht die anderen neidisch, weil sie nicht so sind wie du. Du bist keine Missgeburt, mein Freund, sondern ein kleines Wunder! Nur, Wunder haben es alle schwer in der Welt. Doch wenn du dich liebst, wie du bist, deinen Weg gehst, den du gehen willst, dann kannst du vielen Freude machen. Vergiss nicht, du bist etwas ganz Besonderes, ein kleines Wunder.» Und weg war er.

Josefine trocknete ihre Kükentränen aus dem Gesicht und sagte immer wieder vor sich hin: «Ich bin ein kleines Wunder» und kehrte zum Hof zurück.

Josefine findet einen Freund

Je grösser unsere Josefine wurde, desto weniger kümmerte sich die Hennenmutter um ihren Sonderling. Sie liess ihn machen und schaute nur auf ihre gelben Küken. Die Geschwister von Josefine beneideten sie um ihre Freiheit, wurden sie doch alle ständig behütet und kontrolliert. Dass Josefine unter der Lieblosigkeit ihrer Geschwister und vor allem auch der Hennenmutter leiden musste, merkte niemand.

So war Josefine wieder einmal auf einem ihrer Streifzüge durch die Gegend. Es war ein heisser, schwüler Tag. Diesmal wagte sie sich weiter als sonst, sie spazierte ums Haus herum, wo der Gemüsegarten war. Wie das duftete, ganz anders als auf der Wiese. Da gab es knackig frische Salate, die Josefine besonders liebte und in ihrem Kummer frass sie sich an einem Kopfsalat ihren Kükenbauch voll.

«Wenn das nur kein Bauchweh gibt», dachte sie besorgt.

«Doch wen kümmert es, ob ich Bauchweh habe oder nicht? Niemanden», dachte Josefine enttäuscht.

Es war schon schwer, ein kleines Wunder zu sein. Ob all dem Sinnieren und Essen kamen zu den dunklen Gedanken von Josefine nun auch noch dunkle Wolken hinzu. Der Himmel hatte sich plötzlich verdunkelt und in der Ferne hörte man Donnergrollen. Von dem merkte Josefine erst etwas, als schon die ersten Regentropfen fielen. Schnell, irgendwo unterstehen, doch wo? Josefine schaute sich ängstlich um. Noch nie war sie bei einem Gewitter draussen gewesen. Da waren kein schützender Hühnerstall und keine warmen Federn der Mutter, um sie zu beschützen. Hilflos stand sie mitten im stärker werdenden Regen. Da sah sie grosse Blätter; schnell schlüpfte sie unter eines von ihnen und versuchte sich damit vor der Nässe zu schützen. Zitternd und total verängstigt liess sie das Gewitter über sich ergehen.

«He, du brauchst keine Angst zu haben, ich bin ja auch noch da», tönte eine Stimme neben ihr. Erschrocken fuhr Josefine zusammen. Wer das wohl war? Sie schaute sie sich um, sah aber nichts und dachte, dass sie sich das nur eingebildet hatte. Etwas Rundes, Hartes schubste sie nun leicht.

«Du hast mich wohl noch nie gesehen, was? Ich bin ein Kürbisjunge, schau mich doch mal an, ich stehe neben dir.» Wahrhaftig, neben ihr war ein lustiger Kürbis, der sie freundlich anblinzelte.

«Hast du keine Angst vor Gewittern?», fragte Josefine den Kürbisjungen.

«Nein, im Gegenteil, der Regen ist für mich sehr wichtig, ich brauche ihn zum Wachsen», sagte ihr neuer Freund.

«Ich bin noch nie bei einem Gewitter im Freien gewesen, ich habe Angst so allein draussen», erwiderte Josefine ängstlich.

«Du bist doch gar nicht allein, du hast ja mich», meinte der kleine Kürbis, «ich werde dich beschützen, nur keine Angst!», und er schmiegte sich sanft an Josefine.

«Oh, das ist gut, jemanden zu haben, der mir hilft, sonst will mich ja niemand.»
So erzählte Josefine ihrem neuen Kürbisfreund von ihrem Schicksal als blaues Küken, das niemand haben wollte und niemand lieb hatte. Auch vom Eisvogel erzählte sie, der ihr gesagt hatte, sie sei ein kleines Wunder.

Der Regen liess plötzlich nach und die Sonne schien wieder. Noch immer sassen die beiden Freunde zusammen.

Josefine würde nun öfters zum Kürbis kommen und kehrte glücklich zum Hühnerhof zurück, denn Salat reichte nicht für einen Kükenmagen, es brauchte auch noch Körner.

Glücklich träumte unsere kleine Josefine von ihrem neuen Freund und konnte es kaum erwarten, bis der Morgen kam um wieder zu ihm zu gehen.

Josefines Abenteuer

An einem stillen Morgen, die Bäuerin sass an einem schattigen Platz vor der Küchentüre und schälte Kartoffeln, war es im Hühnerhof recht ruhig, ausser einem gelegentlichen, zufriedenen Gegacker. Josefines Hennenmutter rief ihre Küken zusammen, um einen kleinen Spaziergang zu machen. Josefine musste wie immer am Ende gehen, so war das von Anfang an bestimmt worden. Eilig schritt die Henne voran, die sieben Küken brav in einer Reihe hinterher. Josefine dachte an ihren Freund, den Kürbis. Sie wollte ihn wenn möglich noch am selben Tag besuchen. Sie marschierten alle an der Bäuerin vorbei, die lächelnd aufsah und sich an der kleinen Schar freute, besonders an Josefine. Sie hatte eine ganz besondere Liebe für dieses blaue Küken entwickelt.

Plötzlich erschien ein dunkler Schatten. Ein Habicht stürzte sich auf die Kükenschar. Die Bäuerin schrie auf, aber die Warnung kam zu spät, der Habicht hatte Josefine schon in seinen Krallen. Die Bäuerin warf die Kartoffel, die sie gerade in der Hand hielt, geistesgegenwärtig nach dem Raubvogel. Der Habicht erschrak, weniger der Kartoffel wegen, die haarscharf an ihm vorbeiflog, als vielmehr wegen des blauen Etwas, das er da plötzlich zwischen seinen Fängen hatte. Eigentlich wollte er ein gelbes Küken zum Frühstück.

«Was habe ich da nur erwischt?», dachte er einen Moment, «Sicher nichts zum Fressen.»

So rettete die blaue Farbe Josefine das Leben und sie landete etwas unsanft auf dem Misthaufen. Ausser ein paar zerrupften Federn und einem schrecklichen Gestank vom Mist hatte Josefine Glück und kam mit dem Schrecken davon. Das Gezeter der Henne brachte sie in die Wirklichkeit zurück. Statt dass ihre Mutter froh war, dass ihr nichts passiert war, prasselte ein Donnerwetter über die arme, noch total verstörte Josefine nieder.

«Aufschliessen und dicht hinter mir bleiben!», lautete der Befehl der Henne. Sie beschloss, mit ihren Küken in den sicheren Hühnerstall zurückzukehren. Besser war besser, sie kannte als alte Henne die Gefahr, die von einem Habicht ausging. Josefine stank jämmerlich nach Mist und wurde von allen naserümpfend gemieden. Alles Schütteln und Putzen half ihr nichts, sie stank. So schlich sie sich heimlich, still und leise davon, dicht an der Mauer entlang zum Gemüsegarten. Doch bevor sie zu ihrem Kürbisfreund rannte, warf sie einen Blick zum Himmel; kein Vogel war in Sicht, dann also los, was die Beine trugen. Ausser Atem schlüpfte sie unter das grosse Kürbisblatt, das ihr schon einmal Schutz bot und begrüsste ihren Freund.

«Was ist denn mit dir passiert, du siehst ja ganz zerzaust aus und was für ein Parfum trägst du denn heute?», meinte der Kürbis lachend.

«Ein grosser Vogel hat mich erwischt, aber er liess mich zum Glück wieder fallen, mitten auf den Misthaufen», erzählte Josefine immer noch mit Herzklopfen.

«Na, da hast du aber ganz grosses Glück gehabt, denn was der Habicht zwischen seinen Krallen hat, lässt er meistens nicht mehr los», erklärte ihr der Kürbis, «fast hätte ich dich ja verloren. Sag mal, wie heisst du eigentlich?», wollte er wissen.

«Josefine, den Namen hat mir die Bäuerin gegeben», sagte sie stolz. «Wärest du sehr traurig gewesen, wenn ich nicht mehr da wäre?»

«Aber sicher, zudem hätte ich nie erfahren, was passiert ist und mich gewundert, dass du plötzlich nicht mehr zu mir kommst. Ich muss ja hier bleiben», meinte er noch und schaute sie liebevoll an.

«Richtig, niemand weiss von unserer Freundschaft, das ist mein grosses Geheimnis. Aber sag mal, hast du auch einen Namen?»
«Eigentlich haben wir keinen Namen, man nennt uns einfach Kürbis», gab er zur Antwort.
Lange war es still zwischen den beiden.
«Du musst einen Namen haben für mich, warte mal ...», sie schaute ihn von allen Seiten an, überlegte und überlegte.
«Wie wäre es mit PUMMEL? Du bist so schön rund und für mich der schönste dicke Kürbis, den es gibt.»
Pummel war ganz gerührt: «Pummel gefällt mir, nun habe auch ich ein Geheimnis. Kein einziger Kürbis hat einen Namen, nur ich. Vielen Dank, liebe Josefine.»

Der Gemüsegarten

An einem schönen Nachmittag sass Josefine wie gewohnt bei ihrem Freund Pummel im Gemüsegarten. Sie hatten sich immer etwas zu erzählen, vor allem Josefine wusste Lustiges vom Hühnerhof.
Heute war Pummel nicht sehr gesprächig und der Dialog war eher einseitig. Josefine schwatzte und schwatzte darauf los und achtete gar nicht darauf, dass Pummel so still war.
«Sag mal Josefine, dort im Gemüsebeet wächst etwas Rundes, Hellgrünes, aber sehr gross wird es nicht, weisst du was es sein könnte?»
Josefine wollte sich das Gewächs gerade näher anschauen, als ihr Freund Hase vorbeihoppelte und sich vorsichtig umschaute, ob ihn niemand sah. Dann machte er sich zum Karottenbeet auf, riss blitzschnell eine der grössten aus, um sie sofort zu verzehren.
«Hallo, mein Hase», rief Josefine.
Erschrocken fuhr der zusammen, sah Josefine und beruhigte sich wieder.
«Hast du mich erschreckt, ich glaubte schon, es sei die Bäuerin. Sie liebt es gar nicht, wenn ich ihre Karotten hole.»
«Sind sie denn so gut?», wollte Josefine wissen.
«Und ob, probier einmal, sie sind gut für die Augen. Man soll besser sehen, wenn man viel davon isst. Oder hast du schon einmal einen Hasen mit Brille gesehen?», lachte der Hase und frass genüsslich weiter.
«Ja, das ist sehr wichtig, dann sehen wir den Habicht schneller, oder?»
«Auch wir Hasen sind vor ihm in Gefahr, vor allem unsere Kleinen.»
Josefine bekam auch etwas von der Karotte zum Probieren.
«Na, wie schmeckt es dir?», wollte der Hase wissen.
«Och, eigentlich ganz gut,» meinte Josefine und pickte an einem Stück herum.
«Sag mal Hase, weisst du, was das für ein hellgrünes, rundes Gewächs da drüben ist?», fragte ihn Josefine.

«Sicher, das ist Kohlrabi, besonders zart und fein, die Bäuerin hat ein gutes Rezept, das ihre Kinder lieben,» gab ihr der Hase zur Antwort. In dem Moment hörte man das Gartentor quietschen, die Bäuerin kam mit einem grossen Korb. Der Hase verschwand wie der Blitz und ohne Abschied.
«Na, wer ist denn da in meinem Garten? Was machst denn du da, kleine Josefine?» Erstaunt schaute die Bäuerin auf das nun schon recht gross gewordene Küken. Bald würde sie eine junge Henne sein und mit dem Eierlegen beginnen. Interessiert schaute Josefine der Bäuerin zu, wie sie die Karotten herauszog, einige Kohlrabi schnitt und noch Blumenkohl dazu nahm.
«So, das wird ein feines, leckeres Gemüseessen für meine Kinder, zusammen mit Kartoffeln ein Genuss für alle.» Sie nahm den Korb unter den Arm, schnitt noch Petersilie, Schnittlauch und Basilikum und verliess den Garten schnell wieder. Vorher warnte sie Josefine noch:
«Josefine, du musst zurück in den Hühnerhof, vergiss nicht, was dir passiert ist.»
Josefine erzählte Pummel noch vom Kohlrabi und dass die Kinder ihn gern hätten.
«Eines Tages, wenn ich gross und reif genug bin, wird die Bäuerin mich auch holen und viele Köstlichkeiten aus mir machen», sagte Pummel. Josefine fuhr erschrocken zusammen.
«Dich holen? Nie, ich will dich nicht verlieren, du bist mein bester Freund!»
«Aber Josefine, wir alle sind da, um den Menschen Nahrung zu geben, auch du, zum Beispiel mit deinen Eiern, wenn du gross bist», beruhigte sie Pummel.
«Darüber muss ich erst einmal schlafen», meinte Josefine und kehrte zum Hühnerhof zurück.

Josefines erstes Ei

Eines Tages war es soweit, aus den Küken waren junge Hennen geworden, die in der Hühnergesellschaft ihren Platz hatten und nun für sich selbst verantwortlich waren. Mit dem ersten gelegten Ei wurden sie als erwachsene Hennen angesehen. Für jede Junghenne war ihr erstes Ei ein Ereignis, das mit grosser Freude und Aufregung von allen begrüsst wurde.
So legten denn Josefines Geschwister, eines nach dem anderen, ihr erstes Ei und die alten Hennen waren des Lobes voll. Auch die Bäuerin freute sich auf die zusätzlichen Eier und backte daraus einen besonders guten Kuchen.
Auch Josefine wollte ihr erstes Ei legen, doch nicht im Hühnerhof. Unsicher, welche Farbe es bei ihr haben würde, blau oder weiss, zog sie es vor, sich im Gemüsegarten ein stilles Plätzchen zu suchen.
In der Nähe von Pummel wurden die Johannisbeeren reif. Unter diesen Sträuchern fand sie einen schattigen, ruhigen Platz, an dem niemand sie beobachten konnte, nicht einmal Pummel. Würde ihr Ei gut, sollte es Pummel als Erster

wissen. Ansonsten würde sie niemandem davon erzählen, auch Pummel nicht. So scharrte sie sich eine bequeme Kuhle unter dem schönsten Strauch und setzte sich hinein.

Nicht lange, und sie drückte ihr erstes Ei heraus. Sorgfältig, um es ja nicht zu zerbrechen, stand sie auf und oh! ... welch ein Wunder, sie hatte ein schneeweisses Ei gelegt. Vor lauter Stolz stellte sich ihr Kamm in die Höhe, ihre blaue Hühnerbrust schwoll an und ein stolzes lautes «Gaageereeegaag» tönte durch den Gemüsegarten.

«Pummel, Pummel, ich habe mein erstes Ei gelegt und denk dir, es ist schneeweiss. Ein ganz normales Ei, hurra, hurra!» Fast hätte sie Pummel ein Loch in den Kürbisbauch gerannt vor lauter Aufregung.

«Nicht so stürmisch, meine liebe Josefine, aber ich gratuliere dir von ganzem Herzen. Jetzt bist du eine richtige, erwachsene Henne.»

So freuten sich die zwei Freunde über das grosse Ereignis in Josefines Leben.

An diesem Abend kehrte sie stolz in den Hühnerhof zurück. Sie konnte ganz normale Eier legen wie alle Hennen auch! Im Hühnerhof kümmerte das niemanden, müde von der grossen Aufregung schliefen die meisten alten Hennen schon auf den Stangen. Die Junghennen konnten sich nicht genug von ihren ersten Eiern erzählen. Leise lächelnd machte sich Josefine auf ihren Schlafplatz und träumte von ihrem schneeweissen Ei unter den Johannisbeeren.

Am anderen Morgen fand die Bäuerin das Ei, als sie Beeren pflücken wollte. Eines ihrer Kinder hatte Geburtstag und zur Feier des Tages würde sie einen Kuchen backen.

«Da schau her, ein wunderschönes Ei, das kann nur von Josefine sein. Sie ist das einzige Huhn, das hierher in den Gemüsegarten kommt.» Liebevoll hielt sie das Ei wie etwas ganz Kostbares in ihrer Hand.

Der Kürbisgeist

Josefine kam in den Gemüsegarten gerannt und rief fröhlich: «Guten Morgen Puu....». Das Wort blieb ihr im Halse stecken. Pummel war nicht mehr da, das hatte es noch nie gegeben. Sie suchte ihn unter all den grossen Kürbisblättern, unter denen sie so oft Schutz gesucht hatte. Aber Pummel blieb verschwunden. Ein Leben ohne Pummel konnte sich Josefine gar nicht vorstellen. Zu wem sollte sie gehen, wenn sie schwatzen wollte? Wer würde sie trösten, wenn sie traurig war? Wer würde mit ihr lachen, wenn sie von ihren Abenteuern erzählte? Ihr Herz wurde traurig und schwer.

Als es dunkel wurde, schlüpfte sie unter ein grosses Kürbisblatt, steckte ihren Kopf unter den rechten Flügel und weinte sich leise in den Schlaf.

Frierend erwachte sie am nächsten Morgen und fühlte sich krank. War es möglich, dass die Bäuerin Pummel geholt hatte, wie die Kohlrabi und die Karotten?

Ein entsetzlicher Gedanke!

«Ich muss zu der Bäuerin», dachte sie und rannte durch den Garten Richtung Küchentür.

Wer sass dort auf der Treppe und strahlte mit der Sonne um die Wette? Ihr Pummel! Sie hätte ihn beinahe nicht erkannt. Er hatte zwei grosse, fröhliche Augen und einen lachenden Mund. Ihr Herz fing laut zu klopfen an und sie rannte zu ihm.

«Pummel, du hast mich ja gar nicht verlassen, dich aber dafür sehr schön gemacht.» Glücklich kuschelte sie sich an ihn.

«Aber sag mir, was machst du denn hier?»

«Nun, Josefine, erzähl ich dir von meinem Geheimnis. In mir sind Kerne gereift, die dort in der Sonne zum Trocknen liegen. Die Bäuerin wird diese Kerne im nächsten Frühling in die Erde stecken und aus ihnen werden wieder Kürbisse wachsen. Mit dem Rest will die Bäuerin eine Kürbissuppe kochen und einen leckeren Kuchen backen. Dafür bin ich ein Kürbisgeist geworden; in der Nacht darf ich zum Vergnügen aller grossen und kleinen Leute leuchten. Darauf bin ich genauso stolz wie du auf dein erstes Ei.»

An Pummel geschmiegt, hörte Josefine seiner Geschichte zu, glücklich, bei ihm zu sein. Die Wärme machte sie müde und sie schlief ein.

Am Abend zündete die Bäuerin die Kerze im Kürbis an und fand die schlafende Josefine. Behutsam trug sie sie zum Hühnerhof. Dort träumte Josefine von ihren eigenen Kül

Die Geburtstagstorte

Es war einmal ein altes Schloss hoch oben in den Bergen. Seine Türme erstreckten sich über die Wälder und waren weithin sichtbar. Der König war allgemein beliebt und geachtet. Er regierte sein Volk mit Strenge und Liebe und liess wenn nötig Nachsicht walten.

Sein ganzer Stolz war der kleine Prinz. Wie ein Wirbelwind sauste der durchs Schloss und brachte oft die strenge Ordnung durcheinander.

Doch niemand konnte ihm ernsthaft böse sein.

Hie und da war vom König ein Machtwort nötig, damit der Prinz sich an die Ordnung und die Schlossregeln hielt, was der Prinz zwar jedes Mal mit grossem Eifer versprach, aber auch schon bald wieder vergessen hatte.

Nicht alle hatten so viel Geduld mit ihm. In der Schlossküche führte eine resolute Köchin ihr Regiment. Da viel Besuch im Schloss ein und ausging, wurde den ganzen Tag über gekocht und gebacken. Das war eine Hektik; Pfannen und Teller rasselten, Madame Babette schrie den Mädchen Befehle entgegen und wehe, sie wurden nicht sofort und genauso ausgeführt, wie es sein sollte. Daher wurde die Küche von allen Schlossbewohnern, die nichts dort zu tun hatten, gemieden.

Nur unser kleine Prinz wurde von dieser Küche mit ihren herrlichsten Düften immer wie von einem Magneten angezogen, vor allem, wenn es nach Kuchen und Dessert roch. Da konnte er nicht widerstehen und er drückte sich dann ganz leise an die Küchentüre, wartete bis sie aufging, um einen Blick auf all die Herrlichkeiten zu werfen und vor allen einen tiefen Atemzug zu tun.

Es kam der Tag, an dem des Königs Geburtstag gefeiert wurde. Alle waren mit Vorbereitungen voll beschäftigt und für den kleinen Prinzen hatte an diesem Tag niemand Zeit. Der Befehl für ihn lautete, in seinem Zimmer zu bleiben und niemandem im Weg zu stehen. Der Duft aus der Küche war für den kleinen Prinzen einfach überwältigend. Zudem langweilte er sich in seinem Zimmer fürchterlich. Wie nur konnte er möglichst unentdeckt in die Küche kommen?

Wie alle Schlossküchen hatte sie einen hinteren Eingang, wo die Händler die Ware anlieferten. Also schlich sich der Prinz dorthin, nicht ohne sich vorher unkenntlich zu machen und wie ein Junge aus dem Dorf zu kleiden. Mit zerzausten Haaren und schmutzigem Gesicht drückte er sich vor dieser Türe herum.

Nicht lange und ein Junge aus dem Dorf kam mit einem Korb auf dem Rücken zur Tür.

«Wo willst du hin?», fragte der Prinz.

«In die Schlossküche, zu Madame Babette, sie hat Pilze bestellt.»

«Gib her, ich bring sie rein», befahl der Prinz und wollte dem Jungen den Korb abnehmen.

«Nein, nein, das mach ich selbst. Madame Babette muss sie mir gleich bezahlen», sagte der Junge und stiess den Prinzen unsanft weg.

Am liebsten hätte sich der Prinz mit diesem Jungen geprügelt. Er war es nicht gewohnt, dass man seinen Willen missachtete. Doch die Sache war zu riskant. Wehe, er wäre erkannt worden. So liess er es bleiben, lief aber hinter dem Jungen in die Küche hinein. Niemand fragte, wer er sei oder was er hier zu suchen hätte. Madame Babette war mit den Pilzen beschäftigt und gab dem Dorfjungen das Geld.

Nun, der Prinz hatte es also geschafft, in die Küche zu kommen. Gerade im letzten Moment konnte er sich in die Vorratskammer verdrücken. Und da stand ein Wunder von einer Geburtstagstorte. Reich verziert mit Zuckerfiguren und dann erst dieser Duft. Die Versuchung war einfach zu gross. Nur eine kleine von diesen viiiielen Zuckerfiguren wollte er nehmen, bestimmt würde es kein Mensch merken, davon war der Prinz überzeugt.

Aber aus einer Figur wurden zwei, drei, vier und dann immer wie mehr... und irgendwann wurde dem Prinzen schrecklich übel. Stöhnend legte er sich unter ein Regal, wo man ihn nicht sofort finden würde und schlief ein.

Das Fest begann und vom Prinzen gab es keine Spur; hektisch wurde nach ihm gesucht. Noch hatte der König nicht nach ihm gefragt. Das Festmahl nahm seinen Gang und die Gäste waren fröhlich und vergnügt.

Dann wurde es Zeit für die Geburtstagstorte. In der ganzen Hektik hatte noch niemand das Fehlen der vielen Zuckerfiguren bemerkt, nicht einmal Madame Babette.

«Happy Birthday» spielte die Musik, die Lichter gingen aus und die Torte wurde hereingebracht. Nun fragte der König nach dem Prinzen, kannte er doch die Vorliebe seines Kindes für Süssigkeiten. Es sollte ihm helfen, die Torte anzuschneiden.

Stotternd musste der Kammerdiener dem König jedoch mitteilen, dass man den Prinzen nicht finden könne.

Einem König entgeht nichts. Schweigend betrachtete er die Torte und da sah er das Fehlen der vielen Zuckerfiguren. «Aha», dachte er sich, mit den Händen auf dem Rücken um die Torte herum schreitend. Im Saal herrschte tiefes Schweigen.

«Madame Babette!», rief der König. Mit zitternden Knien kam sie und machte einen Knicks vor dem König. Der sonst so redegewandten Frau fehlten jegliche

Worte.

«Gehen Sie in die Küche und suchen Sie meinen Sohn. Er müsste leicht zu finden sein», befahl der König.

So war es auch. Er lag noch immer mit schrecklichem Bauchweh in der Vorratskammer. Schmutzig, als Dorfjunge verkleidet und mit bleichem Gesicht wurde er zum König gebracht.

Lächelnd schickte dieser seinen Sohn ins Bett. Da brauchte es keine Strafe mehr. Das Fest ging weiter ohne den Prinzen, der von dem Tag an einen weiten Bogen um alle Zuckerfiguren und Madame Babette machte.

Das Rehkitz in der Wiese

Es war einmal eine Blumenelfe auf einer Blumenwiese. Sie war wie jeden Frühling und Sommer sehr beschäftigt, galt es doch, sich um alle Blumen zu kümmern, um die Sorgen und Nöte jeder einzelnen. Da war die Margerite, die jammerte, weil sie von Läusen heimgesucht wurde und der die Blumenelfe Marienkäfer schickte, um die Läuse zu vertilgen. Da war auch ein kleiner Enzian, der aus Versehen auf die Blumenwiese kam und fast kein Licht und keine Luft unter den grossen Gräsern bekam. Zudem hatte er Heimweh nach der Alp in den Bergen. Und nun kam noch das Mähen der Wiese dazu. Der Bauer hatte schon die grosse Mähmaschine bereit gemacht. So ging an diesem heissen Sommertag ein grosses Klagen und Jammern über die ganze Wiese.

Da stand plötzlich ein Engel vor der Blumenelfe. «Du musst mir helfen, mitten in der Wiese liegt ein Rehkitz. Es muss raus, bevor die Mähmaschine kommt.» Der Engel war ganz aufgebracht.

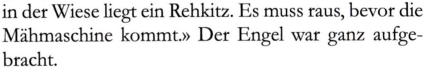

«Wie kann nur die Rehmutter ihr Junges in der Wiese verstecken?» Die Elfe war empört. Hatte sie denn noch nicht genug zu tun mit den Blumen?

Da war nun guter Rat teuer. Wer konnte helfen?

«Man muss die Rehmutter holen», war der Vorschlag der Elfe.

«Ja schon, nur wo ist sie?» Der Engel war verzweifelt. Der Wald war gross und mitten am Tag zeigte sich kein Reh, die kamen erst am Abend und der Bauer sah keine Engel, mit dem war nicht zu reden.

Da kam der Elfe eine Idee: «Sein Hund Rexi, der würde dich verstehen. Los, geh zu ihm», drängte die Blumenelfe den Engel.

So kam es, dass Rexi von einem Engel aus seinem Nachmittagsschlaf geweckt wurde.

«Ein Rehkitz liegt in der Wiese und der Bauer will noch heute mähen», knurrte Rexi vor sich hin und als der Bauer auf seine Mähmaschine aufsitzen wollte, um zur Wiese zu fahren, gebärdete sich Rexi wie verrückt, rannte vor der Maschine hin und her, als ob er sie aufhalten möchte.

«Was ist mit dir los, Rexi?»

Der Bauer glaubte immer, seinen Hund zu verstehen. Doch heute wurde er nicht klug aus ihm. Rexi zeigte ihm deutlich, dass etwas mit der Wiese nicht in Ordnung war. Mit einem Seufzer, leicht verärgert über den Zeitverlust, folgte er dem Hund Richtung Wiese.

Bald fanden sie das Rehkitz, das verängstigt im Gras lag. Nun dürfen Menschen Rehkitze nicht berühren, sonst nimmt die Rehmutter das Junge nicht mehr an und es muss verhungern.

Erstaunt lobte der Bauer Rexi. «Komm, das hast du gut gemacht. Wir werden den Wildhüter holen, damit er das Rehkitz in den Wald scheucht. Er weiss da am besten Bescheid.»

Ein grosses Aufatmen ging durch die Wiese. Auch die Blumen durften noch einen Tag länger leben.

Die Sonne hatte die ganze Geschichte beobachtet. Am Abend gab sie dem Mond Bescheid. So waren es dann die Mondstrahlen und der Waldwichtel, die das Rehkitz in Sicherheit brachten. Die Rehmutter, deren erstes Junge es war, wurde vom Wichtel ermahnt, nie mehr ein Junges in die Wiese zu legen, auch wenn es dort noch so weich wäre. Die Gefahren, die von den Menschen ausgingen, seien zu gross.

Am anderen Morgen suchten der Bauer und der Wildhüter das Rehkitz vergebens. Nur der Abdruck im hohen Gras zeugte noch von seiner Anwesenheit. Der Wildhüter schüttelte den Kopf; er konnte nicht verstehen, warum Rehmütter ihre Jungen immer wieder ins Gras legen. Rexi wedelte zufrieden mit seinem Schwanz. Hatte er das nicht gut gemacht? Vom Engel wurde er ganz speziell gelobt und er versprach, ihn immer zu holen, wenn Not am «Hund» war.

Der Bauer schaute seinen Rexi von da an mit anderen Augen an, achtungsvoll und mit Respekt; dankbar, so ein gutes Tier auf dem Hof zu haben. Rexi fand am Abend in seinem Napf einen besonderen Leckerbissen.

Bevor der Bauer am anderen Tag mit seiner Maschine durch die Wiese fuhr, machte er noch einmal einen Rundgang, um ganz sicher zu sein.

Die Rosen und die Königin

Es war einmal ein wunderschöner Rosenbaum in einem Schlossgarten. Seine Blüten verströmten weit herum einen betörenden Duft und zogen damit Bienen, Vögel und Menschen an.

Gerade hatte sich eine Biene voll Lob und Dankbarkeit verabschiedet, als die Königin den Schlossgarten betrat. «Euer Duft kam bis in meine Zimmer, ich musste einfach kommen», damit neigte sich die Königin zu den Rosen.

«Es ist uns eine grosse Ehre», erwiderten die Rosen ebenso hoheitsvoll, waren sie doch auch Königinnen.

«Morgen habe ich einen lieben Gast zu Besuch, darf ich eure Blüten ins Schloss holen?», fragte die Königin.

Das würde für die Rosen den baldigen Tod bedeuten. Leicht neigten sie ihre schweren Blüten zur Seite. Keine Insekten und Vögel könnten sie mehr besuchen, kein Menschenkind, ob arm oder reich, sie bewundern. Wehmütig seufzten sie; wollten sie das? Nein, sie waren für alle da, nicht nur für eine Königin und ihren Gast.

«Gebt ihr mir keine Antwort?», fragte die Königin erstaunt.

«Wir möchten nicht auf dein Schloss. Unsere Tage sind gezählt, darum möchten wir noch viele Wesen erfreuen», kam es leise von den Rosen.

«Ihr wollt nicht?», rief die Königin empört. Sie war es nicht gewohnt, dass man ihre Wünsche nicht erfüllte.

«Wir werden ja sehen. Solltet ihr am Morgen noch so schön sein und mich mit eurem Duft immer noch so betören, hole ich euch, ob ihr wollt oder nicht.» Damit verliess die Königin verärgert den Garten.

«Ihr habt sie aber ganz schön verärgert, das ist nicht gut», brummte ein Käfer auf einem der Rosenblätter.

«Wir Rosen sind für alle da. Sollten wir uns vor einer Königin beugen, die uns erst noch vernichten will?», fragten sie den Käfer.

«Nein, natürlich nicht, aber was bleibt euch anderes übrig? Ihr könnt ja nicht davonrennen. Sie holt euch ganz bestimmt!», erwiderte der Käfer traurig.

Das alles hatte ein kleiner Zwerg mit angehört. Er wohnte bei einem kleinen Bergsee und war auf dem Heimweg. Wie konnte er da nur helfen?

Sinnend ging er seines Weges und kam am alten Haus der Familie Köhler vorbei. Susi und Pitie sassen traurig davor.

«Was ist denn mit euch los?», fragte der Zwerg und blieb stehen.

«Unsere Mutter ist krank und wir möchten ihr eine Freude machen», erwiderten

Susi und Pitie, «aber wir haben kein Geld. Man bringt doch den Kranken Blumen, hat der Herr Pfarrer gesagt und sie liebt Rosen über alles.»

«Rosen? Da habe ich eine grossartige Idee, hört mir zu.»

Der Zwerg erzählte ihnen von den Rosen im Schlossgarten und der Königin.

«Wenn wir den Rosenbaum ausgraben und hier vor dem Fenster eurer Mutter einpflanzen, dann müssen sie nicht sterben. Alle Insekten, Vögel und Menschenkinder könnten sie weiterhin besuchen und eure Mutter könnte sie jeden Tag von ihrem Bett aus sehen.»

Der Zwerg war ganz aufgeregt wegen seiner guten Idee.

So gruben die Kinder ein grosses Loch vor dem Fenster der Mutter. Und als es dunkel wurde, schlichen die Kinder und der Zwerg in den Schlossgarten.

Nicht ohne dem Rosenbaum genau zu erklären, was sie vorhatten, gruben sie ihn sorgfältig und mit grosser Liebe aus und trugen ihn in den Garten der Familie Köhler.

Am anderen Morgen kam die Königin in den Garten, mit einer Schere und Handschuhen bewaffnet, um ihre zarten Finger nicht zu verletzen. Noch hing der Duft der Rosen in der Luft, doch vom Rosenbaum war nichts mehr zu sehen.

«Hier waren sie, meine duftenden Rosen, noch gestern Nachmittag», murmelte die Königin. Jetzt fand sie den Platz leer.

Wütend begann sie zu graben, bis sie ein grosses Loch vor sich hatte. Da wurde sie plötzlich vom Glanz eines Kristalls geblendet.

«Die Schönheit der Natur gehört allen. Sie ist nicht da, damit ihr sie zerstört. Merk dir das», kam es gebieterisch vom Bergkristall.

Vor der Königin war eine Kraft, die stärker und grösser war als sie. Demütig beugte sie sich vor dem Kristall und verliess den Garten.

Bald zerfielen das Reich der Königin und auch das Schloss, es wurde von der Natur wieder in Besitz genommen. Doch vor dem Haus der Familie Köhler blühten die Rosen jedes Jahr in ihrer ganzen Pracht, verehrt und bewundert von allen, die am Haus vorbeikamen. Keine Menschenhand hätte je eine dieser Rosen gepflückt. Bald merkten die Menschen, dass der Duft dieser Rosen heilen konnte. Dies geschah aus Dankbarkeit für ihre Rettung.

Die Schwalbe Vorwitzling

Es war einmal in einer mittelgrossen Stadt ein Haus mit einem tiefen Dach. Unter diesem Dach flogen Schwalben ein und aus, bauten ihre Nester und lehrten ihre Jungen das Fliegen.

In einem dieser Schwalbennester war ein ganz besonders vorwitziges Schwalbenkind. Die Schwalbeneltern hatten grosse Mühe mit seinen sonderbaren Eigenschaften. Unser Vorwitzling, wie er von allen genannt wurde, machte meistens das Gegenteil von all dem, was ein Vogelkind tun sollte.

Als es um den Flugunterricht ging und seine Geschwister schon alle ihren ersten Flug überstanden hatten, blieb unser Vorwitzling im Nest sitzen und rührte sich nicht.

«Du musst fliegen lernen, du bist eine Schwalbe», munterte der Vater seinen Sohn auf.

«Ich nicht», bekam er zur Antwort.

«Was soll das heissen: du nicht? Bist du ein Vogel, ja oder nein?», tönte es schon leicht ungeduldig vom Vater.

«Bin ich!», plusterte der Kleine sich auf und blieb hocken.

«Und, fliegt ein Vogel? Ja oder nein?», fragte wieder der Vater.

«Ja, tut er», so der Sohn.

«Also flieg, oder ich werfe dich aus dem Nest!» Nun war der Vater wütend.

«Bitte lass ihn noch einen Tag. Er ist so klein und zart», bat nun die Mutter; sie hatte Mitleid mit ihm.

«Hm, klein und zart, ein Feigling ist er, das ist es!» Wütend flog der Vater davon.

Die anderen Geschwister zitterten leicht; so wütend hatten sie den Schwalbenvater noch nie gesehen.

«Warum willst du nicht fliegen? Es ist toll da oben in der Luft und was man alles sehen kann!» Seine Geschwister erzählten ihm alles, was sie erlebt und gesehen hatten. Vorwitzling blieb hocken und zeigte keine Reaktion. So liess man ihn allein.

In der Nacht, als der Mond übers Himmelszelt zog, wurde die Stille von einem unbekannten Lärm unterbrochen. Alles schlief, nur Vorwitzling schaute interessiert zum Himmel, wo der Lärm herkam. Er sah Lichter, die sich davonmachten. Sonderbar, von so etwas hatten ihm seine Geschwister nichts erzählt. Es gab also noch andere Dinge, die fliegen konnten. Auch der Mond bewegte sich in der Luft, obwohl er keine Flügel hatte. Seine Neugier war geweckt. Er wusste, dass er irgendwie anders war als seine Familie. Wie, konnte er aber auch nicht sagen.

So beschloss er in dieser Nacht, als alle schliefen, seinen ersten Flugversuch zu machen.

Mutig hob er ab und landete etwas unsanft auf einem Baumast. Etwas Feines, Klebriges umhüllte ihn.

«Was ist das?» Mühsam befreite er sich daraus und wollte seine Federn putzen.

«Du hast mein Netz zerstört», tönte es neben ihm empört, «kannst du nicht aufpassen, wenn du schon des Nachts fliegen willst?»

«Wer oder was ist das? In der Dunkelheit sieht man so schlecht.»

«Na, du Vorwitzling weisst noch nicht viel. Ich bin eine Spinne und fange Fliegen und andere Insekten in meinem Netz.»

Sie hatte schon wieder mit einem neuen Netz begonnen.

«Du bist wohl schon gescheit auf die Welt gekommen!», so Vorwitzling.

«So eine Frechheit!» Die Spinne schnappte nach Luft.

Die Atmosphäre war leicht vergiftet und Vorwitzling zog es vor, noch einen Flugversuch zu starten. Diesmal landete er im Garten auf einem Kopfsalat.

«Hast du mich aber erschreckt. Und dass dir ja nicht der Gedanke kommt, mich zu fressen!»

Vorwitzling schaute genauer hin. Langsam kroch da ein schleimiges Tierchen über den Salat.

«Ich glaube nicht, dass ich so was fressen würde», ging es ihm durch den Kopf. Er konnte sich nicht erinnern, dass Mutter oder Vater so etwas gebracht hätten. Aber auch hier schien er nicht willkommen zu sein. Der Salat schmeckte aber prima.

Er versuchte weiterzufliegen. Sich fallen zu lassen, war leichter als hochzufliegen, das musste er noch üben. So lernte Vorwitzling allein und auf seine Art zu fliegen.

Erschöpft schaffte er es wieder zurück ins heimische Nest.

Am anderen Morgen, die Sonne schien am Himmel, zwitscherte es lebhaft unter dem Dach. Alle konnten es kaum erwarten, auszufliegen.

Unser Vorwitzling aber schlief tief, erschöpft von seinem nächtlichen Ausflug. In dem ganzen Freudentrubel wurde er dann auch prompt vergessen.

Als er endlich erwachte, war er alleine und fühlte sich verlassen.

«Was soll's ich kann ja fliegen», und er machte er sich auf den Flug, die Welt am Tag zu entdecken.

Die Schnecke war rot und noch nicht viel weiter, das Netz der Spinne einmalig in seiner Schönheit.

Nicht weit vom Baum sassen einige Artgenossen auf einem Telefondraht und zwitscherten, was das Zeug hielt.

«He, schaut mal, ist das nicht Vorwitzling, der nicht fliegen wollte?» Voller Schrecken floh er übers Feld dem Wald entgegen.

Wieder wurde es Nacht und der Mond zeigte sich am Himmel. Zum ersten Mal war Vorwitzling fern von seiner Familie und dem Nest. Hunger plagte ihn.

«Ich muss noch vieles lernen, ob ich das allein kann?», seufzte er.

Aber auch das seltsamste Vogelkind lernt zuerst von seiner Familie und später dann in der Vogelschule.

So flog er am anderen Tag zu seiner Familie zurück, bereit nun, von Vater und Mutter zu lernen.

Stolz begrüsste ihn sein Vater: «Na, wie war es so allein?»

«Bitte zeig mir, wie ich Futter finde, wovor ich mich in Acht nehmen muss und warum man rote Schnecken nicht fressen kann!»

Ein erleichtertes Lachen kam vom Vater.

«Du bist mein Sohn. Komm, ich zeige dir unsere Vogelwelt.»

Discoparty auf dem Friedhof

Es war einmal ein altes verfallenes Schloss in einem grossen Wald. Kein Mensch wohnte mehr dort. Eulen, Fledermäuse und andere Tiere hatten sich dort gemütlich eingenistet und wurden von niemandem gestört. Selten wagte sich ein Dorfbewohner zu der Ruine, es wurde behauptet, dass auch Gespenster dort drin hausten, vor allem nachts. Am Tag rührte sich nichts, vielleicht eine Maus oder eine Eidechse, wenn sie gestört wurden.

Zum Schloss gehörte auch ein kleiner Friedhof, da lagen die Gräber der ehemaligen Schlossbewohner.

In einer schönen Vollmondnacht beschlossen die Gespenster, ein Fest zu machen. Es sollte etwas ganz Ausgefallenes sein.

«Wir wollen niemanden erschrecken. Es wagt sich sowieso kein Mensch in der Nacht hierher», meinte der Älteste.

«Wie wär's mit einer Discoparty?», ereiferte sich das jüngste Gespenst.

«Auf dem Friedhof die Ruhe der Verstorbenen stören? Kommt gar nicht infrage», empörte sich ein älteres Gespenst.

«Wer sagt schon, dass die Verstorbenen es nicht auch einmal gern ganz lustig haben?», konterte ein Jüngeres.

«Richtig, ich kann mich erinnern, dass Lord James immer grosse Freude an der modernen Musik hatte; sehr zum Entsetzen seiner Mutter, Lady Serafin», kam es von einem älteren Gespenst.

So ging es noch eine Zeit lang hin und her, dafür und dagegen.

Am Ende waren alle mit einer Discoparty mehr oder weniger einverstanden. Alle hatten Spass. Am Morgen lagen lediglich einige Grabsteine noch schiefer, ansonsten deutete nichts auf eine wilde Discoparty hin.

Nur im Dorf behaupteten einige, die bei Vollmond schon immer schlecht schlafen konnten, man hätte um Mitternacht Musik vom Schloss gehört.

Eine ganz besondere Zirkusvorstellung

Es war einmal ein Zirkus am Rande einer Stadt. Jedes Jahr schlug er sein Zelt auf und die Kinder der Stadt konnten die erste Vorstellung kaum erwarten.

Diesmal versprachen die Reklamen eine Besonderheit. Aber niemand wurde daraus klug. Was hatten ein Esel und eine Kuh mit einer richtigen Prinzessin zu tun? Andere Tiere, wie ein Elefant oder ein Löwe, ein edles Pferd oder ein stolzes Kamel, ja, aber eine Kuh und ein Esel? Nein, das konnte man sich nicht vorstellen.

Die erste Vorstellung war sehr schnell ausverkauft, denn alle waren sehr, sehr neugierig. Zappelnd drängten sich die Kinder ins Zelt, die erwachsenen Begleiter hinter sich herziehend.

«Komm Mama, beeil dich», oder «mach schon, Papa», hörte man von allen Seiten.

Die Musik begann und der Zirkusdirektor stellte seine Künstler vor.

Zuerst ritten zwölf festlich geschmückte Pferde durch die Manege, dann kam der Clown und brachte alle zum Lachen mit seinen Spässen. Dann folgte Akrobatik hoch oben auf dem Seil.

So ging es noch eine Zeit lang weiter. Die Spannung steigerte sich unerträglich, alle wurden unruhig. Wo war die Prinzessin mit der Kuh und dem Esel?

Der Zirkusdirektor lächelte leise und kündigte eine Akrobatikgruppe aus Russland an, dann die Pause.

Es war fast nicht mehr zum Aushalten. Einige wollten in den Tierzoo und kamen enttäuscht zu ihrem Platz zurück; kein Esel, keine Kuh war zu sehen.

«Da stimmt doch etwas nicht», murrten die Kinder und die Erwachsenen schüttelten hilflos die Köpfe.

Aus dem Programm konnte man auch nichts entnehmen. Noch nie war das Publikum so schnell wieder auf den Plätzen.

In der Mitte der Arena war unterdessen ein goldenes Schloss aufgebaut worden, mit Türmen und Toren, geheimnisvoll.

Es wurde dunkel, nur das Schloss leuchtete, die Musik verstummte und aus dem Schloss ertönte eine wunderbare Stimme. Auf einem Turm wurde die Prinzessin sichtbar in einem berauschend schönen Kleid, dann öffnete sich ein Tor und ein junger Esel galoppierte heraus, machte übermütige Sprünge und stand auf Befehl der Prinzessin still.

Ein anderes Tor öffnete sich, eine wunderschöne Kuh schritt gemächlich, aber nicht ohne Eleganz heraus und schaute mit so viel Liebe zur Prinzessin hoch, dass alle völlig ergriffen waren.

Dann drehte sie sich zum Publikum, wie wenn sie sagen möchte: «Schaut mich an, habe ich nicht schöne Augen, starke Hörner, eine hübsche Gestalt? Und ihr kennt mich nur als Milch- und Käseproduzentin! Wisst ihr denn nicht, dass auch ich ein Herz habe, das liebt?»

Gebannt schauten alle auf die Kuh. Unbemerkt hatte sich die Prinzessin neben sie gestellt. Beide waren ebenbürtig in ihrer Schönheit.

Der Esel brach den Bann mit einem lauten «I-ah!»

Sagt deshalb nie mehr «dumme Kuh» oder «blöder Esel», denn beides sind edle Tiere, einer Prinzessin ebenbürtig: Die Kuh verkörpert das Symbol der Erde und der Esel trägt die Lasten der Menschheit.

Nach dieser Vorstellung bezeichneten die Kinder einander nie mehr als «dumme Kuh» oder gar als «störrischer Esel», sondern tranken stets dankbar die Milch, ein Geschenk der Kuh, da sie ja eigentlich dem Kälbchen, ihrem Kind, gehörte.

Ohne unsere Tiere wäre das Leben eintönig. Sie zeigen uns mit ihrer Geduld, was wir Menschen noch lernen müssen, nämlich einander liebevoll zu akzeptieren und Achtung vor dem Leben zu haben.

Globi und das Riesenrad

Es war einmal in einer grossen Stadt, als im Herbst ein Riesenrad aufgestellt wurde. Wenn die ersten Herbststürme um die Häuserecken brausten und die goldenen Blätter von den Bäumen bliesen, wussten alle Kinder der Stadt: jetzt kommt bald das Riesenrad. Auch Globi sparte von seinem Taschengeld für eine oder zwei Fahrten auf dem Riesenrad.

In diesem Jahr sollte ein besonders grosses Riesenrad kommen. Auf riesigen Lastwagen wurden die vielen Teile herangefahren, zusammengesetzt und aufgestellt. Statt des sonst luftigen Sessels wurden geschlossene Kabinen montiert. Zwar war es lustig, wenn der Wind die kleinen Sessel noch zusätzlich zum Schaukeln brachte, dafür wurde man jetzt nicht mehr nass, sollte es einmal regnen, was oft der Fall war.

Globi versprach seinem Freund Snoopy, seinem Hund: «Doch, diesmal kannst du auch mitfahren, da kann dir nichts passieren, wirklich.»

Snoopy war da gar nicht so sicher, zudem hatte er gar kein Verlangen, aufs Riesenrad zu gehen. Er mochte das Auf und Ab nicht besonders.

Snoopy kannte Globi sehr gut, auch seine Wünsche und Träume. Dieses Jahr schien alles anders zu sein: Das Riesenrad war grösser als sonst und es gab mehr Schulaufgaben als sonst. Dann war da die Forderung seiner Mutter, zuerst die Aufgaben zu machen, und dann erst an das Vergnügen zu denken. Globi mochte die Schule nicht besonders; stillsitzen, zuhören, tun, was der Lehrer wollte, dann, was die Mutter sagte. Immer wurde ihm vorgeschrieben, was er zu tun hatte. Nie konnte er tun, was er eigentlich wollte.

Er versuchte es auf jede Art und Weise, am Schluss mit Toben und Schreien. Er weigerte sich zu lernen, wollte nicht lesen usw. ... Aber umso mehr er sich wehrte, desto schlimmer wurde es. Am liebsten wollte er weg von allem, allein sein.

Und dann war das Riesenrad da. Da konnte er doch nicht davonlaufen. Jeden Tag kam er von der Schule am Riesenrad vorbei und lernte einen Jungen kennen, der zum Riesenradbesitzer gehörte.

«Du hast es gut, kannst jeden Tag aufs Riesenrad und musst nicht in die Schule», meinte Globi eines Tages zu diesem Jungen, der Robin hiess.

«Ich gehe nie aufs Riesenrad, ist doch langweilig», erwiderte Robin.

«Und die Schule?», wollte Globi wissen.

«Ich wollte, ich könnte zur Schule wie du, Freunde haben und in einem Haus wohnen und nicht in einem Wohnwagen. Wir sind nie lange an einem Ort, immer unterwegs».

Traurig schaute Robin zum Riesenrad. Nein, er war nicht zu beneiden. Er war überall und nirgends zu Hause.

«Wollen wir tauschen?», fragte Globi voller Begeisterung. «Du kannst mein Zimmer haben und in meine Schule gehen. Ich warne dich, es gibt immer viel Schulaufgaben und die muss man immer zuerst machen – uff», seufzte Globi. Robin fand das eine tolle Idee; endlich ein Dach über dem Kopf, Freunde und eine Schule. Davon träumte er schon lange.

So tauschten die beiden ihre Familien. Globi nahm nur Snoopy mit, von ihm wollte er sich nicht trennen.

Die Eltern von Globi hatten zwar grosse Bedenken und man vereinbarte, dass Globi sofort wieder heimkommen konnte, wenn es nicht klappen sollte.

In der ersten Woche fand Globi alles toll und spannend, er fühlte sich wie ein Prinz unter den Männern, die das Riesenrad aufstellten und wieder abbauten. Auch das Leben im Wohnwagen, mit dem man von Ort zu Ort fahren konnte, gefiel ihm. Es gab so viel Neues zu sehen.

Überall, wo sie hinkamen, war Jahrmarkt. Eines Tages stellten sie das Riesenrad an einem Ort auf, an dem auch ein Autorennen stattfand. Globi durfte mit an dieses Formel-1-Rennen und kam nicht aus dem Staunen heraus. Wenn er das seinen Schulkameraden erzählen könnte, wie er da beneidet würde!

Aber zum ersten Mal wurde ihm auch bewusst, dass er gar keine Familie hatte, keine Mutter, die ihn liebte; sein Bruder, er fehlte ihm plötzlich, auch seine Freunde. Erst jetzt wurde ihm voll bewusst, dass er tun und lassen konnte, was er wollte, aber die Männer hatten nicht viel Zeit für ihn, lachten nur über sein Staunen, aber ernst nahm ihn niemand. Es kümmerte sie wenig, wie es ihm ging. Er bekam zu essen, hatte ein Bett, Snoopy auch. Doch niemand kümmerte es, ob er sich die Zähne putzte, sich wusch, saubere Kleider trug oder nicht. Robins Schulbücher lagen zwar herum, doch niemand lernte mit ihm.

Ganz leise schlich sich nun das Heimweh in sein Herz. Wie es wohl Robin ging, bei ihm zu Hause? Mutter hatte ihm zwar geschrieben, doch die Briefe hatte er nicht gelesen, er hatte nie gern gelesen.

Am Abend holte er die Briefe aus der Schachtel und versuchte es mit Lesen. Mühsam nur kam er vorwärts. Robins Vater wollte sich keine Zeit nehmen, um ihm diese Briefe vorzulesen. Im Grunde genommen konnte der selbst nicht gut lesen, stellte Globi mit Staunen fest. Alles Schriftliche musste ein Mitarbeiter von ihm erledigen.

Langsam gingen Globi die Augen auf. Jetzt begriff er endlich, warum man lernen musste. Globi nahm Robins Schulbücher zur Hand und fing an zu lernen. Zuerst Lesen und Schreiben, damit er seiner Mutter schreiben konnte, ihr erzählen, dass er wieder nach Hause wollte. Robin konnte ja bei ihnen bleiben, dann könnten sie zusammen lernen.

Nach einem Jahr kam das Riesenrad wieder in Globis Heimatstadt. Seine Mutter richtete ein grosses Fest aus, um seine Heimkehr zu feiern. Nun war aber Robin traurig und wollte gern noch bleiben. Robins Vater war einverstanden, dass sein Sohn bleiben konnte, dankbar, dass er mit Globi in die Schule konnte, um zu lernen. Denn Robin sollte später einmal das Riesenrad übernehmen.

Die Erbsenprinzessin

Es war einmal in einer Stadt ein Schloss weit oben auf einem Hügel gebaut, damit die Schlossbewohner alles überblicken konnten. Doch der Weg dorthin war sehr, sehr mühsam, steil und schmal, im Sommer war es heiss, im Winter oft vereist. Von der Bevölkerung hatte deshalb niemand viel Kontakt mit den Schlossbewohnern. So wusste man in der Stadt auch nicht so recht, wer eigentlich dort oben wohnte.

Einer aber wusste es genau, für ihn war der Weg zum Schloss kein Problem. Der schwarze Kater Micky wohnte in einer verwahrlosten Hundehütte am Rande des Schlossparks. Täglich besuchte er die Schlossküche und holte sich bei der Köchin die besten Leckerbissen. Sie fühlte sich oft sehr einsam in ihrer Küche und freute sich darum täglich über den Besuch von Micky. Bei schlechtem und kaltem Wetter döste der Kater neben dem warmen Backofen und hörte sich die Schlossneuigkeiten an.

Gerade wurde die Küchentür grob mit einem Fuss aufgestossen und herein kam der Kammerdiener Johann mit einem vollen Serviertablett. Er war wütend, wie so oft in den vergangenen Tagen. Laut schimpfte er über die Prinzessin Kunigunde.

«Jeden Tag dasselbe, Erbsli, Erbsli und wenn sie genug davon hat, wirft sie mir diese an den Kopf.»

«Beruhige dich», beschwichtigte ihn die Köchin «eines Tages kann sie keine Erbsen mehr sehen. Glaub mir, das geht vorbei.»

Johann konnte das einfach nicht glauben, jeden Tag Erbsen, seit über einem Jahr.

«Die wird noch selbst zu einer Erbse», grummelte er und putzte sich seine Uniform von den geplatzten Erbsen sauber.

Man machte sich im Schloss wirklich Gedanken über die kuriosen Essgewohn-

heiten der Prinzessin. Ob sie davon nicht vielleicht krank werden könnte? Man fragte den Hofarzt, einen weisen Mann mit viel Erfahrung mit Krankheiten, aber auch mit Kindern. Er allein kannte den Kummer der Prinzessin. Doch als Hofarzt konnte er die Schlossregeln für die Prinzessin nicht ändern, die da hiessen: nur königlicher Besuch und Spielen nur mit Prinzen und Prinzessinnen. Zudem war der Weg zum Schloss zu mühsam und zu weit. Traurig schaute Kunigunde aus dem Schlossfenster, wie die Kinder in der Stadt spielen konnten.
«Was soll ich nur tun, davonlaufen, in die Stadt zu den Kindern?», fragte sich die Prinzessin. Doch erstens kannte sie den Weg nicht, zweitens war sie gar nicht gewohnt, so weit zu laufen.
Nachdem Micky diese traurige Geschichte wohl schon zum hundertsten Mal gehört hatte, beschloss er, etwas zu unternehmen.
An einem schönen Tag, als alle in der Küche sehr beschäftigt waren, sauste er in den Gang, die Treppe hoch, auf der Suche nach Kunigunde. Das war gar nicht leicht mit all den vielen Türen, dann überall Diener, die alles beobachteten. Wo sollte er Kunigunde nur finden?
Täglich kam ein Lehrer ins Haus für den Unterricht. Er war ein ernster Mann, da gab es nichts zu lachen, nur zu lernen. Micky hatte Glück, gerade kam der Lehrer die Treppe hoch; Micky konnte sich ihm anschliessen und entdeckte so das Zimmer von Kunigunde. Zu schnell schloss sich die Türe hinter dem Lehrer und Micky musste draussen warten. Er legte sich auf einen alten Schrank und konnte die Türe im Auge behalten. Dieser Unterricht konnte ja nicht ewig dauern. Fast wäre Micky eingeschlafen, als sich die Türe endlich wieder öffnete. Mit mahnenden Worten drehte sich der Lehrer nochmals in der Türe zu Kunigunde: «Dass du mir ja bis morgen alles gut lernst.»
Kunigunde gab keine Antwort und Micky konnte unbemerkt hinein, bevor sich die Türe wieder schloss.
«Uff, Glück gehabt.» Aber wie sah es da drinnen aus! Wie in einem goldenen Käfig. Berge von Spielsachen, die nie gebraucht wurden, ein Himmelbett mit rosa Vorhängen, Möbel in Weiss und dazu noch Kunigunde in einem Tüllkleid wie eine Puppe.
Micky wollte sie doch runter in die Stadt bringen, zu den Kindern – aber so? Einfach unmöglich!
Da erst merkte Micky, dass sie zum Herzerweichen heulte.
Micky setzte zum Sprung an und landete auf Kunigundes Schoss, mitten im Tüll. Ein Schrei, sie fuhr hoch und Micky klammerte sich im Tüll fest, der sofort riss. Dann strich Micky miauend um ihre Beine, machte ein paar lustige Sprünge und brachte Kunigunde wieder zum Lachen.
Sie begann mit einem Fetzen ihres Kleides mit Micky zu spielen. Es endete in einem wilden Spiel; alle Spielsachen lagen durcheinander und das rosa Tüllkleid

war nicht mehr zu erkennen.

Zum ersten Mal seit langem war Kunigunde wieder glücklich.

«Du musst bei mir bleiben, ich hab dich ja so lieb und spielen kann man mit dir – einfach wunderbar», dabei hielt sie Micky ganz fest.

«Gut», sagte Micky, «aber Erbsen esse ich keine, die kann ich nicht ausstehen.»

«Was dann?», wollte Kunigunde wissen.

«Och, Fleisch, Poulet, Teigwaren, Reis, Fisch, eigentlich alles ausser Erbsli.»

«Gut, kannst du haben, weisst du, ich kann mir wünschen, was ich will», erklärte Kunigunde.

«Schön, aber ich möchte, dass du mit mir isst.»

Micky war ein schlauer Kater. Er konnte sich Johann und die Köchin vorstellen, wenn es plötzlich keine Erbsen mehr gab.

So kam es, dass Johann schon am nächsten Tag ganz andere Speisen zur Prinzessin bringen musste und auch nicht mehr mit Erbsen beworfen wurde.

Langsam fand sie Freude an der neuen Kost.

So ging Micky zum nächsten Punkt: «Wäre es nicht besser, wenn du diese Tüllkleider nicht mehr tragen müsstest? Weisst du, in Hosen spielt es sich viel, viel besser.»

Auch das wurde geändert; das ganze Schloss wunderte sich, aber alle waren glücklich darüber.

Es dauerte zwar noch eine Weile, bis Micky mit Kunigunde zum ersten Mal in die Stadt konnte, wo sie unerkannt mit den Kindern spielen konnte.

Immer brachte Micky die Prinzessin wohlbehalten und zur rechten Zeit ins Schloss zurück.

Am 10. Geburtstag von Prinzessin Kunigunde lud sie alle ihre Stadtkinder ein und das Leben auf dem Schloss geriet total durcheinander.

Kater Micky zeigte sich seit Langem wieder einmal in der Schlossküche.

«Wo warst du die ganze Zeit? Ich habe dich so vermisst. Wenn du wüsstest, was unsere Prinzessin...»

Er wusste es wie immer ganz genau. Doch wie es dazu kam, blieb für immer ein Geheimnis zwischen Micky und Kunigunde.

Geschichten für Erwachsene

Als sich die vier Elemente trafen

Es war einmal eine Krisensitzung, an der sich die vier Naturelemente trafen. Man hatte lang hin- und herüberlegt, wo das Treffen stattfinden sollte. Am Ende einigte man sich auf einen grossen Tannenwald in den Bergen, um möglichst ungestört zu sein. Das Wasser kannte sich dort sehr gut aus, floss es doch als munteres Bächlein von der Quelle in den Bergen durch den Wald ins Tal hinunter. Auch der Wind kannte sich aus, er liebte es, durch diesen Tannenwald zu brausen. Die Erde gab allen Nahrung, ohne sie wären der Wald und das Wasser undenkbar. Nur das Feuer wurde weniger gern gesehen. Alle hatten grossen Respekt vor ihm, wusste man doch nur zu gut, was dieses Element, einmal ausser Rand und Band, für Schaden anrichten konnte. Das waren auch die grössten Bedenken, diese Zusammenkunft in einem Wald abzuhalten.

«Keine Angst, ich bin ja da», beruhigte das Wasser.

«Ich werde ganz sanft sein», versprach der Wind.

Die Erde sagte gar nichts und schaute besorgt zum Feuer.

«Auch ich kann mich zähmen für diesen Anlass», meinte das Feuer zu all diesen Bedenken.

So kam es, dass die vier Elemente an einem sonnigen Tag ihre Konferenz abhielten.

Den Menschen fiel da weiter nichts auf. Nur ein alter Bauer schüttelte immer wieder den Kopf und zog an seiner Pfeife.

«Sonderbar! Sonderbar, der Wald ist so eigenartig still heute Nachmittag», dabei schaute er zum Himmel. Kein Wölkchen war in Sicht, nur die Sonne, die all ihre Strahlen über den Horizont schickte.

Dem Bauer liess das keine Ruhe, er nahm seinen Stock und Bari, sein treuer Hund, begleitete ihn. So wanderten sie dem Wald zu. Wie oft schon hatten sie diesen Weg gemacht. Sie kannten jeden Stein, jeden Grashalm, jede Wegbiegung und den Duft der Tannen.

Aber heute war alles anders; am hellen Tag begegnete ihnen eine ganze Rehfamilie und ein Hase huschte vorbei. In Bari erwachte der Jagdinstinkt.

«Dableiben Bari!», ertönte der scharfe Befehl. Bari gehorchte, wenn auch mit Widerwillen.

Der Wald empfing sie mit einer angenehmen Kühle. Ein Licht auf einer Lichtung zog beide magisch an.

«Was soll das Feuer da, ohne dass jemand dabei ist?», fragte sich der Bauer erschrocken.

«Fürchte dich nicht. Aber es ist gut, dass du da bist. Höre, was die vier Naturelemente beschlossen haben», kam eine Stimme vom Feuer.

Der Bauer liebte die Natur und die Tiere, trug zu allem Sorge, doch noch nie hatte ein Feuer zu ihm gesprochen.

Da entdeckte er plötzlich den kleinen Feuerkobold, der ihn mit verschmitzten Äuglein anschaute.

«Wir kennen uns! Nur gesehen hast du mich noch nie», spöttelte der Kobold: «Setz dich und hör mir gut zu.»

Der Bauer setzte sich auf einen umgestürzten Baum und hörte erstaunt zu.

«Das Wasser, der Wind und das Feuer haben den Hilferuf der Erde vernommen und wollen ihr beistehen. Die Zeit ist gekommen, denn die Schmerzen, welche die Menschen ihr zufügen, kann sie nicht mehr ertragen. Sie bittet nun darum, in die höheren Energien aufzusteigen, um wieder gesund zu werden. All ihre Wunden müssen gereinigt werden, um sie heilen zu können.» Der Kobold schwieg.

«Was bedeutet das für uns Menschen? Was kann ich tun, um der Erde zu helfen?» Erschrocken stellte der Bauer diese Fragen.

«Lass die Menschen wissen, dass dies eine letzte Warnung ist. Du kennst die Kraft des Wassers, des Windes und des Feuers. Wenn sie ihre ganze Macht einsetzen für die Reinigung, bleibt nichts mehr wie es war.»

Das Feuer erlosch und der Kobold war verschwunden.

Die Sonne schickte ihre Strahlen zum Bauern.

«Die Liebe kann vieles wieder gutmachen. Du hast so viel davon in deinem Herzen. Lehre den Menschen, die Natur zu lieben und zu achten. So wie du es schon immer getan hast. Die Menschen müssen schnell lernen, bevor die Stürme ausbrechen.»

Liebevoll hüllte ihn die Wärme der Sonne ein. Was für eine grosse Aufgabe hatte man ihm da aufgetragen, sie war fast zu schwer für ihn.

«Du wirst von uns jederzeit Hilfe bekommen, wenn du sie brauchst, und wirst nie allein sein mit dieser Aufgabe.» Die Sonne verabschiedete sich.

Getrost ging der Bauer aus dem Wald, dankbar für diese Aufgabe und versprach, sein Bestes zu tun.

Zwei Wochen nachdem diese Geschichte geschrieben wurde, brach der Sturm Lothar los, im Dezember 1999

Auf dem Bauernhof

Es war einmal ein Stall auf einem Bauernhof. Neben einer Reihe von Milchkühen und ihren Kälbern gab es ganz hinten in einer gemütlichen Ecke eine Box, darin ein altes Pferd seinen Platz hatte.

Früher, als es noch jung war, wurde Rosa, so hiess das Pferd, viel geritten, später wurde es vor den Wagen gespannt, um am Sonntag in die Kirche zu fahren. Nun durfte Rosa ihre alten Tage in Ruhe und Geborgenheit verbringen.

Noch immer war es kalt draussen, der Frühling wollte und wollte nicht kommen. Dabei sehnte sich Rosa danach, wieder auf die Weide zu kommen, um die frischen Kräuter zu fressen.

Die Stalltür ging auf, der Bauer Hans kam herein, um die Kühe zu melken; hinter ihm Rexi, der Hofhund. Wie jeden Abend stattete Rexi Rosa einen Besuch ab und erzählte ihr von den Tagesereignissen.

«Was gibt's Neues?», wollte Rosa wissen.

«Schnee und Matsch, so ein lausiges Wetter. Wie ich das Pfotenputzen verabscheue», murrte Rexi, sichtlich schlecht gelaunt.

«Kannst ja bei mir bleiben. Im Heu musst du keine Pfoten putzen!», dabei wieherte Rosa laut.

«Hör auf mich auszulachen. Aber ich glaube, ich nehme dein Angebot an und bleibe bei dir über Nacht», und schon machte es sich Rexi bequem im frischen Heu, übrigens nicht zum ersten Mal. Wohl hatte er eine gemütliche Hundehütte vor dem Stall, aber bei diesem Wetter war es hier wärmer. Auch Rexi kam in die Jahre.

Bald wurde es still im Stall, die Lichter gelöscht. Niemand suchte Rexi, die Menschen drängte es in die warme Stube.

«Weisst du noch, als wir zwei jung waren?», begann Rosa.

«Was willst du damit sagen?»

«Nur so! Wenn es doch schon Frühling wäre und ich wieder einmal auf die Weide könnte», ein sehnsuchtsvolles Seufzen kam von Rosa.

«Lass uns schlafen», war alles, was Rexi dazu zu sagen hatte.

Plötzlich ertönte ein angstvolles Piepsen.

«Hilfe!»

Rexi spitzte die Ohren und schon rannte eine kleine Maus in seinen Pelz. «Rexi, hilf mir, der Kater ist hinter mir her. Was sollen die Kinder ohne mich machen?» Zitternd drückte sich die Maus an Rexi.

«Beruhige dich, der Kater kommt nicht hierher, der hat Respekt vor mir», dabei legte er wie zum Schutz seine Pfoten um die Maus. Schon leuchteten die Augen des Katers vor ihm auf.

«He Rexi, alter Knabe, willst du mir mein Abendessen vermiesen?» Dabei kam er beängstigend nahe.

«Hau ab, sag ich dir. Auch wenn ich alt bin, kann ich dir noch eine verpassen», knurrte nun Rexi laut, wohl wissend, wie scharf die Krallen eines Katers sind.

Rosa hatte dem Ganzen zugeschaut und die Gefahr für Rexi und die Maus erkannt. Der Kater hatte Hunger und schreckte vor nichts zurück. Rosa hob den Vorderlauf und gab dem Kater einen gezielten Stupser, sodass er unsanft in der Futterkrippe direkt vor einer Kuh landete. Und schon wurde er von einer rauen, grossen Zunge abgeschleckt, dass ihm alle Haare zu Berge standen. Mit Gekreische verzog sich der Kater aus dem Stall.

«Das war grossartig, Rosa, herzlichen Dank.» Rexi rollte sich vorsichtig zusammen, um die Maus nicht zu erdrücken.

«Kann ich meine Jungen auch zu dir bringen?», piepste die Maus.

«Natürlich. Wie viele hast du denn?», Rexi hatte seine gute Laune wieder und war deshalb besonders grosszügig gestimmt.

«Nur vier», und schon rannte sie davon.

Bald brachte sie eines nach dem anderen und alle kuschelten sich ins Fell von Rexi. Ein herrlicher Anblick, nur schade, dass die Menschen die Hilfsbereitschaft unter den Tieren nicht sehen konnten.

Im Dachgebälke jedoch schlief nun ein missmutiger Kater mit leerem Magen und träumte von vielen Mäusen.

Am anderen Morgen lag ein halber Meter Schnee auf der Strasse und den Weiden, der Frühling war noch weit. Der Bauer kam in den Stall, um die Kühe zu melken und fand Rexi bei Rosa, in den Pfoten eine Handvoll Mäuse. Leise lächelte der Bauer und dachte: «Unser Kater wird auch langsam alt.»

Das Geheimnis des Königs

Es war einmal ein König in einem grossen Schloss. Das Volk sah ihn selten. In der Stadt erzählte man sich die unmöglichsten Geschichten über ihn.

Er sei ein trauriger, introvertierter König. Er meide die Menschen, darum habe er auch selten Besuche. Mit der Zeit fragte man sich, ob er überhaupt noch lebte.

In der Nähe des Schlosses war ein kleines Dorf. Die meisten Einwohner waren Bauern. Fragte man sie, ob sie den König in letzter Zeit zu Gesicht bekommen hätten, schüttelten alle still den Kopf.

Ob sich ein König dem Volk zeigt oder nicht, auch ein König muss essen. Sicher brachte irgendein Bauer seine Erzeugnisse ins Schloss. Ein grosses Geheimnis hüllte das alte Schloss ein.

Natürlich wurde dem König gekocht, nämlich mit Zutaten aus dem Schlossgarten, es gab auch Hühner und ein Schwein. Zweimal im Jahr ging man auf die Jagd im nahen Walde.

Der König war eine traurige Gestalt. Er sass vor seinem Schachbrett oder studierte in seinen Büchern. Besuche wollte er keine mehr und schon gar keinen Lärm.

So schlich der alte Diener Johann in Filzpantoffeln über die blitzblanken Parkettböden. Die alte Köchin kochte gelangweilt täglich mehr oder weniger die gleichen Gerichte.

«Johann, das kann so nicht weitergehen, das ist ja nicht mehr zum Aushalten. Der König verschimmelt noch hinter seinen Büchern.»

«Wie willst du das ändern?» Auch Johann war dieses langweilige, eintönige Schlossleben verleidet. Doch er war zu alt, um noch eine neue Stelle zu suchen.

Da klopfte es an die Küchentüre. Josephine, die Köchin, öffnete. Draussen stand ein Mann, der auch schon bessere Tage gesehen hatte, und bat um einen Teller Suppe.

«Kommt herein und seid uns willkommen.» Jede Abwechslung war willkommen. Nachdem der Fremde seinen Hunger gestillt hatte, erzählte er, was man so in der Stadt über den König redete.

«Euer König muss ja ein Sonderling sein und wohl schon ein biblisches Alter haben», meinte der Fremde.

«Oh nein», protestierte Josephine, «er ist nur vereinsamt. Er hat sich vor Jahren total zurückgezogen.»

«Warum? Was war der Anlass dazu?», wollte der Fremde wissen.

«Ja, was war da gewesen?» Johann und Josephine versuchten sich zu erinnern.

«Da war ein Fest mit vielen Gästen. Ich hatte alle Hände voll zu tun. Drei Frauen aus dem Dorf mussten mir helfen», konnte sich Josephine erinnern.

«Richtig; ein Clown, berühmt für seine Spässe, brachte den König zum Lachen. Der König wollte ihn im Schloss behalten. Der Clown aber lehnte ab und verschwand. Der König liess ihn im ganzen Land suchen, doch er war unauffindbar.» Johann erzählte, wie der König in eine tiefe Depression versank und niemanden mehr sehen wollte.

Unterdessen zog ein Gewitter auf. Genau über dem Schloss brach der Sturm los.

«Lasst mich zum König gehen», bat der Fremde.

«Er lässt niemanden hinein», sagte Johann.

«Mich schon; ich kenne den Weg», erwiderte der Fremde und verliess die Küche.

Der König sass vor seinem Schachbrett und verschob den weissen Springer, um die Königin zu schützen.

«Das ist kein guter Zug, mein Herr.» Der König fuhr zusammen.

«Wer sind sie? Warum hat sie Johann nicht gemeldet? Ich liebe es gar nicht, so überrascht zu werden», tönte es ungehalten und abweisend.

«Vor Jahren haben sie mich suchen lassen, wollten mich in einen goldenen Käfig einsperren!»

«Sind sie der Clown, der mich so zum Lachen bringen konnte?»

Ungläubig schaute der König dem Mann vor sich in die Augen.

«So ist es», erwiderte der Clown.

«Warum bist du zurückgekommen?», wollte der König wissen.

«Weil ich dich begleiten möchte, über den Regenbogen zur Himmelspforte.»

Der König erschrak. Hinter der Clownmaske erblickte er Gevatter Tod.

«Ist meine Lebensuhr denn schon abgelaufen?»

«Nein, eigentlich nicht. Nur, du lebst ja schon lange nicht mehr. Du lässt dein Volk im Stich. Sie wissen nicht mehr, ob es dich noch gibt oder nicht. Also wozu willst du denn noch leben?», fragte ihn der Clown.

Was für unangenehme Fragen! Doch er hatte recht. Die letzten Jahre hatte er sich um nichts mehr gekümmert, die Verantwortung anderen überlassen.

«Überlege es dir, bis der Regenbogen am Himmel erscheint. Dann kannst du dich entscheiden, über den Regenbogen zu gehen oder deine Verantwortung hier auf Erden wieder zu über-

nehmen.»

Damit liess der Clown den König allein. Er stand am Fenster und schaute in den Regen; langsam kam die Sonne durch. Am Himmel zeigte sich ein wunderschöner Regenbogen.

Der König entschied sich für sein Volk.

Das Bauerhaus und der Brunnen

Es war einmal ein altes Bauernhaus in einer ländlichen Gegend. Ein tiefes Dach schützte den Eingang und den Brunnen. Im Sommer war es hier kühl und bei Gewitter bot das Dach Schutz. Neben der Tür stand eine einladende Bank, auf der sich schon mancher Wanderer ausgeruht und dem Plätschern des Brunnens zugehört hatte. War man ganz still, konnte man den Brunnen reden hören. So auch an jenem Tag. Die Bäuerin sass tief in Gedanken versunken auf der Bank. Ausser dem Wasser des Brunnens und dem Summen der Insekten war nichts zu hören. Sommerliche Wärme kam von der Wiese her und lullte alles ein.

«Was studierst du?», fragte der Brunnen.

«Wohin mich mein Leben noch führt», gab die Bäuerin zur Antwort.

«Lass es auf dich zukommen, es kommt, wie es sein soll. So wie es in deinem Lebensplan geschrieben steht. Stelle deinen Willen auf die Seite und lass alles geschehen. Denn alles hat seine Ordnung in unserem Leben», erwiderte der Brunnen.

Eine Hummel setzte sich zu ihr auf die Bank.

«Mach es wie ich, lebe nur im Moment, lass die Vergangenheit hinter dir ruhen. Die Zukunft steht schon vor dir, obzwar noch unbekannt für dich», sprach die Hummel und flog weiter.

Die Katze strich liebevoll um der Bäuerin Beine und legte sich dann der Länge nach auf den kühlen Boden.

«Geniesse diese herrliche Ruhe und Harmonie, auch sie wird zur Vergangenheit und kann nicht zurückgeholt werden», dabei entspannte sich die Katze und schnurrte vor sich hin.

Gestärkt ging die Bäuerin an diesem Nachmittag ihren täglichen Pflichten nach. Sie versuchte mit der Gewissheit, dass es so gut war, alles gelassen zu nehmen, was auch immer auf sie zukommen mochte.

Mit der Zeit lernte sie, ihr Leben zu leben, andere Menschen mitfühlend zu begreifen, die zu ihr kamen, ihnen Rat zu geben, wenn es gewünscht wurde. Oft aber fühlte sie sich wie eine Zuschauerin, die sich ein Theater anschaute, das auf einer Bühne gespielt wird, ohne in die Szenerie eingreifen zu können.

Jeder Mensch muss die Rolle spielen, die ihm auf dieser Weltenbühne zugeteilt wurde. So spielte die Bäuerin sich selbst, so gut sie vermochte, mit Liebe und Hingabe zu der Pflanzen- und Tierwelt, von der sie täglich lernte. Und es breitete sich eine grosse Zufriedenheit in ihrem Herzen aus. Hie und da wurde sie von Stürmen heimgesucht, die eine Art Prüfung darstellten. Nicht immer bestand sie diese gleich gut. Es brauchte dann wieder Zeit, die angerichteten Schäden auszubessern und daraus zu lernen.

So wurde ihr Heim auch ein Ort, wohin Menschen kamen, um sich auszuruhen, Mut und Kraft zu schöpfen, um dann auf ihren Wegen weiterzuschreiten.

Der Brunnen mit seinem immer fliessenden Wasser spendet Lebensenergie. Die Tiere lehren uns, wie man sich entspannen kann, die Blumen mit ihren Farben und Düften bringen Heilung für die Seele. Die Bäuerin spendete Nahrung für den Körper aus den Pflanzenschätzen ihres Gartens.

Wann immer sie der Mut verlassen wollte, setzte sich die Bäuerin auf die Bank vor dem Haus und hörte dem Brunnen zu. Der hatte in seinem Leben schon so viele Geschichten von Freud und Leid gehört. Trotzdem blieb er sich immer treu und erquickte jeden Wanderer mit seinem lebensspendenden Nass. Wasser fragt nicht, wer du bist oder wohin du gehst. Es ist wie die Sonne für alle in gleichem Masse da.

Der Clown und der Schmetterling

Es war einmal ein alternder Clown in einem Zirkus, beliebt bei allen, konnte er doch alle, Gross und Klein, zum Lachen bringen. Doch eigentlich war er ein sehr einsamer Mensch und fand sein Leben alles andere als zum Lachen.
So ging er eines Tages aus dem Zelt in den nahen Wald und setzte sich traurig unter einen Baum. Von hier aus hatte er eine grossartige Aussicht auf die Berge. Nur nahm er all die Schönheit in seinem Kummer gar nicht wahr.

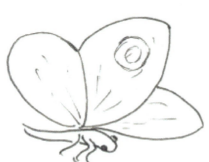

«Ein Clown und so traurig, da muss doch etwas nicht stimmen.» Ein wunderschöner Schmetterling flatterte ihm um die Nase und setzte sich dann auf sein Knie.

«Oh, entschuldige, ich habe dich gar nicht gesehen», erwiderte der Clown sehr höflich.

«Wenn du mich fragst, siehst du im Moment sowieso nichts», dabei breitete der Schmetterling seine farbigen Flügel aus.

«Was soll das heissen, ich sehe nichts? Was sehe ich nicht?», brummte der Clown missmutig. Warum liess man ihn nicht in Ruhe? In einer Stunde musste er wieder im Zirkus sein und alle zum Lachen bringen. Jetzt würde er am liebsten heulen.

«Wie kann man nur andere zum Lachen bringen, wenn man selbst so traurig ist?» Das konnte der Schmetterling mit dem besten Willen nicht verstehen.

«Da muss man schon so alt werden wie ich», antwortete nun der Baum. Der Clown erschrak; ein Baum, der zu ihm sprach!

«Ja, da staunst du, was? Weisst du, ich habe ja schon viel gesehen, aber so ein Jammerlappen wie du hat mich schon lange nicht mehr besucht!»

«Richtig, schau dich einmal an», doppelte der Schmetterling nach.

«Ihr könnt mich mal!» Der Clown war nun richtig verärgert und rannte davon.

Doch so schnell wurde er den Schmetterling nicht los. Bis zu seinem Wohnwagen flog er mit und liess ihm keine Ruhe. Ja, sogar bei seinem Auftritt in der Manege war er dabei und flatterte um ihn herum. Es war zum Verrücktwerden. Der Clown schlug wild um sich, um den Plagegeist loszuwerden, doch ohne Erfolg. Das Publikum tobte vor Begeisterung. Ein Clown und ein Schmetterling, das war sensationell! Noch nie hatte jemand einen Schmetterling dressiert.

Armer Clown, erschöpft ging er heulend in seinen Wohnwagen und heulte und heulte. Der Schmetterling setzte sich geduldig vor ihn hin und wartete, bis sich die Tränenschleusen wieder schlossen.

Draussen ging ein Gewitter nieder. Auch dort waren alle himmlischen Schleusen geöffnet; doch dann brach die Sonne durch und am Himmel erschien ein wun-

derschöner Regenbogen.
Auch der Clown hatte mit Heulen aufgehört, seine Tränen versiegten.
«Komm, ich zeige dir etwas», sagte der Schmetterling und führte den Clown nach draussen.
«Was für eine Pracht!», staunte der Clown.
«Wünsch dir was!» Der Schmetterling hatte sich auf seine Hand gesetzt.
«Wünschen, was soll ich mir wünschen?» Er wusste es nicht.
«Fröhlichkeit im Herzen und Gottvertrauen, wie wäre das für dich?», half ihm der Schmetterling nach.
«Was ist eigentlich ein Regenbogen?», wollte der Clown wissen.
«Eine Brücke von der Erde zum Himmel. Wenn du einmal über diese Brücke bist, dann gibt es keinen Kummer mehr.»
Damit verliess der Schmetterling den Clown. Der winkte ihm nach. «Danke, du hast mir meine Fröhlichkeit wiedergegeben. Danke, mein kleiner Liebesbote.»
Der Regenbogen hatte sich wieder aufgelöst.

Der einsame König

Es war einmal ein einsamer König, der wohnte mit seinem Diener und einer Köchin in einem grossen Schloss. Es war sehr ruhig und sehr langweilig in diesem Schloss. Der König sass oft stundenlang am Fenster und schaute auf seinen wunderschönen Schlossgarten.

«Hätte ich doch jemanden, der mir Gesellschaft leisten würde», seufzte der König.

Doch keine Prinzessin wäre bereit gewesen, auf dieses traurige, einsame Schloss zu kommen.

So wurde der König von Tag zu Tag stiller und noch einsamer. Am Ende redete er kaum noch mit seinem Diener oder gab Anweisungen an seine Köchin.

«So kann das einfach nicht mehr weitergehen mit unserem König», sprach die Köchin zum alten Diener.

«Hast du vielleicht eine Idee?», fragte der Diener.

«Na, wie wäre es mit einer Frau? Jung, temperamentvoll und witzig müsste sie sein.»

«Gut, aber wo sollen wir so ein Wesen finden?»

«Ja, das weiss ich auch nicht», seufzte die Köchin.

Nicht lange, da kam eines Tages eine Gauklertruppe am Schloss vorbei und bat um ein Nachtlager.

«Das ist besser als gar nichts, geh' und schau dir diese Leute an. Vielleicht gibt es eine junge Frau in der Gruppe, die den König unterhalten könnte», meinte die Köchin zum Diener.

«Du vergisst etwas ganz Wichtiges, nur eine Prinzessin kommt für unseren König infrage.»

«Papperlapapp, wir haben keine andere Wahl und das ist eine seltene Gelegenheit. Wer verirrt sich schon auf dieses Schloss?»

Der Diener schüttelte entsetzt den Kopf.

«Ich bin sicher», drängte die Köchin weiter, «der König hat noch nicht einmal bemerkt, dass jemand aufs Schloss gekommen ist.»

Der alte Diener hatte sehr grosse Bedenken. Die Form musste schliesslich gewahrt werden. Doch schlussendlich machte er sich auf den Weg zum Stall, wo die Gruppe untergebracht war.

Beim Näherkommen hörte er wundersame Musik. Als er durch das Stallfenster schaute, sah er eine feenhafte Gestalt tanzen. Welch ein Wunder! Eine Prinzessin könnte nicht schöner sein! Also ging er in den Stall zur Gruppe.

«Sagt mir, wer ist dieses Mädchen?» Sofort waren alle still. Niemand wollte dem Diener antworten.

«Wer bist du, mein Kind?», fragte er und ging auf das Mädchen zu. Sie wich zurück und gab keine Antwort.

«Ich tue euch bestimmt nichts und werde euch auch nicht verraten. Also habt keine Angst.»

Das Mädchen schlug ihre wunderschönen Augen auf und schaute den Diener an. Es war, als ob die Sonne aufgehen würde.

«Ich bin eine Haremsdame vom Sultan und ihm davongelaufen. Wenn du uns verrätst, dann sind meine treuen Freunde und ich verloren. Wir ziehen als Gaukler durchs Land, um nicht zu verhungern.»

«Möchtet ihr nicht für immer dableiben und unserem einsamen König Gesellschaft leisten? Bestimmt würde er es an nichts fehlen lassen.»

«Das wäre zu gefährlich. Der Sultan besitzt eine Zauberlampe. Sobald wir irgendwo sesshaft werden, würde er uns finden.»

«Wie ist das möglich?»

«Die Zauberlampe zeigt ihm den Ort an, wo wir sind, wenn wir länger als einen Tag und eine Nacht bleiben.»

«Was kann man dagegen machen?», wollte der Diener noch wissen.

Traurig schaute ihn nun das Mädchen an und sagte dem Diener, dass sie unter dem Zauber der Lampe stehe.

«Erst wenn sie zerschlagen ist, sind meine Freunde und ich erlöst. Doch der Sultan hütet sie gut. Niemand bekommt sie je zu Gesicht.»

Da war nun guter Rat teuer. Der Diener bat die ganze Gruppe, doch am Abend den König mit ihrem Spiel zu erfreuen. Vielleicht, wer weiss, es könnte ja sein, dass der König eine Idee hätte.

Der König freute sich wie ein Kind auf den Abend mit den Gauklern. Er nahm seit Langem wieder ein Bad, liess sich frisieren, rasieren und parfümieren. Die Krone wurde geputzt und poliert, der grosse Saal wieder einmal gründlich abgestaubt. Kurz und gut, es war ein emsiges Treiben wie schon lange nicht mehr.

Der Abend kam, alle waren im grossen Saal versammelt und der König sass auf seinem Thron. Er bat die Gaukler, nun mit ihrem Spiel zu beginnen.

Als die Haremsdame vor dem König ihren wundersamen Tanz aufführte, hatte er nur noch Augen für sie.

«Wie heisst du mein Kind?», wollte nun auch der König wissen.

«Ich habe keinen Namen.»

«Keinen Namen!», rief der König empört. «Jedermann muss einen Namen haben!»

Als der König aber die Geschichte von der Zauberlampe und dem Sultan vernahm, wurde er wieder sehr traurig. Man musste diese Zauberlampe zerschlagen! Aber wie und wo?

Der Sultan hatte sein Land neben dem Land des Königs, doch gesehen oder gesprochen hatte er den Sultan noch nie. Dem König liefen die Tränen herunter und mit dem Abend, der so schön begonnen hatte, schien es vorbei zu sein.

In dem Moment kam die Köchin mit einer riesengrossen Eistorte herein und stellte sie mitten im Saal auf den Boden.

«Ja, was soll denn diese Heulerei?», fragte sie resolut, als sie all die Tränen sah.

«Weisst du vielleicht, wie man an diese Zauberlampe herankommt? Der Sultan lässt niemanden zu sich ins Schloss! Das wäre sowieso zu gefährlich, es soll alles streng bewacht sein.» So heulte der König weiter und alle anderen mit ihm.

«Lasst mich überlegen ...»

Lange war es still, alle warteten; bis die Köchin plötzlich aufsprang und rief. «Ich hab es, Reto muss her!»

«Reto, der Hirtenjunge? Was ist mit ihm?»

«Lasst ihn kommen mit seinem Falken.» Die Köchin war ganz aufgeregt. Man liess also Reto holen. Auf seiner Schulter sass ein grosser Falke mit glühenden Augen.

«Reto, glaubst du, dein Falke kann die Zauberlampe beim Sultan finden und zerstören?», fragte ihn die Köchin.

«Och, das wäre schon möglich, liesse sich machen», meinte Reto gelassen.

Jetzt wurden alle lebendig. Jeder hatte eine Idee. Am Schluss wurde Reto in eine Ritterrüstung gesteckt und auf ein schnelles Pferd aus dem Stall des Königs gesetzt. Es war keine Zeit mehr zu verlieren.

So machte sich Reto mit seinem Falken sofort auf den Weg zum Sultan. Dieser Falke aber war kein gewöhnliches Tier, das könnt ihr euch denken. Auf dem Weg dachte sich Reto seinen Plan aus. Vor dem Palast stieg er vom Pferd und befahl seinem geliebten Falken, zwei Runden über dem Palast zu drehen, dann sollte er zurückkommen und erzählen, was er gesehen hatte.

Als der Falke zurückkam, wusste er, dass sich die Lampe in einem versteckten Innenhof befand und er wusste auch, dass der Sultan sie jeden Abend um Mitternacht befragte.

«Gut; um Mitternacht fliegst du im Sturzflug auf die Lampe hinunter und zerbrichst sie», sagte ihm Reto. Er fütterte seinen Falken mit einem besonderen Leckerbissen in der kurzen Zeit, die ihnen noch blieb. Kurz vor Mitternacht flog der Falke los.

Mit viel Lärm und Getöse zerbrach die Zauberlampe

und im selben Augenblick erloschen alle Lichter im Palast. Der Sultan brach tot zusammen. Dann öffneten sich plötzlich die Tore des Palastes und alle, die der Sultan so viele Jahre in Gefangenschaft gehalten hatte, waren nun frei.

Auf dem Königsschloss aber stand eine erlöste Prinzessin vor dem König und nannte ihm nun ihren Namen: Rosamunde hiess sie.

Reto wurde mit viel Freude und einem grossen Fest willkommen geheissen und zum Ritter geschlagen. Der König heiratete seine Rosamunde und von dem Tag an war es nie mehr langweilig auf diesem Schloss.

Der Engel und das Eichhörnchen

Es war einmal an einem See. Der Tag war sonnig und sehr warm. Am Ufer tummelten sich Schwäne und Enten. Die Möwen flogen kreischend über den See.

Ein Mann spazierte am Ufer entlang, tief in Gedanken versunken. Es gab so Vieles, was er nicht verstehen konnte. Auf einer Bank ruhte er sich aus und schaute verloren über den See. Er wollte, was er liebte, festhalten, besitzen und nie mehr loslassen. Es quälte ihn die Angst, es zu verlieren.

Ein Eichhörnchen kam vertrauensvoll zu seinen Füssen und wollte ihn ablenken.

«Was für ein Kummer, den du dir machst, alles unnötige Sorgen», dabei schüttelte es sein Fell.

«Was verstehst du denn schon davon?», erwiderte der Mann unzufrieden.

«Och, mehr als du denken kannst. Wir Eichhörnchen leben von einem Moment zum anderen. Es ist nie sicher, ob es uns morgen noch gibt, so geniessen wir den Moment.» Damit huschte es auf den nächsten Baum, drehte sich noch einmal um und verschwand in den dichten Ästen.

Erstaunt wurde sich der Mann bewusst, dass er soeben mit einem Eichhörnchen gesprochen hatte. Verwundert schaute er sich um, doch das Tier war nicht mehr zu sehen.

Bald entdeckte er seine Lieben, die ihm entgegenkamen und verschwunden waren seine Ängste und Zweifel.

Am Abend ging die Sonne blutrot im See unter und es wurde langsam Nacht. Die Wasservögel steckten ihre Köpfe unter die Flügel und träumten dem nächsten Tag entgegen.

Dem Mann gingen die Worte des Eichhörnchens noch einmal durch den Kopf. Ja, warum machte er sich eigentlich Sorgen? Es war ja alles gut.

In der Nacht wurde er von einem Engel geweckt.

«He, willst du deinen Kummer kennenlernen?» Erschrocken fuhr der Mann aus dem Schlaf auf. Einen Moment lang wusste er nicht, von welchem Kummer die Rede war.

«Na komm schon», drängte der Engel.

Er folgte ihm und wurde in eine Berghöhle geführt, erleuchtet durch ungezählte Kristalle. Von überall tropfte Wasser in einen glasklaren See. «Schau hinein!», forderte der Engel ihn auf. «Was siehst du?»

Er schaute und sah vorerst nur sein kummervolles Gesicht, bald aber auch die Gesichter seiner Lieben.

Aber was war mit ihnen? Es war, als ob sie eingeschlossen wären in einem Palast und ihn anflehten, sie herauszulassen. Verzweifelt versuchte er, den Palast zu öffnen, doch er fand keine Türe.

Hilfesuchend schaute er sich zum Engel um. «Was kann ich tun?»

«Öffne deine Herzenstür, damit befreist du nicht nur deine Lieben, sondern auch dich selbst. Man kann niemanden besitzen. Wir sind alle frei und gehören nur uns selbst», sprach der Engel sehr ernst.

«Aber ich liebe sie, ich will nicht, dass ihnen etwas passiert!» Ganz verzweifelt schaute er den Engel an.

«Es passiert nur das, was sein muss. Auch mit deiner Liebe, mag sie noch so gross sein, kannst du nichts verhindern.»

Der Mann spürte, wie sein Blut in Wallung kam.

«Merke dir, Angst ist eine schlechte Energie und kann zerstörerisch sein. Lieben heisst Vertrauen haben und loslassen können.»

Der Engel schaute ihm tief in die Augen, lächelte leise und sagte: «Komm, du wirst es lernen. Finde zuerst den Schlüssel zu deinem Herzen, dann wird alles gut.»

Schweissgebadet erwachte der Mann aus seinem Traum. Neben ihm lagen seine Lieben in tiefem Schlaf.

Der Gepard

Es war einmal eine seichte Stelle an einem grossen Fluss, wo täglich ein Gepard zum Trinken kam.

Erhobenen Hauptes schaute er zuerst um sich, ob er allein und keine Gefahr in Sicht sei, dann beugte er sich übers Wasser und trank in aller Ruhe, bis sein Durst gelöscht war. Dann legte er sich auf den nahen Felsvorsprung und ruhte sich in der Sonne aus. Es war ein prachtvolles Tier, von allen anderen Tieren respektiert. Doch eines Tages wurde er in einen Kampf verwickelt und musste sich verletzt zurückziehen.

Seine Wunden waren tief und behinderten ihn beim Jagen, bei der Nahrungssuche. Das war gar nicht gut.

Er wäre wohl gestorben, wenn nicht ein Forscher, auf dem Weg, die Gegend zu entdecken, ihn in seiner Hilflosigkeit gefunden hätte. Der Gepard war schon so schwach, dass er es zuliess, dass ihm ein Mensch half. Behutsam untersuchte der Forscher die Wunden, wusch sie mit dem klaren Wasser des Flusses aus und verband ihn mit den Kräutern der Gegend.

Der Mann, Wildwart und Forscher, kannte sich da gut aus, hatte er doch in der Nähe eine Hütte, aus der er die Tiere der Gegend beobachten konnte, und wohin er auch hie und da eines in Pflege nahm.

So liess er denn den total erschöpften, kranken Gepard holen, um ihn auf seiner Station gesund zu pflegen.

Es dauerte nicht lange und das Tier erholte sich und schloss Freundschaft mit seinem Retter.

So kam es, dass der Gepard ihn immer öfters auf seinen Beobachtungsausflügen begleitete, unaufgefordert und immer in einem gewissen Abstand. So gewöhnte er sich an das Tier und die Liebe zu ihm wurde immer grösser.

Doch eines Tages war seine Arbeit auf der Station zu Ende und er musste seine Sachen packen, um nach Hause, in seine Stadt, zurück zu kehren. Dahin konnte er den Gepard unmöglich mitnehmen. Das Tier, gewöhnt an die Weite und Stille der Natur, hätte das nicht ertragen, zudem wäre es mit seiner Freiheit zu Ende gewesen.

Schweren Herzens versuchte der Mann dem Tier zu erklären, dass sie sich beide trennen mussten; für immer!

Der Gepard schaute ihn nur ruhig an, aber sah ihm sehr interessiert beim Packen zu und liess ihn nicht aus den Augen.

Die letzte Nacht verbrachte der Forscher schlaflos in seinem Bett, wissend, dass der Gepard wie immer vor seiner Tür lag und Wache hielt. «Was soll ich tun, wie kann ich weg, ohne dass er es merkt?» Fragen über Fragen quälten ihn und erst am Morgen fiel er in einen unruhigen Schlaf. Ein lautes Hupen weckte ihn. Nun war es soweit, es musste sein. Mit einem Satz war er aus dem Bett, rasch in den Kleidern.

«Ich komme», rief er durch die Tür, nahm sein Gepäck und trat ins Freie. Sein Freund half ihm beim Aufladen.

«Hast du alles?», fragt der, «dann lass uns gehen, solange es noch kühl ist» und stieg ein.

«Suchst du etwas?», wollte sein Freund wissen, als er bemerkte, wie sich der Wildwart umsah.

«Nein, das ist alles», langsam schloss er die Türe ab; der Gepard war verschwunden, sonderbar. Der Platz, wo er ihn jeden Morgen begrüsste, war leer. Aber nein! Etwas glänzte in der Sonne, er bückte sich und hob einen Kristall auf. Was für ein wunderschöner Stein. Ein Geschenk von seinem Freund, dem Gepard? Er wusste es nicht, er steckte den Kristall in seine Tasche und dann fuhren sie los.

Der Gepard hatte sich etwas abseits im Gebüsch versteckt und die Abfahrt seines Freundes beobachtet; leise wimmerte er vor sich hin.

Plötzlich stand sein Gepardengeist vor ihm.

«Komm, mein Freund, du hast eine neue Aufgabe, im Gebüsch wartet ein Weibchen und will eine Familie gründen!»

Zusammen gingen sie weg und übers Jahr wurde er stolzer Vater zweier Jungen. Und gute Väter, das ist auch bei Tieren so, erzählen ihren Jungen Geschichten. Unser Freund erzählte von seinem Menschenfreund und was er so mit ihm erlebt hatte.

Unser Mensch, zurück in der hektischen Stadt am Schreibtisch, an dem er seine Forschungen niederschrieb, dachte oft an den Geparden und was wohl aus ihm geworden sein mochte. Oft ertappte er sich am Morgen, wie er erwartete, ihn vor der Tür anzutreffen.

Eines Nachts träumte er vom Gepardengeist; ganz deutlich sah er ihn vor sich und er erfuhr vom Vaterglück seines Freundes. Nun war er zwar ruhiger, aber er vermisste ihn trotzdem.

Am anderen Morgen dachte er über seinen Traum nach: Wieso war es der Gepardengeist, der zu ihm sprach? Er schüttelte den Kopf. Ein Forscher glaubt nicht an Geister, so was Blödes. Doch da sollte er sich gewaltig getäuscht haben.

Wieder war er am Schreiben seines Berichtes; seine Gedanken wanderten zurück in das Land des Geparden, dorthin, wo er ihn gefunden hatte. Er sah den Fluss vor sich, spürte die heisse Sonne auf seiner Haut und hörte das Kreischen der Papageien.

«Du sollst schreiben und nicht träumen, sonst wird dieser Bericht nie fertig», tönte es plötzlich neben ihm.

Erschrocken fuhr er aus seinen Träumen und sah auf seinem Schreibtisch einen

Zwerg sitzen, der ihn verschmitzt anschaute.

«Wer bist denn du?», wollte er wissen.

«Dein Geist und Helfer, weisst du das denn nicht?», meinte der Zwerg keck.

Das war zu viel für unseren Wildwart.

«Mir muss die Stadt nicht guttun, der Lärm, die Hektik und was weiss ich was alles oder ich spinne und sehe am helllichten Tag Zwerge und Gepardengeister.»

Er rieb sich energisch seine Augen aus, aber der Zwerg stand immer noch da und grinste ihn an.

«Mein lieber Freund, bist du aber schwer von Begriff», schüttelte sich der Zwerg vor Lachen und hüpfte auf das Tintenfass.

«Also hör mir zu, alle Lebewesen haben ihre Geisthelfer, ohne die wäre das Leben noch komplizierter. Schwierig ist es schon, weil ihr uns einfach leugnet. Was nicht ist, darf nicht sein», belehrte ihn der kleine Zwerg und machte es sich auf dem Tisch gemütlich.

«Also gut, wenn es sein muss», seufzte unser Mensch resigniert.

«Schreib schon deinen Bericht und dann raus aus der Stadt und zurück ins Land der Geparde, sie brauchen dich, damit die Wilderer ihnen nicht ihr Leben und ihren Lebensraum wegnehmen. Du weisst ja genau, was ich meine», drängte der Zwerg nun den Menschen.

So kam es, dass dieser ein paar Monate später die Hütte wieder aufschloss und am nächsten Tag seinen Rundgang machte.

Auf dem Felsvorsprung am Fluss wartete schon sein Freund, der Gepard, auf ihn.

Der kleine Wassergeist

Es war einmal ein kleiner Wassergeist, der in einem fliessenden Gewässer wohnte. Er war ein guter Geist und alle liebten ihn. War ein Fisch krank, ging er zum Wassergeist und der half ihm mit einem Heiltrank.

Die Tage flossen dahin wie das Wasser, in dem der Wassergeist wohnte. Eigentlich hätte sich daran nichts geändert, wenn nicht eines Tages etwas Ausserordentliches passiert wäre.

Der Tag hatte gut angefangen. Die Fische tummelten sich glücklich in der Nähe des Wassergeistes, als plötzlich eine grosse Unruhe aufkam. Eine Lichtgestalt erschien beim Wasser und leuchtete bis in die hintersten Ecken, als ob sie jemanden suchte. Der Wassergeist wurde davon geblendet, so viel Licht war er nicht gewohnt. Aber genau er wurde gesucht.

«Komm einen Moment heraus, ich muss mit dir sprechen», forderte die Lichtgestalt und leuchtete ihn an.

Der Wassergeist konnte kaum die Augen offen halten, so geblendet war er. Das ärgerte ihn sehr. Die Fische verkrochen sich alle hinter einem Felsen und verhielten sich still.

Da dem Wassergeist nichts anderes übrigblieb, kroch er mühsam hervor und setzte sich auf einen Stein, der vom Wasser umspült wurde und wartete auf das, was nun kommen sollte.

«Also, du bist der Wassergeist dieser Region, stimmt das?»

«Ja», quietschte der Wassergeist zitternd.

«Es kommen grosse Veränderungen auf uns zu. Du musst darauf vorbereitet werden. Mit Alltäglichkeiten ist es nun vorbei, verstanden?», wollte die Lichtgestalt wissen.

«Ja schon, nur was hat das mit mir zu tun? Ich halte meine Region so sauber wie möglich, helfe den Fischen, wenn sie krank sind, schaue auch zu den Wasserpflanzen. Also, was kann ich noch mehr tun? Ich bin völlig ausgelastet», meinte nun der Wassergeist wieder etwas selbstsicherer.

«Stimmt, du machst deine Arbeit gut, doch damit ist es nicht genug. Die Menschen brauchen Hilfe, ja der ganze Planet Erde braucht unsere Hilfe dringend. Du weisst, ohne Wasser kann nichts und niemand leben», erwiderte die Lichtgestalt sehr eindrucksvoll.

«Ja gut, das wissen wir alle und Wasser hat es hier genug. Erst kürzlich haben Freunde von mir erzählt, wie sich die Menschen an manchen Orten beklagen, dass sie zu viel davon hätten».

«Ja, ja, auch davon wissen wir. Nur, darum geht es nicht im Moment», meinte die Lichtgestalt und gab acht, dass sie den Wassergeist nicht zu sehr blendete.

«Worum denn sonst?» Er kannte bis jetzt nur seinen Fluss mit all seinen Einwohnern. Hie und da hörte er etwas Neues von seinen Freunden, den Seen und Meeren. Er war ja nur ein kleiner, unscheinbarer Wassergeist. Lange schaute die Lichtgestalt unseren Wassergeist an. Am liebsten hätte dieser sich aus dem Staub gemacht. Aber er wusste nur zu gut, dass ihm das gar nichts genützt hätte. Die Lichtgestalt hätte ihn überall gefunden. So blieb er seufzend auf seinem Stein sitzen und fing langsam an zu trocknen, das war, wie er wusste, gar nicht gut für ihn. Auch die Lichtgestalt wusste es. Nur, der Auftrag war sehr wichtig. Sie hatte aber Verständnis und schickte den Wassergeist zurück ins Wasser.

«Heute Abend komme ich wieder. Bis dann musst du für eine lange, grosse Reise gepackt haben», dann war sie weg.

Doch was packt man schon als Wassergeist? Wohin sollte die Reise gehen? Fragen über Fragen. Traurig setzte er sich in sein Unterwasserhaus und sinnierte vor sich hin, alles um sich herum vergessend.

Ein alter Hecht holte ihn aus seinen Gedanken.

«He, mein Freund, warum so traurig?»

«Ach, du bist es, mein Treuer. Ich soll verreisen, weit weg.» Und er erzählte von der Lichtgestalt.

«Na, freue dich, vielleicht kannst du deine grossen Freunde im Meer besuchen. Dabei siehst du erst noch viel Neues; Reisen bildet. Wenn du zurückkommst, hast du uns viel zu erzählen.»

So machte ihm der Hecht wieder Mut.

Nun packte den Wassergeist doch noch das Reisefieber. Sein Bündel war schnell gepackt; einige Heilkräuter, die er immer bei sich hatte, und sein Heilstein.

Am Abend fand die Lichtgestalt einen fidelen Wassergeist, der sich auf jedes Abenteuer freute und bereit war, anzunehmen, was immer da komme.

«Setz dich in mein Lichtschiff, das geht schneller. Wir haben keine Zeit zu verlieren.»

Mit klopfendem Herzen stieg er ein und schon sausten sie davon; aber nicht etwa Richtung Meer, nein, direkt in den Himmel hoch.

Bald landeten sie vor dem Himmelstor, das sich sofort öffnete. Wie staunte da unser Wassergeist, als er in den grossen Saal kam. Nicht nur seine Wasserfreunde traf er dort an, die ihn alle herzlich begrüssten, nein, auch alle Naturgeister, Steingeister und Tiergeister waren versammelt. Alle warteten sie ruhig und gespannt auf ihren grossen Meister, der alsbald in einem wunderschönen Strahlenkleid erschien, um zu ihnen allen zu sprechen.

«Wir sind hier versammelt, um der Mutter Erde aus ihrer Not zu helfen. Die Menschen sind dazu nicht mehr imstande, bis auf einige wenige. Diese schaffen es nicht mehr allein, ihr müsst ihnen helfen. Die Zeiten, in denen ihr euch vor den Menschen unsichtbar gemacht habt, sind vorbei. Das wird für euch nicht ganz ungefährlich sein, doch wir helfen euch dabei. Jeder von euch bekommt einen Engel. Dieser kennt alle Menschen, die helfen wollen, aber mutlos und krank sind. Sie müssen zuerst gestärkt werden, damit sie mit euch zusammenarbeiten können.»

So wurde jedem ein Engel zugeteilt und als jeder wusste, was er zu tun hatte, schickte man alle zur Erde zurück.

Unser Wassergeist kehrte mit dem Erzengel Michael zurück. Zusammen kümmerten sie sich um die Flüsse, die aus den Bergen kamen und die Menschen mit Trinkwasser versorgten. In einer grossen Stadt mit verseuchter Luft und schmutzigem Wasser fanden sie nach langem Suchen den kranken Menschenfreund. Er hatte Mühe mit der Atmung und brauchte dringend Hilfe. Mit dem Heilwasser, das der Wassergeist mitgebracht hatte, holten sie ihn in die Natur zurück aufs Land auf einen Bauernhof, wo ein besonders grosser Brunnen im Garten floss. Dort wurden sie rege besucht von Kindern, Eltern und den Tieren. Sie mussten lernen, die Veränderungen für sich und Mutter Erde zu begreifen. Die Bäume lehrten den Kindern die Heillieder. Allen wurde geholfen, die zum Brunnen kamen.

Der kleine Wassergeist träumte zwar oft von seinem Fluss und dem alten Hecht, dem er nun seine Geschichten nicht mehr erzählen konnte. Wenn es ihm zu trocken wurde, sprang er in den Brunnen. Sein Menschenfreund und der Erzengel Michael schauten gut zu ihm. So war er glücklich mit seiner Aufgabe.

Der Kürbisdäumling

Es war einmal ein Garten, an dessen Ende eine Gruppe von Kürbissen hauste, gepflegt und gehegt von einer liebenswürdigen Gärtnerin. Damit sie auch recht gross wurden, sprach sie jeden Tag mit ihnen und lobte sie, wie wunderbar sie alle seien.

Auch bei den Kürbissen ist die Eitelkeit zu Hause und jeder wollte der Schönste und Grösste sein, um seiner Gärtnerin zu gefallen.

Betreut wurden sie alle aber auch von ihren Kürbisgeistern, einer lustigen Gesellschaft, die unter den grossen und schützenden Blättern gerne ein Fest feierte.

Da war aber auch so ein Däumling unter den Kürbissen, er konnte sich noch so Mühe geben, sein Bäuchlein aufblähen, mit Wachsen war nicht viel los. Traurig beklagte er sich bei seinem Kürbisgeist. «Mich will bestimmt niemand, du wirst sehen, nur die Grösse zählt», jammerte er schon zum x-ten Mal seinem Geist die Ohren voll.

Der lächelte nur und sagte schon zum wiederholten Mal: «Wart es ab, um dich werden sie sich noch reissen.»

«So was Blödes, mich sieht doch gar keiner und wenn einmal die Ernte kommt, vergessen sie mich bestimmt.»

Gut, dass Kürbisgeister so viel Geduld haben, dieser hier aber brauchte dreimal so viel, wollte doch der Däumling, so nannten ihn die anderen, einfach nichts begreifen.

Die Ernte kam, die Nachfrage und das Angebot waren gross. So verabschiedete sich jeder gewichtige Kürbis stolz von seinem Garten, wenn er diesen verlassen durfte, um auf den Markt gefahren zu werden. Dort wurde er in Stücke geteilt und war bald in einem Korb oder einer Tasche verschwunden, um alsbald als Teil eines köstlichen Gerichts verspeist zu werden.

Unser Däumling blieb nun wirklich als letzter im Garten und hätte fast das grosse Heulen bekommen, wenn da sein Geist nicht gesagt hätte: «Schau dich doch einmal an, wer von allen hat so ein schönes Kleid mit so schönen Farben?»

Wahrhaftig, das hatte er ob all dem Jammern total vergessen. Er war irgendwie auch anders in der Form.

Eines Tages kam die Gärtnerin in den Garten, sie schaute noch einmal unter alle Kürbisblätter, die sich recht breit gemacht hatten und entdeckte unseren Däumling. Ihre Augen strahlten. «Was für ein wunderschöner kleiner Kürbis, komm, dich werde ich nicht verkaufen.» Sie drehte ihn in ihren Händen im strahlenden Sonnenlicht. «Du kommst als Zierde in eine hübsche Schale in mein Wohnzimmer, wo dich alle bewundern können.»

So kam es dann auch, stolz lag er da, neben vielen anderen Sachen und liess sich mit Freuden bewundern.

«Ha, was habe ich gesagt?», rief sein Kürbisgeist. «Aber du wolltest nicht auf mich hören, was?»

«Danke», meinte nun der Däumling zu seinem Geist: «Bleib bei mir, damit ich jemanden habe, dem ich erzählen kann, was ich so alles erlebe.»

Der Lebensbaum

Es war einmal ein offenes Tal in einer hügeligen Landschaft. Weit und breit leuchteten die grünen Felder, von Weitem waren die roten Dächer einer Ortschaft sichtbar. Eine müde Wanderin, schon lange unterwegs, war auf dem Weg in die Ortschaft. Die Sonne schien warm auf sie hinunter. Es war, als ob sie in dieser Helligkeit alles, auch die kleinsten Dinge überdeutlich sehen würde. Da ein schillernder Käfer, dort eine kleine Blume, eingezwängt zwischen zwei grossen Steinen. Eine tiefe Ruhe empfing sie, als sie den Ort erreichte. Mittagspause, kein Mensch war zu sehen. Auf dem Dorfplatz begrüsste sie das Plätschern des Wassers vom Dorfbrunnen.

«Willkommen, liebe Wanderin, komm, trink von mir und ruhe dich aus», summte der Brunnen vor sich hin.

Die Wanderin schaute sich um. «Wo bin ich hier nur hingeraten?»

Tief in Gedanken versunken kam sie zum Brunnen und trank von dem klaren Wasser.

Eine Taube setzte sich nicht weit von ihr auf den Brunnenrand und gurrte: «Wohin willst du?»

Erschrocken schaute die Wanderin auf. «Wer bist du denn?»,

fragte sie erstaunt.

«Eine Friedenstaube», kam die Antwort, «und du?»

«Ich bin auf der Suche nach meiner Abstammung, damit ich weiss, wer ich bin», seufzte die Wanderin leicht hoffnungslos.

«Da suchst du am falschen Ort», meinte die Taube.

«Wie das? Hier soll es Menschen geben, die zu meiner Familie gehören. So hat man mir gesagt.» Verzweiflung tönte aus ihrer Stimme.

«Ja schon, nur bringt dich das nicht viel weiter. Du musst deine Wurzeln suchen.» Die Taube gurrte weiter.

«Wo soll das sein?», tönte es wie ein Hilfeschrei. Da war sie nun diesen langen Weg gegangen, alles für nichts?

«Du musst deinen Lebensbaum finden», bekam sie zur Antwort.

«Also noch weiter gehen, in welche Richtung?» Dazu überwältigte sie eine grosse Müdigkeit. Am liebsten hätte sie jetzt losgeheult.

«Du kannst auch zuerst die Menschen kennenlernen, von denen du meinst, sie gehörten zu deiner Familie. Ein Umweg nur! Du wirst nicht verweilen können. Geh', stärke dich bei ihnen!»

Die Taube flog davon und liess die Wanderin allein.

Gastfreundlich wurde sie bewirtet, mit Liebe auf den Weg geschickt zum nahen Wald, wo sie ihren Lebensbaum vermutete.

Es wurde schon Abend, als sie zum Wald kam und schon bald hüllte sie die Dunkelheit ein. Erschöpft schlief sie unter einer grossen Tanne ein. Ein Sternenkind mit einer Lampe flog durch den Wald, leuchtete jeden Ort aus, als ob es etwas suchte.

Ein Reh schreckte aus dem Schlaf hoch, als das Sternenkind seinen Schlafplatz ausleuchtete. «Schlaf weiter, meine Liebe. Ich suche eine Wanderin», und schon war sie wieder weiter.

Erfolglos geblieben, setzte sich das Sternenkind auf einen Baumstrunk. «Meine liebe Zauberlampe, jetzt bist du dran. Ich sehe und finde nichts. Die Nacht ist bald vorbei, dann muss ich zurück.»

Die Zauberlampe blinkte auf. «Wenn du sie findest, was willst du dann mit ihr?»

«Den Weg zum Lebensbaum zeigen. Das allein ist meine Aufgabe», erwiderte das Sternenkind.

«Dann komm, ich glaube, ich weiss, wo sie ist.»

Leuchtend führte die Zauberlampe das Sternenkind zur schlafenden Wanderin.

«Sie sitzt ja schon unter ihrem Lebensbaum», staunte das Sternenkind. «Lass den Baum sprechen, wir müssen zurück», meinte die Lampe. Am Horizont zeigte sich schon der neue Tag.

«Du bleibst stattdessen hier, sie wird dich brauchen.» So stellte das Sternenkind die Lampe neben die Wanderin und kehrte zurück zum Himmelszelt.

«Das war aber knapp, husch, husch, ins Wolkenbett.» Der Mond war leicht verärgert. Er liebte keine Unordnung.

Es waren die Sonnenstrahlen, welche die Wanderin weckten. Sie fand neben sich eine Lampe und rieb erstaunt die Augen. Ein Gurren liess sie hochblicken.

«Da bist du ja», gurrte die Taube vom Vortag.

Der Baum öffnete sich und gab den Weg ins Innere frei. Die Wanderin ging hinein und fand brennende Kerzen in allen Grössen.

«Hier ist deine Familie mit ihren Lebenslichtern. Da ist deines, noch brennt es kräftig. Erhalte es am Brennen, du hast noch eine Lebensaufgabe. Kümmere dich vor allem um die Lebenslichter, die bald verlöschen werden.» Die Taube war ihr gefolgt. Nun sah sie an der Wand die Namen ihrer Familienmitglieder, einige alt und schon verblassend, einige neu und dazu auch noch ganz leere Plätze. Sie schaute über die vielen Lichter. Eine tiefe Liebe und Ruhe kamen über sie. In Frieden kehrte sie zurück und liess ihr Licht leuchten. Fröhlich grüsste sie die Menschen im Dorf, dankte dem Brunnen und zog weiter, zurück zu ihrer Familie.

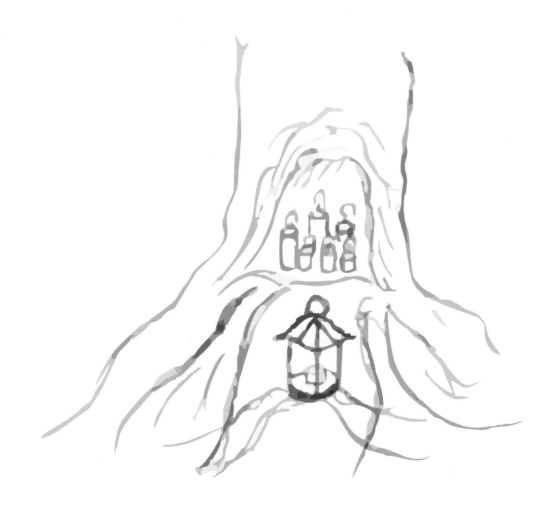

Der Regenbogen und die Perle

Es war einmal an einem Strand; die Wellen rollten sanft ans Ufer. Nicht weit davon neigten sich Palmen dem Meer entgegen. Stille herrschte an diesem heissen Sommertag. Nichts rührte sich. Doch am Horizont ballten sich die ersten Gewitterwolken. Bald tönte von ferne der erste Donner, wie um einen Sturm anzukündigen. Das Meer wurde unruhig. Die ersten Fischerboote hatten es eilig, in den Hafen zu kommen.

Ein Junge sprang aufgeregt hin und her, um das Boot seines Vaters zu sichten. Da kam er und erleichtert rannte der Knabe zum Hafen. Sein Vater warf ihm das Seil zu, um das Boot festzumachen. Es war schwer beladen mit Fischen, das gab Arbeit; zuerst die Fische ausladen, dann die Netze flicken.

Schon fielen die ersten Regentropfen. Der Wind stürmte über das Meer, wühlte alles auf. Blitze, gefolgt von Donner schossen ins Meer.

«Da nimm das, eine Muschel!», rief der Vater und warf sie dem Jungen zu.

«Ob sie wohl eine Perle hat?», fragte sich der Junge. Doch der Sturm liess niemandem Zeit für Überlegungen, schon gar nicht zum Träumen. Handeln war angesagt, und zwar schnell. Sie fanden Schutz in den Hallen, wo die Fische in Kisten und Körben angeboten wurden.

Wie etwas besonders Kostbares hielt der Junge die Muschel in seinen Händen. Nur ganz selten verfing sich eine Muschel im Netz. Der Sturm tobte sich aus, man bangte um die Boote, die noch draussen waren.

Jeder Sturm nimmt einmal ein Ende. Die Gewitterwolken verzogen sich, der Himmel klarte auf, die Sonne kam wieder durch und plötzlich erschien ein wunderschöner Regenbogen.

Da erinnerte der Junge sich an das, was die alte Marta im Dorf nach solchen Stürmen erzählte. Einmal fragte er sie, was ein Regenbogen sei. «Das, mein Junge, ist eine Brücke vom Diesseits ins Jenseits», begann Marta.

«Was soll das heissen, «Diesseits» und «Jenseits»?», wollte er wissen, «und wer geht über diese Brücke?» Dabei schaute er die alte Marta neugierig an.

«Schau, wenn man noch ein Kind ist, kann man es noch begreifen, weil man auch noch die Feen sehen kann», erzählte Marta weiter.

Nun war es so, dass alle wussten, dass Marta in Rätseln sprach und man hielt sie für nicht richtig im Kopf. Doch sie hatten die Alte gern, sie tat niemandem etwas zuleide und half, wo sie helfen konnte.

«Ich bin doch auch noch ein Kind, aber Feen habe ich noch nie gesehen.» Diesmal wollte der Junge es genau wissen.

«Pass auf, siehst du den Regenbogen dort? Er beginnt im Meer und endet im

Himmel.»

«Aber was passiert, wenn kein Regenbogen da ist, wenn jemand stirbt?», Fragen über Fragen; dabei schaute er den Regenbogen genau an. Schon hatte der sich aufgelöst.

«Oh Marta, schau, er ist verschwunden.»

Traurig schaute er in den Himmel.

Die Alte lächelte weise: «Wenn du einmal eine Muschel mit einer Perle in Händen hältst, dann wirst du es wissen!»

Marta sagte nichts mehr und schaute still aufs Meer hinaus.

Heute nun hatte er eine Muschel in der Hand. Ob sie eine Perle enthielt, wusste er noch nicht.

Er rannte an seinen geheimen Ort am Strand, wo er oft hinging, um allein zu sein. Nur mühsam liess sich die Muschel öffnen. Doch plötzlich sprang sie von selbst auf. Eine wunderschöne Perle schaute ihn an.

«Du hast schon lange auf mich gewartet, ist es nicht so?», tönte es aus der Muschel.

«Ja, nur dass Perlen auch sprechen können, wusste ich nicht», stotterte der Junge.

«Nicht alle Menschen können uns hören. Doch dein Wunsch war so gross, mich zu finden, darum bin ich hier. Du willst das Geheimnis des Regenbogens kennenlernen?», antwortete ihm die Perle.

«Ja, so ist es. Marta sagte, dass nur du es mir sagen kannst!» Der Junge war ganz aufgeregt, vergass alles um sich herum und wartete gespannt auf die Geschichte.

«Der Regenbogen hat alle Farben, die es gibt. Ist dir das schon aufgefallen?»

«Natürlich, aber weiter, wie ist das mit der Brücke zum Himmel? Du weisst schon, was ich meine.»

Ungeduldig wartete der Junge auf mehr.

«Ruhig, mein Junge, ruhig. Ich bin die Träne meiner Muschel und es brauchte Zeit, bis ich eine Perle wurde.»

Ruhig? Wie konnte man ruhig bleiben, wenn man dem Geheimnis des Regenbogens auf der Spur war? Die Perle war still.

«Bitte erzähle weiter», bettelte der Junge.

«Die Wahrheit muss jeder selbst suchen. Ich kann dich nur auf den richtigen Weg schicken. Merke dir vorerst: Die Farben sind wichtig. Ohne die Farben können wir nicht leben. Wir alle kommen aus dem Himmel und werden eines Tages dorthin zurückkehren. Der Regenbogen erinnert uns jedes Mal an diese Brücke zwischen Himmel und Erde.»

Wieder schwieg die Perle.

Der Junge merkte nun, dass die Muschel in seinen Händen ganz langsam zu sterben begann. Besorgt fragte er die Perle, was er tun könne, damit die Muschel weiterlebte.

«Wirf sie ins Meer zurück!»
Doch der Junge wusste auch, dass diese Perle sehr wertvoll war und der Vater das Geld nötig hatte. Was sollte er tun? Er liebte diese Muschel mit der Perle und wollte nicht, dass sie sterben würde.
Die Muschel mit der Perle beobachtete den Jungen.
Dieser sagte: «Ich liebe euch beide. Du hast mir ein paar wichtige Fragen beantwortet. Danke!», damit warf er sie beide zurück ins Meer.
In seinem Herzen wurde es warm, Liebe hüllte ihn ein.
Der Vater fragte nicht, warum er die Muschel ins Meer zurückgeworfen hatte. Er schaute nur in die strahlenden Augen seines Kindes und wusste, dass es gut war so.

Der Schatz der Bergfee

Es war einmal ein altes Schloss, das kaum mehr bewohnbar war. Trotz aller Mängel wohnten Menschen in diesem morschen Gebäude. Wenn es draussen stürmte in den hohen Bäumen und der Wind durch das Schloss sauste, ächzte es im Fundament, einem tiefen Stöhnen ähnlich. Doch das störte die Bewohner wenig. Sie versuchten, in der grossen Halle im Kamin ein Feuer anzuzünden. Meistens war es schwierig, da der Sturm mit unbändiger Lust durch den Kamin sauste und die Flammen löschte.
So hockten sie wieder einmal leicht fröstelnd vor dem Kamin und bemühten sich ein Feuer anzufachen; doch ohne Erfolg.
«Was soll es», meinte der Prinz zum Narren, «lass es bleiben. Bring Decken und mach' uns einen heissen Punsch.» Dabei verkroch er sich in seinen Ohrensessel. Neben ihm klapperte jemand mit den Zähnen. Es war Sofie, die alte Kräuterfrau. Sie leistete dem Prinzen schon lange Gesellschaft. Platz gab es ja genug in diesem Schloss und adliger Besuch kam schon lange keiner mehr. Nur manchmal vermisste der Prinz die früheren Feste mit Gelage und viel Musik. Hie und da träumte er von einem Ferkel am Spiess und roch den Duft von gebratenem Fleisch. Nur kurz, dann hatte er es auch schon wieder vergessen.

Der Punsch, den der Narr brachte, erwärmte alle und bald fühlten sich alle behaglich, trotz des wütenden Sturmes draussen.

Ein beharrliches Klopfen weckte sie alle unsanft aus ihrem Halbschlaf. Als das Klopfen nicht aufhören wollte und es sichtlich nichts mit dem Sturm zu tun hatte, schickte sich der Narr an, das Tor zu öffnen.

Draussen stand eine dunkle Gestalt mit einem tief ins Gesicht gezogenen Filzhut. Man konnte nichts Genaues erkennen. Wer immer es war, bei so einem Wetter konnte man keinen Besuch vor der Türe stehen lassen.

«Wer ist da?», wollte der Prinz wissen. Der Fremde näherte sich dem Prinzen mit einer schwungvollen Verbeugung.

«Majestät, ich wurde geschickt, um bei ihnen den Schatz zu holen», erwiderte der Fremde.

«Einen Schatz?», fragte der Prinz erstaunt, dann spöttisch zu Sofie und zum Narren: «Haben wir einen Schatz?» und er begann schallend zu lachen, wusste man doch in der ganzen Umgebung, dass der Prinz ärmer als eine Kirchenmaus und auf Almosen der umliegenden Dörfer angewiesen war. Zudem sammelte Sofie nicht nur Heilkräuter im Wald, sondern auch alles, was irgendwie essbar war, wie Beeren und Pilze. Dem Fremden war es nicht zum Scherzen zumute.

«Du hast einen grossen Schatz im Schloss, irgendwo in einem Untergeschoss. Er liegt schon viele Hundert Jahre dort und gehört der Bergfee.»

Nun wurde auch der Prinz ernst. «Von so einem Schatz höre ich zum ersten Mal. Das grosse Untergeschoss gibt es wohl, doch schon mein Vater hatte keinen Schlüssel zur einzigen Tür. Wer bist du und woher kommst du? Die Bergfee kenne ich nicht», erwidert der Prinz.

Der Fremde nahm den Hut vom Kopf und vor dem Prinzen stand ein alter, weiser Mann mit verwittertem Gesicht.

«Ich bin der Hüter der Edelsteine aus den Bergen.»

Der Prinz verstand die Welt nicht mehr. Nie hatte man ihm von der Bergfee oder vom Hüter der Edelsteine erzählt, auch seine Amme nicht und die hatte – weiss Gott – unzählige Geschichten und Sagen aus den Bergen erzählt, als er noch ein Junge war.

«Tut mir leid, von all dem habe ich keine Ahnung und wie gesagt, es gibt keinen Schlüssel zu dieser Tür», erwiderte der Prinz ehrfurchtsvoll.

«Der Schlüssel zur Tür ist die Antwort auf mein Rätsel, das ich dir stellen werde. Nur du kannst es lösen und damit die Türe öffnen», sagte der Fremde mit grossem Ernst.

«Ein Rätsel?», fragte der Prinz erstaunt. «Ich will es gerne lösen. Lass hören, wie es geht.» Gespannt wartete der Prinz auf die Worte des Hüters.

«Weit oben entspringt eine Quelle, kristallklar ist ihr Wasser, kein Hindernis ist zu gross, kein Weg zu weit. Das Ziel ist das Meer, der grosse Ozean. Was hat das zu bedeuten?»

Der Hüter verstummte. Es war sehr still, auch der Sturm hielt den Atem an. Was für ein sonderbares Rätsel. Der Prinz, der Narr und Sofie starrten in Gedanken versunken in den kalten Kamin. Plötzlich loderte das Feuer auf. Das Holz, das nicht brennen wollte, flammte auf und verbreitete bald eine wohltuende Wärme. Es verging eine lange Zeit. Es war bedrückend still um diese kleine Menschengruppe. Dann endlich seufzte der Prinz und sagte: «Es ist der Mensch. Als Kind kommt er zur Welt, das ist die Quelle. Er hat viele Hindernisse zu überwinden. Der Weg ist weit, das Leben vielfach lang und mühsam. Am Ende kehrt er zurück in den Schoss der göttlichen Allmacht und der Liebe, das ist der Ozean.»

In diesem Moment öffnete sich die Tür mit Ächzen und Stöhnen und ein wundersames Strahlen kam von innen heraus, als ob in den vielen Jahren ein grosses Licht eingesperrt gewesen wäre. Die drei Menschen tauchten ein in den hellen Schein, geführt vom Hüter der Edelsteine. Sie wurden liebevoll aufgenommen und kehrten alle mit dem Licht in ihre Urheimat zurück. Am anderen Tag war das alte Schloss vom Erdboden verschwunden. Nur eine strahlende Lichtung blieb zurück.

Der Silberschwan

Es war einmal ein klarer Bergsee in einer Gegend hoch oben in den Bergen. Er wurde von einer Seejungfrau bewohnt. Es war eine verlassene Gegend. Nur ganz selten verirrte sich ein Wanderer da hinauf.

Der Tag versprach warm und schön zu werden. Kein Wölkchen zeigte sich am Himmel. Es sah ganz so aus, als ob dieser Tag anders werden sollte als all diejenigen zuvor. Die Seejungfrau sass am Ufer und kämmte ihr langes Haar. Am Himmel zogen die Bergdohlen ihre Kreise auf Futtersuche. Es herrschte eine göttlich harmonische Stille.

Ein Laut schreckte die Seejungfrau plötzlich aus ihren Träumen auf; eine Wanderin, eine grosse Seltenheit. Der Aufstieg hier hinauf war beschwerlich und wenig bekannt. Mit einem Sprung verschwand die Seejungfrau im Wasser.

Keuchend, der Erschöpfung nahe, setzte sich eine junge Frau ans Ufer. Eine grosse Traurigkeit ging von ihr aus. Ihre Tränen fielen in den See und brachten eine Botschaft zur Seejungfrau, welche diese ausrufen liess: «Oh je, armes Menschenkind!»

Nun ist es so, dass sich die Seejungfrau den Menschen nicht in ihrer wahren Gestalt zeigen konnte. So verwandelte sie sich in einen Silberschwan und schwamm zur traurigen Wanderin.

«Wohin des Weges?», fragte der Schwan.

Die junge Frau erschrak. «Wer spricht mit mir? Wohl nicht der Schwan!» Schon wollte sie fliehen, nur keinem Menschen begegnen, niemand durfte sie hier finden.

Der Schwan schwamm näher. «Keine Angst, ich tue dir nichts. Aber warum bist du so traurig, wovor hast du Angst?», wollte der Schwan wissen.

«Du kannst ja sprechen. Vor dir muss ich wirklich keine Angst haben. Du tust mir bestimmt nichts», antwortete die junge Frau, wie um sich selbst zu beruhigen.

«Vor wem bist du denn geflohen?»

«Vor dem König», gab sie zur Antwort.

«Vor dem König? Was hat er dir getan und wer bist du?»

Das waren zu viele Fragen, wurde ihr doch damit ihre ganze Not bewusst und die Wanderin brach erneut in Tränen aus.

Der Schwan liess ihr Zeit, sich zu beruhigen. Es dauerte eine Weile, bis sie sich gefasst hatte und den Schwan mit ihren unendlich traurigen Augen anschaute.

«Ich bin eine Prinzessin. Man will mich mit einem bösen Prinzen verheiraten», seufzte sie und wieder flossen die Tränen aus ihren wunderschönen blauen Augen.

«Was ist denn so böse an diesem Prinzen?», fragte der Schwan weiter.

«Man hat mir gesagt, er sei sehr böse», erwiderte sie.

«Ach so, man hat dir das nur gesagt. Hast du ihn schon kennengelernt?» Der Schwan musste sich ein Lächeln verkneifen.

«Nein, natürlich nicht, ich bin vorher aus dem Schloss geflohen, bevor der Prinz ankam», erwiderte sie leicht empört.

«Ich würde das ‹Davonlaufen› nennen,» meinte der Schwan leicht spöttisch, «ohne ihn gesehen oder kennengelernt zu haben. Glaubst du immer, was andere Menschen dir sagen? Das heisst ja, dass du dir keine eigene Meinung bilden möchtest.»

Die Prinzessin errötete und schämte sich. Noch nie hatte jemand so zu ihr gesprochen. Immer hatte sie getan, was man ihr gesagt und geraten hatte. Nie hatte sie etwas infrage gestellt, vor allem nicht, wenn es von ihrem Vater kam oder von seinen Ratgebern im Schloss.

Der Schwan beobachtete sie aufmerksam.

«Wer hat dir denn von der Bosheit des Prinzen erzählt?» Der Schwan liess nicht locker.

Ja, wer? Der Vater wollte diese Hochzeit. Doch ihre Freundinnen, Cousinen und auch ihre eigenen Schwestern erzählten ihr gar schreckliche Geschichten von diesem Prinzen, der ihr Mann werden sollte, um sie später zur Königin zu machen in seinem eigenen Land.

Mit gesenktem Kopf musste sie dem Schwan eingestehen, dass sie nur aus diesem Grund Angst bekommen hatte und davongelaufen war. Wenn sich einmal solche Gedanken im Kopf festgesetzt haben, sind sie nur schlecht wieder herauszubringen. Wider jede Vernunft war ihr nicht wohl bei dieser Sache mit dem Prinzen. Vielleicht war da doch ein Körnchen Wahrheit dabei?

«Was willst du nun tun?», fragte der Schwan weiter.

Sie wusste es nicht. Hilflos sass sie da am See, ein Bild des Jammers. Der Aufstieg war für die verwöhnte Prinzessin zu viel gewesen. Plötzlich übermannte sie die Müdigkeit, sie legte sich ins Gras und schlief ein.

Die Seejungfrau schüttelte lächelnd den Kopf und verschwand im See. In ihrem Labor suchte sie nach einem Liebestrank. Sie war sicher, dass er die düsteren Gedanken der Prinzessin vertreiben würde. So mischte die Seejungfrau 10 Tropfen Vertrauen mit 30 Tropfen Liebe, 5 Tropfen Klarheit, 6 Tropfen Mut und 7 Tropfen Glauben in eine blaue Flasche mit Bergrosenwasser und stellte die Flasche vor die schlafende Prinzessin.

Bevor die Sonne unterging, schickte sie den Wind, um die Prinzessin zu wecken. Wieder schwamm sie als Schwan auf dem See.

«Kehre um und gehe zum Schloss zurück. Nimm die blaue Flasche mit. Giesse davon deinem Prinzen und dir in den Willkommenstrunk. Du brauchst keine Angst mehr zu haben. Schaue mit deinem Herzen und bilde dir dein eigenes Urteil. Eifersucht ist der schlechteste Ratgeber, vergiss das nie!»

Bevor die Prinzessin dem Schwan danken konnte, war der schon verschwunden. Schnell machte sie sich auf den Heimweg. Auf dem Weg zum Schloss wurden ihr die Worte des Schwans klar wie das Wasser des Bergsees.

Der Sultan Suleikum

Es war einmal ein kleiner See hoch oben in den Bergen. Auf ihm wohnte ein Silberschwan. Nichts und niemand störte diese Bergruhe. Nur selten verirrte sich ein Wanderer da hinauf.

Nicht weit vom See in den Felsen hauste ein Adlerpaar. Ihr Horst war gut und stabil gebaut, die Jungen konnten ohne grosse Gefahr das Fliegen lernen. Das wäre so geblieben, wenn sich nicht eines Tages ein Sturm zusammengebraut hätte. Schwarze Wolken türmten sich hinter den Bergen auf und man hörte schon Donnerrollen. Blitze zuckten am Himmel. Das Adlerpaar brachte seine Jungen im Schutz des Horstes unter. Einige Gämsen flüchteten in die Felsen. Nur der Schwan war dem Gewitter ausgesetzt, für ihn gab es keinen geschützten Horst, auch keine geeigneten Felsenhöhlen. Er musste dem Sturm trotzen.

So rief der Schwan den Luftgeist.

«He, alter Freund, ich brauche deine Unterstützung!» Dabei drehte er sich im See und suchte den Himmel ab. Da senkte sich eine graue Wolke zum See hinunter.

«Lieber Silberschwan, du hast gerufen. Wovor fürchtest du dich? Bis jetzt hat dir auch ein heftiges Gewitter nichts anhaben können!», so der Luftgeist.

«Du hast recht, lieber Freund, bis jetzt habe ich noch jedem Sturm getrotzt. Doch dieser scheint anders zu sein», erwiderte der Schwan.

«Du hast schon recht, dieser Sturm bringt etwas Unbekanntes mit. Doch sei unbesorgt, ich werde dir beistehen, wenn nötig». Die Wolke blieb in der Nähe der Felsen hängen.

Der Sturm brauste mit ganzer Kraft heran und mit ihm ein fliegender Teppich. Dieser landete auf dem aufgewühlten See und eine Figur wie aus Tausendundeiner Nacht rief dem Schwan zu: «Was ist das für ein Empfang, und wo ist mein Göttertrunk?»

Der Silberschwan schwamm zu dem farbigen Teppich und schaute sich diese kuriose Gestalt erst einmal an.

«Hätten Sie vielleicht die Höflichkeit, sich vorzustellen? Mit wem habe ich die Ehre, wenn ich fragen darf?» Der Schwan liess sich nicht aus der Ruhe bringen. Zudem zog das Gewitter weiter, als ob es nur diesen unbekannten Gast herzubringen gehabt hätte.

«Ich bin der Sultan aus dem Osten und heisse Suleikum.»

Mit grossen, erstaunten Augen betrachtete er diesen Silberschwan. So etwas gab es nämlich nicht in seiner Heimat. Er wusste im Moment sowieso nicht, wo er da

gelandet war. Diese kahle, kalte Gegend mit den hohen Bergen war ihm total fremd. Der Sturm, der in seinem Land ausgebrochen war, hatte ihn mit rasender Geschwindigkeit hierher gebracht.

Gewöhnt, dass ein Heer von Dienern herbeieilte bei seiner Ankunft, sah er sich nun allein in einer öden Gegend, kein Palast, ja nicht einmal eine Hütte waren zu sehen.

Der grossartige Sultan Suleikum schrumpfte in sich zusammen. Zudem sog sich der Teppich mit Wasser voll und drohte zu versinken. In solchen Situationen und misslichen Lagen wird auch der Grösste klein!

«Entschuldigen Sie mich, aber ich weiss im Moment weder wo ich bin, noch wie ich ausgerechnet hierherkam, oder gar warum», tönte es recht kläglich vom Sultan: «Was soll ich nur tun?»

Das war nun schon ein Hilferuf.

Der Silberschwan hatte sich diese fremdländische Gestalt die ganze Zeit angeschaut. Nein, von diesem Sultan drohte ihm keine Gefahr.

«Wenn ich Ihnen einen Rat geben darf, steigen sie von ihrem Teppich herunter und ziehen ihn ans Ufer, sonst saufen sie beide ab!»

Der Silberschwan schwamm näher und half dem Teppich in Richtung Ufer. Erst als die seidenen Schnabelschuhe nass wurden, kam Leben in den Sultan. Mit erstaunlicher Geschwindigkeit ging er ans Ufer und versuchte, seinen Teppich herauszuziehen. Noch nie hatte er seine kostbaren Hände für eine solch grobe Arbeit gebraucht. Aber wie sollte er je wieder in sein Land zurück, wenn nicht mit seinem fliegenden Teppich?

Die Sonne zeigte sich über den Berggipfeln und schien wärmend auf den schlotternden Sultan herunter. Der Luftgeist war schon lange weitergezogen. Die Adler kreisten wieder über dem See, nach Nahrung suchend für ihre Jungen. Der Silberschwan stellte sich neben den Sultan. «Also, was verstehen sie unter einem Göttertrunk? Bei uns gibt es nur reines Quellwasser und die Früchte der Wälder da unten.»

Der Sultan schaute ungläubig auf den steinigen Weg, der zum Wald führte. Das hiesse ja laufen, um nicht zu verhungern. Sicher waren seine seidenen Schuhe dazu sehr ungeeignet. Aber hatte er eine andere Wahl? Der Wald versprach Schutz und auch Nahrung.

So zog er los und entdeckte eine neue Welt voller Geheimnisse und unbekannter Schönheit. Rehe und Hasen begegneten ihm, Ruhe und Frieden, wo weder Macht noch Reichtum, nur das Einssein mit der Natur zählte.

Der fliegende Teppich war schon lange wieder trocken, als der Sultan eines Tages mit neuen Erkenntnissen und mit bescheidenem Gemüt glücklich aus dem Wald kam, sich beim Silberschwan bedankend verabschiedete und seinen Teppich bestieg, der ihn in Friede und Freude in seine Heimat zurückbrachte.

Der Wasserfall in den Bergen

Es war einmal ein Wasserfall hoch oben in den Bergen. Er fiel über einen Felsen in die Tiefe und versprühte sein Wasser weit herum. Davon profitierten alle Pflanzen, die sich um den Wasserfall angesiedelt hatten. Ein üppiges Grün strahlte jedem Wanderer entgegen, der da hinaufkam. Fasziniert blieben sie vor diesem Naturwunder stehen.

Nicht nur Pflanzen waren da beheimatet, sondern auch der Wassergeist, einmal klein und unscheinbar, dann wieder gross und mächtig. Aus dem üppigen Grün heraus blühten auch seltsame Blumen, manche nur einen Tag, dann waren sie wieder verschwunden.

Wer immer den Aufstieg zu dem Wasserfall schaffte, kehrte mit einer neuen Energie in den Alltag zurück. Doch ein zweites Mal konnte man den Wasserfall nicht finden. So war er ein Geschenk und zugleich ein Geheimnis. Alle Erklärungen, wie man da hinaufkomme, waren vergebens. Auch war es nicht abhängig von Stand und Wissen, diesen Wasserfall zu finden, nein, allein auf die Liebe im Herzen kam es an.

Eines Tages verirrte sich eine Wanderin in dieser Berggegend, nichts ahnend von dem Wasserfall da oben. Diese Wanderin floh vor den negativen Menschen in die Berge. Sie wollte wieder Ruhe und Harmonie in ihrem Herzen finden. Eine grosse Unruhe plagte sie.

Unsere Wanderin war auf der Suche nach dem Licht. Mit dem Gefühl, von Dunkelheit umringt zu sein, nahm sie den Weg durch den Wald. Von Weitem hörte sie das Rauschen des Wassers. Es war, als ob sie gerufen würde. «Komm, bei mir findest du, was du suchst.»

Sonderbar, plötzlich wich die Dunkelheit von ihrer Seele und sie konnte seit langem wieder die Sonnenstrahlen wahrnehmen. Die Sonne schickte ihre Strahlen in jede dunkle Ecke der Welt, es war unmöglich, sich davor zu verkriechen.

Der Weg wurde steil und mühsam, doch das Wasser lockte. Der Atem ging ihr aus, sie musste eine Pause machen und setzte sich auf einen Stein.

«Bleib nicht zu lange sitzen.»

Suchend schaute sie sich um, konnte aber niemanden erkennen.

«Dein Herz ist voller Kummer. Mach es leer und du schaffst den Aufstieg leichter.»

«Wer spricht mit mir?», wollte sie wissen.

«Der Wassergeist, ich habe dich erwartet. Komm, gehen wir.»

Das Herz leeren; als ob das so leicht wäre. Der Wassergeist hatte recht, all den Kummer den Berg hinaufzutragen, war mühsam und eine schwere Last. Tief atmete sie durch, dann ging sie dem Ruf des Wassers entgegen. Als sie aus dem Wald heraustrat, erblickte sie den Wasserfall in seiner ganzen Schönheit. Daneben stand gross und mächtig der Wassergeist. «Sei willkommen, ich kenne deinen Kummer. Du machst dir Sorgen um die Welt, die Menschen, die Natur und die Tiere, dass es dich fast zu Boden drückt. Dein Licht wäre fast erloschen. Dabei bist du eine Lichtträgerin.»

«Ich kann dieses Elend in der Welt fast nicht mehr ertragen», erwiderte sie traurig.

«Es kommt eine grosse Prüfung für die Menschheit. Eine Zeit, in welcher der Weizen von der Spreu getrennt wird. Jede Seele entscheidet selbst, welchen Weg sie gehen will, ins Licht oder in die Dunkelheit. Es liegt im Bewusstsein jedes Menschen zu sehen, wo sein Weg ist.»

«Was kann ich noch tun? Muss diese Dunkelheit für so viele Menschen noch sein?», seufzte sie.

«Wie willst du das Licht erkennen, wenn du die Dunkelheit nicht kennst?», fragte der Wassergeist zurück.

Da trat sie zum Wasserfall und nahm seine Energie auf und bat um Kraft, ihr Licht leuchten zu lassen, für all jene, welche aus der Dunkelheit heraus wollten. Sie bedankte sich beim Wassergeist und machte sich beschwingt auf den Heimweg, im Herzen das Bild des Wasserfalls und die Worte des Wassergeistes.

Sie sah nun die Dunkelheit in der Welt mit anderen Augen. Sie half den Menschen mit liebendem Herzen durch die Düsternis zu gehen, wohl wissend, dass am Ende das Licht auf sie wartete. Oft wurde ihre Geduld auf eine harte Probe gestellt. Nicht immer war ihr Glaube stark genug, dann sah sie wieder das Bild des Wasserfalls und hörte die Worte des Wassergeistes, schöpfte neue Kraft und neuen Mut, um nicht aufzugeben. Sie hatte sich für das Licht entschieden, nun war sie bemüht, es am Leuchten zu halten.

Der Wassergeist in der Flasche

Es war einmal ein Schloss in den Bergen, von einem dichten Wald umgeben. Dort wohnte ein alter, weiser König, von allen seiner Landsleute geliebt und verehrt. Sein Volk bekam ihn jedoch nur noch selten zu Gesicht. Da es allen gut ging, kam es immer seltener vor, dass ein Untertan sich auf den Weg zum Schloss machte, um den König um Rat zu fragen.

Das wäre so geblieben, wenn nicht das ganze Land von einer schrecklichen Dürre heimgesucht worden wäre. Die Menschen hungerten, denn die Ernte verbrannte in dieser Hitze.

Seit Wochen schon brannte die Sonne erbarmungslos auf die Erde nieder und weit und breit war keine Wolke am Himmel. Die Not war gross. Bäche und Seen begannen auszutrocknen. Der grosse Fluss war nur noch ein kleines Rinnsal, die Brunnen leer, Menschen und Tiere litten grossen Durst.

Die Menschen versammelten sich auf dem Dorfplatz, besprachen untereinander, was zu tun wäre. Die Kirchen waren voll mit Betenden, die um Regen flehten.

So schickte man eine Gruppe Männer zum König. Müde, erschöpft und recht mutlos standen sie vor ihm und schilderten ihre Not.

«Lasst mich einen Moment allein, damit ich darüber nachdenken kann», sprach der König.

Draussen bekamen die Männer ein Glas Wein eingeschenkt und staunten, dass der Schlossbrunnen voller Wasser war und der Garten voll blühender Blumen.

«Kein Wunder, dass der König nichts von der Not des Landes wusste», war allgemein die Meinung und alle schauten sie sinnend in den Brunnen, dessen Wasser munter sprudelte.

Nach einer langen Weile rief sie der König. «Ihr habt Jahrhunderte im Überfluss gelebt und alles als selbstverständlich genommen», sprach der König zu ihnen.

«Was hat das mit der Dürre zu tun?», dachten sich die Männer.

«Habt ihr je eure Speicher für die Notzeit gefüllt?», wollte der König von ihnen wissen.

«Das war nie nötig, wir hatten jedes Jahr mehr als genug», erwiderte der Sprecher der Männer.

«Ja, glaubt ihr, man könne die Natur einfach so ausschöpfen, Jahr für Jahr, ohne

ihr etwas zurückzugeben und sich bei ihr zu bedanken?», fuhr der König fort.

Das waren unangenehme Fragen. Der König hatte recht, alle lebten gut, wenn nicht sogar im Überfluss. Dass man der Natur dafür danken sollte oder gar etwas zurückgeben, auf diese Idee kam schon lange niemand mehr.

«Was wäre da noch zu tun? Unsere Kirchen sind voll mit Betenden!»

«Lass den Zauberer kommen», befahl der König dem Minister.

Betretenes Schweigen herrschte unter den Männern. «Der Zauberer», von dem hatte noch nie jemand gehört. Allmählich verliess sie der Mut.

Die Türe öffnete sich und ein mächtiger, furchteinflössender Zauberer kam herein. Mit stechenden Augen musterte er jeden einzelnen der Männer und drehte sich zum König.

«Was befiehlst du, mein Herr?»

«Im ganzen Land herrscht Dürre; Menschen und Tiere leiden grosse Not, weisst du einen Rat?», antwortete der König.

Im Saal herrschte atemlose Stille.

«Man hat die Natur ausgebeutet und alle Regeln der Naturgesetze missachtet, sodass der grosse Wassergeist beschlossen hat, sich in eine Flasche zurückzuziehen. So können sich keine Wolken mehr bilden und somit fällt auch kein Regen mehr,» kam die Antwort vom Zauberer.

«Wo können wir den Wassergeist finden, um ihn zu bitten, uns noch einmal zu helfen?», kam es zögernd von den Männern.

«Das dürfte nicht leicht sein. Es braucht mehr als nur Mut. Man muss bereit sein, alles aufzugeben, um ihn in den Bergen zu finden.»

Betretenes Schweigen herrschte.

«Ich habe nichts mehr zu verlieren. Meine Familie starb an Hunger, so auch meine Tiere. Ich bin bereit, den Wassergeist zu suchen», sagte nun einer der Männer, selbst nur noch Haut und Knochen.

«Gut, folge dem Eisvogel, er wird dir den Weg weisen», kam die Antwort des Zauberers.

Hannes, so hiess der Mann, nahm Abschied vom König und den Männern seines Dorfes und stieg in die Berge.

Viele Tage war er nun schon unterwegs, ernährte sich von den Früchten des Waldes, aber dem Eisvogel war noch nicht begegnet.

Wieder einmal legte er sich müde unter einen Baum und schlief erschöpft ein.

«Habt ihr gesehen, nun ist Hannes schon Tage unterwegs zum Wassergeist, hat sich noch kein einziges Mal beklagt oder gar aufgegeben. Ich glaube, es ist Zeit, dass wir ihm helfen. Was meint ihr?», so sprach eines der vielen Glühwürmchen, die Hannes umflogen.

«Du hast recht, lasst uns den Eisvogel rufen, damit er ihm den Weg zeigt», antworten die anderen. «Wir wollen die Eichhörnchen bitten, ihm ein paar Nüsse zu bringen als Wegzehrung.»

Am anderen Morgen fand Hannes eine Handvoll Nüsse neben sich, bedankte sich bei den Eichhörnchen und sah nun den Eisvogel auf einem Ast sitzen.

«Sei gegrüsst und willkommen, führe mich bitte zum Wassergeist», rief Hannes. Der Vogel flog vor ihm her und brachte ihn so zur Höhle des Wassergeistes.

Ohne Furcht ging Hannes durch die lange, dunkle Höhle, bis er endlich Licht in der Ferne sah. Seine Schritte wurden schneller, dann stand er vor dem Wassergeist, der sich in eine Flasche zurückgezogen hatte.

«Komm näher und fürchte dich nicht, du verdankst es deiner Ausdauer und deinem Vertrauen, dass du da bist. Nimm die Flasche, zerschlage sie an einem Felsen, sodass ich freikomme und das Wasser im ganzen Land wieder fliessen kann. Aber bedenke, dass du für immer dableiben musst, um mir zu dienen.» So tönte es aus der Flasche zu Hannes.

Einen kurzen Moment zögerte Hannes. Alles aufgeben, seine Heimat, seine Freunde?

Doch dann nahm er die Flasche und zum Wohle der Menschen, Tiere und Pflanzen zerschlug er sie am Felsen.

Alsbald begann es im Tal zu regnen und langsam erwachte die Natur wieder zum Leben.

Hannes sah man nie mehr.

Jeden Tag begannen die Menschen mit einem Dankgebet. Die Alten wurden nicht müde, die Geschichte der grossen Dürre zu erzählen und Hannes zu rühmen, damit niemand vergass, mit der Natur in Frieden zu leben.

Die Bauchtänzerin

Es war einmal eine Oase am Rande einer Wüste. Eine Karawane hatte dort die Zelte aufgeschlagen. Erbarmungslos brannte die Sonne nieder. Die Wüste flimmerte und wenn man zu lange hinschaute, spiegelte sie Trugbilder vor. Das Wasser war knapp und so schaute der Karawanenführer gebannt in die Wüste hinaus. Plötzlich hatte er das Gefühl, einen See zu sehen und war versucht dorthin zu gehen, obwohl er wusste, dass es nur ein Trugbild der Hitze war. Seufzend drehte er sich um und ging ins Zelt zurück. Seine Leute wurden unterdessen immer unruhiger, obwohl im Moment noch genug Wasser in den Wasserschläuchen war, doch auch die Kamele hatten Durst.

Die Stimmung sank gegen den Nullpunkt. Der Karawanenführer wusste, dass in solchen Momenten gerne Streit ausbrach. Das konnte er gar nicht gebrauchen.

Im Frauenzelt sorgten die Frauen fürs leibliche Wohl. Auch sie spürten die Spannungen unter den Männern. Die Älteste unter ihnen, eine Priesterin und Heilerin, kannte sich mit ihnen aus, reiste sie doch schon viele Jahre mit dieser Karawane.

«Wir müssen etwas unternehmen, um die Männer aufzuheitern», unterbrach sie die herrschende Stille. Erschrocken fuhren alle auf. Die Hitze hatte auch sie träge und faul gemacht.

«Wir brauchen alle einander», fuhr die Alte fort, «wir sind voneinander abhängig.»

«Wie wahr», dachte ein sehr junges Mädchen. Ein Schleier verdeckte ihre Schönheit. Ihr Traum war, einmal als Bauchtänzerin auftreten zu können. Doch ihr Vater, ein strenger Mann, wollte davon nichts wissen. Für seine Tochter kam nur eine gute Partie infrage, mindestens ein Sultan.

In der fernen Stadt, wohin sie alle wollten, sollte sie dem Sultan vorgestellt werden.

Das Mädchen machte der Alten einen ungeheuerlichen Vorschlag. «Lass mich für die Männer tanzen.»

Die Frauen fuhren erschrocken zusammen. «Das gäbe einen Skandal, denke an deinen Vater!», mahnte eine der Frauen. Eine andere rief aus: «Unmöglich!»

«Auch der Märchenerzähler hatte keinen Erfolg mehr, es braucht etwas, um die Männer zu erfreuen», gab die Alte zu bedenken. Eine bleierne Stille legte sich wieder über das Frauenzelt.

«Und wenn ich mich so verschleiere, dass mich mein Vater nicht erkennen kann?» Das junge Mädchen wollte nicht so schnell aufgeben. Sie wollte ja nur diese Situation etwas entschärfen, aber auch tanzen. Auch den Frauen begann es langweilig zu werden. «Zudem, wozu soll Schönheit gut sein, wenn man damit niemanden erfreuen kann?», kam es trotzig von dem Mädchen.

Empört wurde sie von den Frauen angeschaut. «Du sollst dem Sultan vorgestellt werden. Hast du das vergessen?», so die Alte.

«Pah, was nützt uns im Moment der Sultan, wenn die Männer unruhig werden?» Was wusste dieses junge Mädchen schon vom Ernst des Lebens und seiner Zukunft?

Traurig, weil man sie nicht verstehen wollte, trat sie aus dem Zelt und ging zu ihrem geliebten Kamel. Sanft streichelte sie über die weichen Nüstern des Tiers. «Am liebsten würde ich mit dir davonreiten, um Wasser zu suchen, damit die Männer wieder Vernunft annehmen», flüsterte sie ihrem Kamel ins Ohr.

«Dann komm mit, wir suchen den Zaubersee», antwortete ihr das Kamel. «Hei, du kannst mich ja verstehen und ich dich auch», rief sie begeistert. «Ruhig, meine Liebe, das muss gut überlegt sein. Vor der Dämmerung können wir nichts unternehmen. Wir müssen warten, bis alle eingeschlafen sind», mahnte das Kamel.

So kam es. Im Männerzelt legten sich die Männer während der Erzählungen des Märchenerzählers einer nach dem anderen hin und ihr Schnarchen zeigte an, dass sie schliefen. Im Frauenzelt war man schon länger eingeschlafen, als sich das Mädchen erhob und zum Kamel schlich.

«Komm, sie schlafen alle.» Leise erhob sich das Kamel und ritt mit ihr los.

«Wohin bringst du mich?»

«Das habe ich dir doch schon gesagt, zum Zaubersee!»

«Wo ist dieser See?»

«Das wirst du schon sehen», bekam sie zur Antwort.

Dass die Wüste in der Nacht lebt, das hatte sie noch nie erlebt. Staunend schaute sie sich um. Da blieb das Kamel plötzlich stehen.

«Was gibt es?», wollte sie wissen.

«Eine Kobra, die Königin persönlich, ein gutes Omen». Das Kamel beugte sich zur Kobra herunter. «Sei gegrüsst, erhabene Königin», grüsste sie das Kamel.

«Was willst du um diese Zeit und erst noch allein?» Die Kobrakönigin war nicht eben bekannt für ihre Freundlichkeit.

«Wir suchen Wasser, kannst du uns zum Zaubersee führen?», bat das Kamel in aller Höflichkeit.

«Wozu? Du weisst, dass der Zaubersee ein Geheimnis ist und nicht allen Menschen zugänglich.»

Das wusste das Kamel sehr wohl. Das Mädchen griff nun ein und erzählte der Kobra von der Karawane und dem Wassermangel. Die Kobra schaute sie mit glühend roten Augen an.

«Du liebst den Tanz, ist es nicht so?»

Das Mädchen nickte.

«Dann komm runter und tanze mit mir. Wenn dein Tanz mich begeistert, dann helfe ich euch, sonst bist du des Todes.»

Das Mädchen war sich der Gefahr bewusst, doch sie wollte der Karawane helfen, aber eben auch tanzen. Also tanzten sie dann beide, die Kobra und das Mädchen. Die Schönheit, Anmut und das tänzerische Können überzeugte die Kobra am Ende und sie zeigte ihnen nun den Weg zum Zaubersee.

«Nur ein halber Tag steht euch zur Verfügung, um Wasser zu schöpfen, dann verschwindet der Zaubersee wieder wie eine Fata Morgana.»

Das Mädchen führte die Karawane zum See, wo alle die Wasserschläuche füllen und die Kamele trinken konnten.

Bald zogen sie weiter und kamen in die Stadt des Sultans. Dort nun wurde das Mädchen dem Sultan vorgestellt.

Der Sultan fragte sie: «Was kannst du ausser deiner Schönheit sonst noch bieten?»

«Den Tanz der Kobra», bekam er zur Antwort.

Und so wurde sie zur berühmtesten Bauchtänzerin des Landes. Das Geheimnis mit der Kobra und dem Zaubersee jedoch verschloss sie tief in ihrem Herzen.

Die Beduinenfrau Tania

Es war einmal ein Zeltdorf der Beduinen am Rande der Wüste. Zu dieser Menschengruppe gehörte eine alte Frau, die immer wieder Hilferufe aus aller Welt annahm.

Diesmal wurde sie bei ihrer morgendlichen Meditation aus dem Meer um Hilfe angefleht. Diese Alte mit dem Namen Tania war noch nie in ihrem Leben ans Meer gekommen, sie kannte nur die Wüste.

Doch dieser Hilferuf war so stark, dass sie zum ersten Mal den Ältestenrat des Dorfes zusammenrief und den erstaunten Männern erklärte, auf eine Reise ans Meer zu gehen, sie würde dort gebraucht.

Ihre Entscheidung hatte nur heftiges Kopfschütteln der Männer zur Folge und grossen Protest von Seiten der Frauen.

«Wir können dich unmöglich begleiten», so die Einwände der Männer, die ihr sonst immer grossen Respekt entgegengebracht hatten.

Doch alles half nichts, Tania packte ihr Bündel, verlangte ein gutes Kamel, verabschiedete sich und ging allein auf eine ungewisse Reise.

Wehklagen und Jammern der Dorfbewohner begleiteten sie noch ein Stück weit und dann war sie allein.

«Führe mich zum Meer, von dort werde ich gerufen.»

Das Kamel führte sie über viele Tage durch die Wüste und eines Morgens kamen sie ans Meer.

«Danke, nun kehre zu meiner Sippe zurück, ich muss weiter.»

So kehrte das Kamel einige Tage später ins Beduinendorf zurück und alle waren überzeugt, dass die Alte zu ihren Ahnen zurückgekehrt sei.

Da sass nun Tania am Strand in tiefer Meditation und schickte ihre Bereitschaft übers Meer und wurde bald gehört.

Ein Wal kam und forderte sie auf mitzukommen. Nach einer stürmischen Fahrt kamen sie in eine eisige Gegend. Dort spürte sie nun die grosse Not.

Es waren die neugeborenen Robben und ihre Mütter, die um ihr Leben bangten, denn schon bald sollte die Jagd auf die Robbenbabys beginnen. Es gab kein Entfliehen mehr. Was tun, um sich zu schützen vor diesen Jägern?

Sollte ein Sturm geschickt werden, auf dass ihre Boote kenterten? Verschiedene Vorschläge wurden gemacht, doch alle wieder verworfen. Tania versuchte, mit dieser ungewohnten Situation klarzukommen. Die Antarktis und die Wüste sind nicht dasselbe. Aber Tod und Verfolgung finden überall statt auf diesem Planeten.

Verzweifelt bat sie die Tierwesenheit um Hilfe. Der grosse Robbengeist zeigte sich zum ersten Mal und rief alle Meerestiere zusammen.

«Die Menschen bekommen zum letzten Mal eine Chance umzudenken, um endlich zu begreifen, Ehrfurcht vor ihrem und unserem Leben zu haben. Sonst bleibt nur noch ein Weg, wir ziehen uns alle vom Erdplaneten zurück und verschwinden.»

«Kannst du uns nicht einfach unsichtbar machen für diese Zeit?», fragten zögernd die kleinen Robben, die so gerne leben wollten.

«Ja bitte!», flehten alle Robbenmütter.

«Das wäre eine gute Idee. Schauen wir einmal, wie die Menschen reagieren, wenn sie euch gar nicht finden», erwiderte der grosse Robbengeist.

So kam es, dass die Jäger nicht eine einzige Robbe, ja nicht ein einziges Meerestier zu Gesicht bekamen.

Zu ihrem grossen Erstaunen fanden sie aber eine Beduinenfrau aus der Wüste in ihrem Iglu.

Die Männer umringten sie misstrauisch.

Tania hiess sie, sich hinzusetzen und begann in eindrücklicher Weise, diesen Menschen von der Liebe, der bedingungslosen Liebe zu allen und allem zu erzählen.

Lange wollten sie die Alte nicht verstehen. Viele Wenn und Aber kamen von den Männern. Nach vielen Tagen des Diskutierens mussten sie einsehen, dass sie umdenken mussten, ihre Lebensweise verändern, mit den Tieren in Kontakt treten, sie um Nahrung bitten und nur so viel zu erbitten, wie sie im Moment brauchten.

So vergingen Jahre, bis die Menschen wieder im Einklang mit der Natur waren und lernten, dass die Tiere nicht ihre Untertanen sind.

Als Tania ihre Aufgabe vollbracht hatte, kehrte sie zu ihren Ahnen zurück mit der Gewissheit, dass alles gut ist, so wie es ist.

Die farbigen Stoffe der Hoffnung

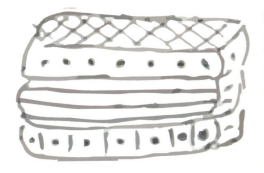

Es war einmal eine Laubhütte am Rande eines Dorfes. Sie bot Schatten für eine junge Familie. Die Sonne brannte erbarmungslos auf diese Gegend nieder. Alle beteten und warteten auf Regen. Das Wasser wurde jeden Tag knapper. Eine Frau, Mutter zweier Kinder, wob wunderbare Stoffe, die weit herum bekannt waren wegen ihrer Farben. Nichts konnte die Frau aus der Ruhe bringen. Sie war nur für ihre Familie da und umsorgte sie mit grosser Liebe und grosser Geduld.

Eines Tages kamen Händler und schauten sich ihre Stoffe an. Sie erkannten sofort die Schönheit, die von den Farben ausging. Sie rechneten in ihren Köpfen nach, wie viel Geld sie mit diesen Stoffen verdienen könnten. Die Händler glaubten, Armut mache dumm, und wollten die Frau übers Ohr hauen. Statt Geld boten sie ihr billige Haushaltsgegenstände und farbiges Glas an. Doch die junge Frau erkannte die habgierigen Absichten der Händler vom ersten Moment an.

«Ich brauche Nahrung und Kleider für meine Kinder und keine nutzlosen Gegenstände», erwiderte sie den Händlern bestimmt.

Diese waren erzürnt und wollten sie bestrafen. Sie ritten davon und verbreiteten überall, wie schlecht und teuer ihre Stoffe seien.

So kam es, dass sie bald nichts mehr verkaufen konnte und ihre Not immer grösser wurde. Da sie mit ihren Kindern allein war, beschloss sie schweren Herzens, in die nahe Stadt zu gehen, um dort ihre Stoffe zu verkaufen. Sie machte sich mit ihren zwei Kindern auf den mühsamen Weg. Die Ware trug sie in einem Bündel zusammengebunden auf ihrem Rücken.

Die Stadt mit ihrem Treiben und den vielen Menschen machte ihr Angst. Mutlos blieb sie in einer Ecke stehen und bereute, dass sie hierher gekommen war.

«Was hast du denn in deinem Bündel?», wurde sie plötzlich von einem Fremden gefragt.

«Stoffe, die ich selber gewoben habe», gab sie müde zur Antwort. Die Kinder waren erschöpft neben ihr eingeschlafen, hungrig und durstig von dem langen Marsch.

«Lass sehen», forderte sie der Fremde auf. Als er die wunderschönen Stoffe sah, hiess er sie mitzukommen. Taumelnd stolperte sie mit den schläfrigen Kindern hinter dem Fremden her durch die staubige Stadt. Bleischwer lastete die Müdigkeit und Hoffnungslosigkeit auf der jungen Frau. Alles war ihr nun gleichgültig. Mit letzter Kraft bat sie Gott um Hilfe und Schutz für sich und die Kinder. Allmählich kamen sie durch stillere Gassen, der Lärm ertönte nur noch aus weiter Ferne. Vor einem vornehmen Haus machte der Fremde halt und hiess sie einzutreten. Eine angenehme Kühle und Ruhe empfing sie alle. Ein kleiner Garten mit einem Springbrunnen und Blumen in leuchtenden Farben öffnete sich vor ihnen. Da brach die junge Frau zusammen, umringt von ihren zwei weinenden Kindern. Sie bekam nicht mehr mit, wie helfende Hände sie in einen kühlen Raum trugen.

Nach langer Zeit erwachte sie wie aus einem tiefen Traum in einem frischen Bett. Kinderlachen tönte ihr entgegen. Es war das Lachen ihrer Kinder. Als sie in den Garten ging, kam ihr der Fremde entgegen. Die herzliche Anteilnahme gab ihr wieder Mut und Hoffnung. Bald schon wurde über den Preis für ihre Stoffe verhandelt. Die Farben und Muster waren von so grosser Schönheit, dass der Fremde, ein Kaufmann des Königs, ihr das Angebot machte, für ihn zu arbeiten.

Vorbei waren alle Sorgen und Nöte. Kein Händler mehr konnte sie übers Ohr hauen und ihre Arbeit schlecht machen.

Ihr Mut und das Wagnis, sich auf den langen, beschwerlichen Weg ins Ungewisse zu machen, der Glaube an sich und ihre Arbeit und den Wert ihrer Stoffe hatte am Ende zum Erfolg geführt. Die Liebe zu ihren Kindern und der Familie liess sie nie müde werden in ihrer Arbeit.

Die Fee Samanda

Es war einmal in einem Wald eine grosse Eiche mit kräftigen Wurzeln, die fest mit der Erde verwachsen waren. In einer Wurzelhöhle hatte ein Frosch seine Behausung eingerichtet, gut mit Blättern ausgepolstert. Nicht eigentlich das, was man von einer Behausung eines Frosches erwartete, aber hier fühlte er sich geborgen. Ein kleiner Wassertümpel war nicht weit entfernt, wenn er Lust auf ein Bad hatte. Seine Tage waren ruhig, ja man könnte sagen, eintönig und still.

Doch eines Tages tauchte eine etwas komische Gestalt in seiner Nähe auf.

«Was will denn der da?», fragte sich der Frosch. Offensichtlich suchte «der» etwas.

Er machte ein kleines Feuer vor der Eiche und fing an zu tanzen. Das gefiel dem Frosch gar nicht und er kam näher, um sich diesen Kerl etwas genauer anzuschauen.

«He, was suchst du da? Ein Feuer im Wald ist gefährlich, weisst du das denn

nicht?», quakte der Frosch so laut er konnte.

Der Wichtel hörte auf zu tanzen und schaute sich um.

«Na, da schau einer an, eine Kröte mitten im Wald», tönte es spöttisch.

«Ich bin keine Kröte, wenn ich bitten darf. Ich bin Max, der Frosch!» Max war empört.

Der Wichtel lachte schallend: «Und ich bin Rumpelstilzchen, wenn ich mich vorstellen darf.» Dabei machte er eine elegante Verbeugung.

«Du willst mich wohl auf den Arm nehmen?» Max konnte sich nur schwer beruhigen.

«Nein, keine Angst, ich möchte dich lieber nicht berühren», dabei rümpfte der Wichtel die Nase.

«Also, was suchst du denn da?» wollte Max wissen.

«Aschenputtel», dabei lachte er laut.

«So ein Blödsinn, wir sind doch nicht in einem Märchenwald», quakte Max.

«Nein, leider nicht, es wäre für mich vielleicht einfacher. Da könnte ich ein Hexenfeuer machen und die Fee herbeizaubern.» Dem Wichtel war es nun sehr ernst.

«Eine Fee?», staunte Max.

«Ja, ich brauche ihre Hilfe, dringend.» Wieder schaute sich der Wichtel suchend um.

«Und sie soll hier sein? So etwas ist mir noch nie begegnet seit ich da bin.»

Max näherte sich dem Wichtel. Der Wichtel setzte sich auf einen Stein und stützte traurig seinen Kopf in beide Hände.

«Ich habe den ganzen Wald abgesucht, nichts – das ist der letzte Ort, an dem ich noch suchen kann.»

«Ja, hast du wenigstens einen Anhaltspunkt?»

«Nur, dass sie bei einer Quelle wohnt. Aber du bist doch ein Frosch und wohnst normalerweise am Wasser, oder nicht?» Der Wichtel schaute sich nun den Max genauer an.

«Schon, es gibt einen Wassertümpel nicht weit von hier, das ist alles. Komm, ich zeig ihn dir», und er sprang voraus.

Aber nein, dieser Wassertümpel hatte nicht die geringste Ähnlichkeit mit einer Quelle. Das Wasser war eher trüb und still. Sonderbar, von irgendwoher musste er doch Wasser bekommen. Der Wichtel suchte alles ab.

«Da schau, hier kommt ganz sachte Wasser aus dem Boden.»

Der Wichtel beugte sich ganz aufgeregt hinunter und schob die grossen Farnkräuter zur Seite.

«Das muss sie sein. Danke Max, dass du mich hierher gebracht hast.»

«Aber was willst du jetzt tun? Wie willst du die Fee finden?»

Gebannt schaute Max auf das Wasser, das da leise in den Tümpel floss; jeden

Tag kam er hierher, aber er hatte sich noch nie gefragt, woher das Wasser komme. Es reichte ihm, dass es da war und er baden konnte.

Wieder machte der Wichtel ein Feuer und begann zu tanzen, dabei summte er eine Melodie.

Max setzte sich nun auf einen Stein und schaute dem Wichtel zu. Langsam wurde es Nacht.

Als die ersten Glühwürmchen durch den Wald kamen und Licht brachten, tanzte der Wichtel noch immer.

«Da sucht jemand die Fee, wie mir scheint», raunten sich die Glühwürmchen zu, «sollen wir sie rufen?»

«Nicht nötig, ich bin schon da!»

Es wurde plötzlich ganz hell. Die Fee Samanda stand vor dem Wichtel und dem Frosch Max.

«Du suchst mich?»

Samanda lächelte und beugte sich zum Wichtel.

«Danke, dass du gekommen bist, wir brauchen deine Hilfe, bitte», dabei warf er sich der Fee vor die Füsse.

«Steh auf und sag mir nun, um wen es geht.»

Voller Liebe schaute sie alle an.

«Es geht um die Menschen, sie sind krank und diejenigen, welche pflegen und heilen, sind müde und überfordert.»

«Wie kommt es, dass du zu mir kommst und für sie um Hilfe bittest?», wollte die Fee wissen.

«Ja weisst du, nur ganz wenige haben das Wissen, um zu dir zu kommen, so wollen wir zwischen dir und ihnen vermitteln», meint der Wichtel.

«Bist du sicher, dass wir den Menschen helfen können und dürfen?»

Das war eine schwierige Frage für den Wichtel. Er wusste es nicht. Er wusste nur, dass die Not gross war.

«Schau, die Menschen müssen lernen, sich selbst zu helfen, indem sie ihr Leben ändern. Den Helfern und Heilern werden wir Kraft schicken und ihnen im Traum die Heilmittel zeigen. Mehr ist nicht unsere Aufgabe.»

Der Wichtel hatte verstanden. Er dankte der Fee und kehrte zu seinem Wichtelvolk zurück.

Max betrachtete nun den Wassertümpel mit ganz anderen Augen. Er hatte einen Wichtel und eine Fee kennengelernt. Welcher Frosch konnte das schon von sich behaupten?

Die Karawane

Es war einmal eine Palme am Rande einer Wüste. Sie bot Schutz vor der heissen Sonne, die hier erbarmungslos auf alles herunterbrannte. Die Palme trug Kokosnüsse und hatte schon manchem Wanderer den Durst gelöscht und den Hunger gestillt. Unter der Palme stand ein Mann und schaute über die Wüste in die weite Ferne. Doch nichts zeigte sich am Horizont. Schon seit Tagen wartete er auf die Karawane der Tuareg. Mit ihnen sollten eine Frau und ihre Tochter kommen. «Ob sie wohl die enormen Strapazen einer solchen Karawane gut überstehen werden?», fragte er sich. Er machte sich Sorgen, kannte er doch die Gefahren der Wüste.

In der Palme sass schon die ganze Zeit ein Kakadu und beobachtete den Mann. Der Vogel spürte die Unruhe, die von diesem Menschen ausging, sein Hoffen und Bangen um die Karawane.

«Mach dir keine Sorgen, morgen Abend werden sie da sein», krächzte der Kakadu.

Erschrocken fuhr der Mann herum und sah den Vogel erst jetzt.

«Was weisst du schon, wo sie sind?», kam es leicht verärgert vom Mann.

«Erstens sehe ich weiter als du, zudem rieche ich die Kamele», so der Kakadu.

Resigniert drehte sich der Mann um und ging zum Zeltlager zurück.

Die Karawane war wirklich nur noch einen Tag entfernt. Mutter und Tochter hatten bis jetzt standhaft durchgehalten. Als Männer verkleidet, hatte man sie in Ruhe gelassen und sie an den abendlichen Unterhaltungen teilhaben lassen. Begeistert hörte das Mädchen dem Märchenerzähler zu, der so wunderschöne Geschichten erzählen konnte, Geschichten die nie aufgeschrieben wurden, die immer nur von einem Erzähler zum nächsten weitergegeben wurden. Mutter und Tochter wussten genau: als Frauen hätten sie nie Zugang zum Zelt der Männer gehabt, wenn man sie überhaupt mitgenommen hätte. Sie waren die einzigen Frauen. Beide sehnten sich nach dem Ende dieser Reise. Noch einen Tag mussten sie ausharren, dann würden sie ihren Bruder wieder treffen.

An diesem Tag schien die Sonne besonders erbarmungslos auf die Karawane nieder. Das Wasser wurde knapp, die Stimmung der Männer sank.

Plötzlich erreichte ein Kakadu die Karawane. Zuerst erschrocken, dann erleichtert atmeten die Männer auf. «Der Kakadu ist ein Zeichen, dass wir bald am Ziel unserer Reise sind», rief der Führer, «folgen wir dem Vogel.»

Mit neuem Mut und beschwingten Schritten folgte die Karawane dem Vogel. Bald schon sah man die Palme am Horizont. Ein Jubeln ging durch die Menschen. Die beiden Frauen erkannten den Mann unter der Palme.

«Mein Bruder erwartet uns!»

Vergessen waren alle Strapazen. Ein herzlicher Empfang, ein gutes Mahl und endlich genug Wasser zum Trinken warteten auf alle.

«Mein Freund, ich bringe dir deine Gäste gesund und munter.» Der Führer umarmte den Mann.

«Danke, dass du meine Schwester und ihre Tochter mitgenommen und beschützt hast.»

Erstaunt schaute sich der Führer nach den beiden um. «Frauen, es waren Frauen!»

Einen Moment lang blieb ihm die Luft weg. Er wusste nicht, ob er empört sein oder lachen sollte. Doch der Märchenerzähler fing an zu glucksen, dann brachen alle in ein befreiendes Lachen aus.

«Das wird eine wunderbare Geschichte für unsere nächste Reise durch die Wüste.»

So kam eine neue Geschichte zum Repertoire des Alten hinzu.

Der Führer verneigte sich hochachtungsvoll vor der Mutter und Tochter. Sie hatten die Strapazen dieser Reise wie ein Mann durchgestanden, ohne Klagen und Jammern. Alle Achtung vor so viel Mut und Durchhaltevermögen!

Die Pyramide

Es war einmal am Fusse einer Pyramide mitten in einem dichten Wald. Niemand aus der Wandergruppe, welche im Wald unterwegs war, hatte hier eine Pyramide erwartet. Staunend standen sie alle davor. Mit ihrem einheimischen Führer Ernesto waren sie schon stundenlang unterwegs gewesen. Das Gekreische der exotischen Vögel lenkte alle einen Moment ab. Erschöpft liessen sie ihre Rucksäcke zu Boden gleiten und bauten einen Rastplatz auf.

«Wusstest du von dieser Pyramide?», wurde Ernesto gefragt. Er schüttelte nur den Kopf. Er wollte den Touristen einen Vulkan zeigen, nicht eine Pyramide. Auch wusste er im Moment überhaupt nicht, wo sie sich befanden. Doch das behielt er für sich, es durfte keine Panik aufkommen. Mit dem Aufbau des Lagers wurde es Nacht. Hier konnte man gut übernachten. So waren sie alle beschäftigt und stellten keine Fragen. Man einigte sich, die Pyramide am Morgen früh auszukundschaften. Die Hieroglyphen versprachen Interessantes. Todmüde verkrochen sich alle in ihre Schlafsäcke. Der nächste Tag versprach interessant zu werden. Nur Ernesto, der Schamane, konnte keinen Schlaf finden. Zu viele Fragen jagten durch seinen Kopf. Wo waren sie vom Weg abgekommen? Was war das für eine Pyramide? Nie hatte jemand eine solche Entdeckung gemacht und darüber gesprochen. Diese Wälder waren enorm gross und bargen sicher noch viel Unbekanntes. Die Touristen würden begeistert sein, kein Zweifel. Nur, wie brachte er sie wieder in die Hauptstadt zurück? Das Wichtigste für ihn als Schamane war: Welche Geister wurden hier in ihrer Ruhe gestört?

Unruhig warf er sich im Schlaf hin und her, hatte wirre Träume und erwachte am frühen Morgen wie gerädert.

Beim Frühstück fehlte ein Tourist. Hatte er nicht warten können und sich selbständig auf Entdeckung gemacht?

Ernesto fasste den Entschluss, die Wahrheit zu sagen, dass er nämlich keine Ahnung hatte, wo man sich befand und es klüger wäre, dass alle zusammenblieben.

Gehetzt, mit einem verstörten, bleichen Gesicht tauchte plötzlich der vermisste Tourist auf. Er sah aus, als hätte er Gespenster gesehen.

«Was ist mit ihnen los?», wollte Ernesto wissen.

Doch der Mann brachte kein Wort heraus und zeigte nur auf die Pyramide. Ein eigenartiges Leuchten kam von deren Spitze herunter und breitete sich aus. Eine Stimme tönte plötzlich laut aus dem Nichts.

«Was habt ihr hier zu suchen?»

Ernesto ging dem Licht entgegen. Nun ganz Schamane, bat er den Geist um Gnade und Verständnis. Sie seien vom Weg abgekommen und wüssten nicht mehr, wo sie wären.

«Packt zusammen, dann folgt dem Licht, es wird euch zurückbringen. Dieser Ort ist ein Kraftort, kein Mensch darf hierbleiben!» Mit einigem Bedauern, dass man die Pyramide nicht erforschen durfte, folgten alle dem Licht und kamen wohlbehalten in die Hauptstadt zurück. Bald schon wurde über alle TV-Stationen über die unbekannte Pyramide berichtet. Viele Forscher kamen ins Land. Ernesto weigerte sich, diese Forscher durch den Wald zu führen. Denn er wusste genau, dass sie den Weg wieder verlieren würden, damit der Kraftort nicht noch einmal gestört würde. Doch man hörte nicht auf ihn und schlug jede Warnung in den Wind. Die Wissenschaftler gingen also ohne ihn.

Einige kehrten nie mehr zurück. Zudem brach der Vulkan zum ersten Mal seit vielen Jahren wieder aus. Mit seiner Lava und seinem dichten Rauch wurde der Sucherei ein Ende gesetzt.

So blieb die Pyramide für immer ein Geheimnis.

Die Tanne und die Vogelfamilie

Es war einmal in einem grossen Wald, wo hohe Tannen wie eine grosse Familie in den Himmel schauten. Eine besonders grosse Tanne bot vielen Tieren Heimat und Schutz.

Eine Vogelfamilie war gerade mit dem Bau ihres Nestes beschäftigt. Unter viel Lärm und Gelächter von Besserwissern bemühten sie sich, das Nest solide zu bauen und weich zu polstern.

Was lange währt, wird bekanntlich gut. Die Vogelmutter setzte sich hinein und legte ihr erstes Ei. Der Vogelvater trug das Seinige bei, indem er die werdende Mutter fütterte und sie bei guter Laune hielt.

Die Tanne, schon viele Jahre alt, hatte schon manches gesehen und gehört. Sie beobachtete das Vogelspektakel der jungen Eltern mit Wohlwollen. Ihre Tannenspitze ragte weit über die anderen hinaus und so konnte sie weit ins Tal hinuntersehen. Weit unten schlängelte sich ein Fluss dem Meer entgegen.

Ein tiefer Seufzer kam aus den Wurzeln empor und erschütterte einen Moment lang den ganzen Baum und damit auch das Vogelnest. Ein erschrockenes Piepsen ertönte.

«Was soll das, etwa ein Erdbeben?»

«Beruhige dich, manchmal muss ich mir Luft machen», erwiderte die Tanne.

«Hast du Sorgen?», wollte die Vogelmutter wissen.

«Ach, ich spüre, dass die Mutter Erde in den Wehen ist. Es kommt eine grosse Veränderung auf uns zu.»

Die Tanne blickte versonnen über das Tal.

«Aber ich will meine Jungen in Sicherheit wissen, wenn sie einmal da sind», tönte es fast empört.

«Sicherheit wollen wir alle!» Dann sagte die Tanne nichts mehr.

Im Laub raschelte es, eine kleine Schlange bahnte sich ihren Weg durch das Gestrüpp. Sie hatte die Tanne gehört und wusste nur zu gut, was sie gemeint hatte. Doch auch sie wollte vom Kommenden nichts wissen. Sie wollte ihr Schlangenleben leben wie ihre Vorfahren zuvor. Zudem, was konnte ihr schon passieren? Für sie gab es immer irgendwo ein Loch, einen Unterschlupf. Was kümmerte es sie, was andere für Sorgen hatten? Die Tanne kannte die egoistischen Gedanken der Schlange schon lange. Heute ärgerte sie sich wieder einmal über diese Verantwortungslosigkeit. Noch einmal schüttelte sich die Tanne leicht, um die Vogelmutter nicht noch einmal zu ängstigen, doch stark genug, um einen Tannenzapfen hinunterzuschicken, der genau den Kopf der Schlange traf. Erschrocken und empört rieb diese sich den schmerzenden Kopf mit ihrer Schwanzspitze.

«Wo war denn nun dein Loch oder dein Unterschlupf, um dich davor zu bewahren?», wollte die Tanne wissen.

Die Schlange blieb ihr die Antwort schuldig und verschwand.

So kehrte wieder Ruhe in den Wald ein und alles ging seinen alltäglichen Gang.

Niemand bemerkte die dunklen Wolken, die sich da zusammenbrauten und einen Sturm ankündigten. Plötzlich war er mit aller Wucht da, fegte durch alle Bäume und Büsche, begleitet von einem unheimlichen Raunen. Verzweifelt hielten die Vogeleltern ihr Nest fest. Die Tanne beugte sich mit dem Sturm, um nicht zu zerbrechen, legte aber schützend ein paar Äste über das kleine Vogelnest.

Gott hörte das leise Flehen der Vogeleltern, die auch für die Tanne beteten und hatte Erbarmen.

Als der Sturm vorüber war, erhob die Tanne ihr Haupt und befreite die Vogeleltern von ihren Ästen. Sie blieben alle heil und schickten ein Dankesgebet zum Himmel. Ringsherum aber herrschte Chaos und Zerstörung.

Aus jedem Chaos entsteht eine neue Ordnung. Aus dem, was übrigbleibt, entsteht Neues. Bald schon erblühten auch neue Pflanzen. Eine Kürbispflanze, nicht weit von der Tanne entfernt, leuchtete in fröhlichen Farben. Die Vogelkinder besuchten die Kürbiskinder täglich. Sie bekamen von ihnen Samen geschenkt. Auch ein kleines Apfelbäumchen versuchte, Wurzeln zu schlagen in der Nähe der schützenden Tanne. Sie alle wurden vom Sturm an einen neuen Ort gebracht. In Liebe und Toleranz bauten sie ein neues Dasein auf.

Die Schlange in ihrem Hochmut und Egoismus aber fand man nicht weit davon entfernt erschlagen. Sie wurde zur Nahrung für andere Tiere und diente auf diese Art der Mutter Erde zu neuem Leben.

Die Wasserfee

Es war einmal ein kleiner See weit oben in den Bergen, klar und rein wie die Luft. Nichts störte die Stille und Einsamkeit dieser Gegend, bis eines Tages dunkle Wolken am Himmelszelt aufzogen und schwer über dem See hingen. Kein Luftzug war zu spüren, es war, als ob die Zeit stehen geblieben wäre.

Ein Adlerpaar kreiste über dem See und flog dann in ihren Horst in den Felsen, um sich in Sicherheit zu bringen. Auch die Gämsen suchten in den Felsen Schutz vor dem kommenden Sturm.

Nicht weit vom See entfernt stand eine Sennhütte. Die Kühe kamen von der Weide und wollten in den Stall, auch sie suchten Schutz vor dem kommenden Unwetter. Der Senn hatte alle Hände voll zu tun mit den Tieren.

Was auf die Bergwanderer romantisch wirkte, wenn sie an der Hütte vorbeikamen, war im Alltag alles andere als romantisch. Wie oft sass der Senn einsam am Tisch, hatte niemanden zum Sprechen ausser seinen Kühen und seinem treuen Hund Bless.

Da nun alle Kühe im Stall versorgt waren, schaute der Senn mit Bless neben sich nochmals besorgt in den Himmel. Hier oben wusste man nie, was so ein Sturm mit sich brachte.

Es ging nicht lange und das Unwetter brach los. Der Wind sauste durch die Berge und jagte die Wolken vor sich her. Der kleine See bäumte sich auf und wurde dunkel. Blitz und Donner folgten einander.

«Die Hölle ist los», murmelte der Senn vor sich hin. Bless lag eng an ihn geschmiegt. Am liebsten hätte der Senn sich mit beiden Händen die Ohren zugehalten. Es war, als ob ein Riese die Berge einzeln schüttelte. Der Sturmriese rannte den Berghang hinunter, machte kurz halt vor der Hütte, hatte Erbarmen und liess sie stehen. Mit dem See aber hatte er kein Erbarmen. Mit seinen Pranken riss er den Seegrund auf und wühlte das Unterste zuoberst. Dann rannte er durch die Wälder dem Dorf zu, wo er viel Schaden anrichtete.

Auch ein Sturm nimmt einmal ein Ende. Die Wolken waren schon lange weitergezogen. Die Sonne zeigte sich wieder und mit ihr ein wunderschöner Regenbogen über der Hütte und dem See.

Mit zitternden Knien kam der Senn vor die Hütte und erwartete eine Verwüstung. Doch die Luft war klar, das Dach der Hütte ganz und die Kühe still.

«Nochmals Glück gehabt», und der Senn schickte seinen Abendsegen übers Tal. Die Adler kreisten wieder über dem See, auch ihr Horst blieb verschont.

Aber was war mit dem See? Vorher klar und rein, war er jetzt dunkel und trübe.

«Das wird sich legen», dachte der Senn. Er brauchte das Wasser des Sees für sich und die Kühe.

Doch das Wasser blieb dunkel und ungeniessbar für Mensch und Tier. Der Brunnen spendete nur wenig Wasser und das musste nun genügen.

Jede Bergregion hat ihren Berggeist. Für die meisten Menschen ist er unsichtbar, und er war es auch für unseren Senn. Er wusste zwar davon, doch daran zu glauben, das war eine andere Sache.

Trübsinnig sass er vor seiner Hütte und starrte zum dunklen See. Bless schlug mit seinem Schwanz nervös auf den Boden. Das hörte der Berggeist und machte sich auf den Weg zum See.

«Sturmriese, da hast du aber schwer gewütet. Wozu soll das gut sein? Ein Schaden für alle Tiere», so sprach der Berggeist zum See und schüttelte den Kopf.

Der See begann sich zu bewegen, zuerst leicht, dann immer heftiger. Es kam tief aus dem Innersten, als ob der See in den Wehen liegen würde und ein Ungeheuer gebären wolle.

«Wer bist du?», wollte der Berggeist wissen.

«Man hat mich jahrelang eingesperrt, nun will ich raus», tönte es aus dem See.

«Wer und was war eingesperrt? Komme raus und zeige dich!», es klang wie ein Befehl vom Berggeist.

Aus der Mitte des Sees stieg eine Wasserfontäne hoch und öffnete sich, heraus stieg die Wasserfee in ihrer ganzen Schönheit.

«Nun bin ich endlich frei. Dank sei dem Sturmriesen und deinem Mut», sagte sie zum Berggeist.

«Ich verstehe immer noch nicht; warum denn ein solcher Sturm?» Der Berggeist konnte sich das alles nicht erklären. Niemand hatte je der Wasserfee etwas zuleide getan oder sie sogar eingesperrt.

«Du hast recht. Ich war es, die sich freiwillig eingeschlossen hat. Nur wer das Gefängnis kennt mit all seinen Einschränkungen, kann die Freiheit erkennen und sie leben.» Lachend schüttelte die Wasserfee ihr langes Haar. Der Bergsee wurde wieder klar und rein.

Manchmal braucht es Erschütterungen bis auf den tiefsten Grund, um aufsteigen zu können in die Schönheit des Lichts.

Frau Amsel und die Katzenmutter

Es war einmal an einem wunderschönen Tag, der Himmel über einer hügeligen Landschaft war blau und klar. Nichts trübte dieses harmonische Bild. Eine wohltuende Stille, die nur vom Summen der Insekten unterbrochen wurde.

Auf einem Baum, auf dem viele Spatzen wohnten, war es erstaunlich still. Man konnte glauben, die Welt halte einen Moment den Atem an, aber leider nur einen kurzen Moment und schon ging das Gezwitscher wieder los.

«Hast du gesehen, die Frau Amsel hat schon wieder ein neues Nest gebaut?», zwitscherte eine Spatzennachbarin einer anderen zu.

«Ja, und hast du gesehen, womit sie es diesmal ausgepolstert hat?», gab die andere ihr zur Antwort.

«Nein, was ist es? Von hier aus kann man es nicht so richtig sehen.» Dabei wäre sie fast aus ihrem Nest gefallen, so weit beugte sie sich hinaus.

«Du wirst es nicht glauben, mit einem Stück Socke. Weiss der Himmel, wo sie den wohl hergenommen hat», spöttelte die andere.

So wäre diese Tratscherei noch lange weitergegangen, wenn nicht etwas ganz anderes die Aufmerksamkeit des geschwätzigen Spatzenvolkes auf sich gezogen hätte. Das gab der armen Amselmutter einen kurzen Moment der Ruhe, um ihr Nest ohne Neider und besserwisserische Ratschläge fertig zu bauen. Warum musste sie auch nur in diesen Baum kommen? Damit hatte das Unglück erst begonnen. Zuerst der Sturm, der ihr fast fertiges Nest herunter wehte. Dann ein Hagelschauer, der das zweite, schon fertige Nest zerlöcherte. Nun hoffte sie, wenigstens dieses mit etwas Glück zu Ende zu bringen. Sie hätte nie geglaubt, dass das Spatzenvolk so neidisch sein könnte. Doch nun konnte sie es nicht mehr ändern. Bald würde sie brüten, es war höchste Zeit für sie. Gut, dass sie einen so hilfreichen Amselmann hatte.

Wie gesagt, die Spatzen waren mit etwas anderem beschäftigt. Diese plötzliche Stille war unnatürlich. Trotz ihrer Arbeit schaute die Amsel auf, wunderte sich, was wohl der Grund dafür sein könnte.

Einen Moment lang stockte ihr der Atem. Eine Katze mit ihrem Jungen im Mund kam direkt auf den Baum zu. Sie suchte nach einem sicheren Ort für ihr Junges. Mit einem Sprung war sie auf dem Baum und bettete ihr Kleines in die unterste Baumgabelung. Vor wem wohl musste die Katzenmutter ihr Junges retten? Dazu noch an einen so unglücklichen Ort. Bekanntlich können Katzen nicht fliegen, ging es der Amselmutter durch den Kopf. Eines war sicher, im Moment hatte diese Katze keine Absicht, Vögel zu fangen, ihr Kleines war ihr wichtiger. Etwas beruhigt, doch sehr aufmerksam, machte sich die Amselmutter an den Bau ihres Nestes, um es endlich zu benutzen.

«Irgendwie sind wir alle Mütter und unsere ganzen Sorgen gelten unseren Jungen», dachte die Amselmutter und gab ihrem Nest den letzten Schliff, auf allfällige Druckstellen achtend.

Die Spatzen hatten sich in den höchsten Baumgipfel verkrochen und beschlossen, dort zu bleiben, bis die Gefahr durch die Katze vorüber war. Zwar lästerten sie weiter, doch das störte nun niemanden mehr. Die Amselmutter hatte ihr Nest fertig und begann zu brüten.

Die Katze putzte ihr Kleines und liess die Gegend keinen Moment aus den Augen.

Der Amselmutter aber liess das Treiben der Katze keine Ruhe. Im Moment kam keine Gefahr von ihr und so nahm sie all ihren Mut zusammen und fragte: «Sagen sie, gute Frau, ist dieser Ort nicht gefährlich für ihr Kind?»

Zuerst reagierte die Katze nicht. Erst nach mehrmaligem Rufen schaute sie zur Amsel, blinzelte und schlug dabei nervös mit ihrem Schwanz. «Sie haben recht, doch im Moment weiss ich keinen besseren Ort.»

«Was ist denn passiert, dass sie hierher kommen mussten?», wollte die Amselmutter wissen.

«Ein Unglück!», bekam sie zur Antwort, «Wir haben ganz plötzlich unser Heim verloren.»

«Och, das tut mir aber leid.» Die Amselmutter meinte das aufrichtig, musste sie doch dreimal mit ihrem Nest beginnen.

«Sie werden bestimmt wieder ein neues Heim finden.» Damit wollte sie der Katze Mut machen. Sie erzählte ihr, was ihr alles passiert war, ganz zu schweigen von all den Intrigen der Spatzen.

«Nein, es wird nicht einfach sein. Ihr Vögel habt es da leichter, ihr findet immer einen Baum. Wir aber brauchen Menschen, die uns lieben und uns in ihr Haus aufnehmen», seufzte die Katze traurig.

Da kehrte der Amselvater zurück. Nach einer kleinen Pause versprach er, sich nach einem geeigneten Haus für die Katze umzusehen.

Es begann schon dunkel zu werden und der Mond und die Sterne zeigten sich am Himmel, als der Amselvater zurückkam.

«Du hast Glück, dort

Richtung Venus findest du ein Bauernhaus. Im Fenster brennt ein Licht. Wie ich mitbekommen habe, wünscht sich dort ein Kind eine Katze, damit es nicht mehr so allein ist.»

Noch in derselben Nacht machte sich die Katze mit ihrem Jungen im Schutze der Dunkelheit auf den Weg zu dem besagten Bauernhaus. Der Stern Venus zeigte ihr den Weg. Am Morgen fanden die Bauersleute eine müde und hungrige Katze mit ihrem Jungen vor ihrer Haustüre. Mit viel Freude wurden beide willkommen geheissen.

Im Palast des Wassergeistes

Es war einmal im Herbst, als sich die Gärten noch einmal in ihrer schönsten Pracht zeigten. Alle mussten nun langsam daran denken, ihre Gärten zu räumen und auf den Winter vorzubereiten. Laub deckte schon hie und da den Boden zu. Spatzen taten sich an den Sonnenblumenkernen gütlich. Die Köpfe der Sonnenblumen neigten sich schwer dem Boden entgegen. Die Igel frassen sich nochmals so richtig die Bäuchlein voll für den Winter.

Die Tage wurden kürzer und Herbststürme jagten durch das Land. Am schönsten war es nun zu Hause in den warmen Stuben. Selten nur lockte die Sonne mit ihrer abnehmenden Wärme nach draussen.

So wagte sich eine Wanderin noch einmal in die Berge; der Tag war schön und vielversprechend, die Weitsicht in die Berge einmalig. Immer höher kletterte sie dem Gipfel entgegen, an einem klaren Bach entlang. Hie und da kam sie an einer Gruppe Bäume vorbei. Menschen begegneten ihr keine mehr. Das war ihr nur recht so, in ihrem Geist jagte ein Gedanke den anderen. Wie viele Menschen in dieser Zeit war auch sie auf der Suche. Sie konnte allerdings nicht so genau sagen, wonach. Hier oben in den Bergen mit der klaren Sicht hoffte sie, eine Antwort zu finden.

«Was wird meine Aufgabe noch sein, wohin führt mich mein Weg?» Sie wusste es beim besten Willen nicht.

Sie hatte nicht mehr auf den Weg geachtet und merkte plötzlich, dass der Bach verschwunden war.

«Komisch, jetzt bin ich doch die ganze Zeit dem Bach entlanggelaufen?» Suchend schaute sie sich um und entdeckte einen kleinen Felsvorsprung. Ihre Neugier war geweckt. Der Bach hatte sie zu einer kleinen Höhle geführt. Gebannt folgte sie ihrem Lauf, musste sich hie und da bücken.

Plötzlich stand sie in einem Felsensaal von einmaliger Schönheit, von einem sonderbaren Licht beleuchtet. Woher das Licht kam, konnte sie nicht feststellen.

Durst liess sie von dem klaren Wasser trinken. Es schmeckte leicht salzig und nach Kräutern aus dem Wald. Ein paar Schlucke schenkten ihr neue Kraft. Erfrischt wollte sie umkehren und zurückgehen.

«Halt, wohin des Weges?», tönte es plötzlich aus dem Felsen.

Erschrocken fuhr sie herum. «Wer ruft mich?», fragte sie zurück, konnte aber niemanden sehen.

«Du bist im Palast des Wassergeistes», tönte es aus dem Felsen, «du wolltest doch eine Frage stellen, oder nicht?» Leises Gelächter ertönte. Komisch, sie spürte keine Angst, im Gegenteil, es wurde ihr sonderbar warm ums Herz und irgendwie fühlte sie sich geborgen.

«Ich wollte nach meinem Weg fragen», sprach die Wanderin zögernd.

«Du bist auf dem richtigen Weg», kam die Antwort aus dem Felsen.

«Aber ich weiss nicht so recht, was ich tun soll?»

«Immer wollt ihr etwas tun, warum lasst ihr es nicht einfach geschehen?», erwiderte der Wassergeist.

«Ja, ich weiss es auch nicht so recht, ich kann es nicht erklären, ich fühle mich irgendwie unsicher», kam es zögernd aus ihr heraus und es verwirrte sie nur noch mehr.

«Geh zurück ins Tal, da wirst du finden, was du suchst. Geh mit offenem Herzen. Suche nicht im Grossen, es ist im Kleinen; das Alltägliche, das ist wichtig. Menschen, die dir begegnen, Tiere, die Natur, alle werden dir den Weg zeigen.»

Damit erlosch das Licht plötzlich und es war dunkel um sie herum. Nur am Lauf des Bächleins entlang konnte sie ein schwaches Licht sehen, das sie wieder nach draussen führte. Es dämmerte bereits. War es möglich, dass sie so lange in dieser Höhle gewesen war?

Mit schnellen Schritten eilte sie ins Tal hinunter. Unterwegs beobachtete sie die Vögel; ein Hase und ein Reh huschten an ihr vorbei. Im Tal unten brannten bereits die ersten Lichter, als sie zu ihrem Haus kam. Vor der Tür huschte ein Igel an ihr vorbei in den Garten. Die Sonnenblumen, die am Morgen noch die Köpfe fast am Boden hatten, konnten ihre Körner loslassen und ihre Köpfe wieder erheben. Von dem Moment an, als sie mit offenen Augen und leichtem Herzen durch den Tag gehen konnte, öffneten sich immer wieder neue Türen und gewährten ihr Einblick in neue Welten.

Die Wolke und die Kräuterfrau in den Bergen

Es war einmal an einem sommerlich warmen Tag eine Bergstrasse, die durch dichte Wälder führte. Man hörte nur das Summen der Insekten. Eine Wanderin marschierte schon eine geraume Zeit dem Berggipfel zu, dankbar für den kühlen Schatten im Wald. Sie kam vom See herauf und wollte zu der Kräuterfrau in der Berghütte.

Auf ihrem Weg kam sie durch ein schmales Dorf mit Gärten, in denen es mit überschwänglicher Pracht blühte. Da wurde sie auf eine aussergewöhnliche Sonnenblume aufmerksam. Diese neigte ihre Blüte leicht zu ihr: «Wohin des Weges?»

Die Wanderin schaute sich nach einer Gärtnerin um, aber weit und breit war niemand zu sehen.

«Die Sonnenblume muss zu mir gesprochen haben», stellte sie mit Erstaunen fest.

«Ja richtig, ich spreche mit dir. Was suchst du hier oben?»

«Die alte Kräuterfrau in der Berghütte», antwortete sie.

«Wofür willst du diesen beschwerlichen Weg machen?», wollte die Sonnenblume wissen.

«Ach, ich habe so viele Fragen, Sorgen und Ängste, vielleicht kann sie mir helfen», seufzte die Wanderin.

«Es ist doch immer dasselbe mit euch Menschenkindern. Ihr sucht so weit und dabei liegt alles so nah, ich würde sagen, vor euren Füssen. Nur, ihr tretet immer wieder darauf und merkt es nicht», dabei schüttelte sie ihr Blütenhaupt leicht.

Verlegen schaute die Wanderin zu ihren Füssen, sah aber nichts anderes als den Weg.

«Schau genau hin, was siehst du?»

«Steine, ein paar Grasbüschel, einige Pflänzchen und eine kleine Margerite. Da, noch einen schillernden Käfer», zählte die Wanderin auf. «Eigentlich nichts Besonderes!»

«Ja, wie wollt ihr das Grosse erkennen, wenn ihr die Grossartigkeit im Kleinen nicht seht?»

Etwas ungehalten wollte sie der Sonnenblume antworten, von wegen Menschenleben und Mühseligkeiten. Doch in diesem Moment wurde diese von einer Biene besucht und schien die Wanderin vergessen zu haben. So ging die Wanderin weiter der Berghütte entgegen, in der Hoffnung auf Rat und Hilfe. Müde und erhitzt kam sie dort an und fand sie verschlossen. Den Tränen nahe setzte sie sich auf die Bank, derweil der Brunnen plätscherte, sein altes Lied von Treue und Leid sang. Doch die Wanderin hörte ihn nicht.

Ein Schatten huschte vorbei, sie hob den Kopf und sah nur eine Wolke. «Komm mit mir, ich zeig dir die Welt», lachte ihr die Wolke zu. Ehe sie antworten konnte, wurde sie mitgenommen. Der Wanderin wurde es schwindlig und flau im Magen. Sie hatte Angst hinunterzuschauen. «He, wo ist dein Vertrauen? Weisst du denn nicht, dass dir nichts passieren kann, wenn du es nicht willst?», spöttelte die Wolke.

«Was soll das heissen? So ein Wolkenflug ist nichts Alltägliches. Dazu noch so überraschend und ohne Vorbereitung.»

Die Wolke schüttelte sich vor Lachen, dabei schaukelte sie bedenklich.

«He, pass auf, ich bin nicht schwindelfrei!», rief die Wanderin.

«Keine Angst, du fällst schon nicht runter. Schau dich um, ich zeige dir, wie schön die Welt sein kann, wenn …»

«Ja was, wenn?», wollte sie wissen.

«Wenn man sich wieder erinnert, wer man ist und was man in diesem Erdenleben zu tun hat.»

Genau das war der Punkt. «Wer bin ich und warum bin ich hier?» Das wollte sie die alte Kräuterfrau fragen.

«Öffne deine Herzenstüre und horche in dich hinein, dann stell deine Fragen. Vermutlich wirst du deine Antworten dort bekommen, wo du sie am wenigsten erwartest», tönte es sehr weise von der Wolke.

Die Wanderin schaute nun über den Wolkenrand und sah Menschen gestresst hin- und herrennen, daneben die wunderbare Natur. Sie schaute und schaute.

Die Steine, die sie mit Füssen trat, die Grasbüschel, die zufrieden am Wegrand standen. Der kleine Käfer, der emsig seinen Weg ging, zufrieden, ein Käfer zu sein und nichts anderes. Dann wieder die unzufriedenen Menschen; die so viel hatten und doch nicht genug sahen.

«Sei du selbst, liebe dich wie du bist und liebe das Leben, Lichtträgerin. Eine wichtige Aufgabe in dieser dunklen Zeit.»

Sanft setzte sie die Wolke vor der Hütte ab, sie war nun offen. Herzlich wurde sie von der Kräuterfrau begrüsst, die ihr eine Tasse Kräutertee überreichte.

«Die Berge werden dir immer die Energie geben, die du brauchst, wenn du sie darum bittest. Vergiss nicht, die Sonne zu begrüssen, wenn sie aufgeht, bedanke dich bei ihr für den Tag, wenn sie untergeht. Stimme dich ein in die Natur und es wird dir an nichts fehlen.»

Mit vollem Herzen kam die Wanderin zum See zurück. Zufrieden mit dem, was sie war: ein Licht in der Dunkelheit.

Kater Theophil und der Pfarrer

Es war einmal an einem Meeresstrand.
Der Himmel leuchtete in einem dunklen Blau. Die Felsen schimmerten weiss. Eine bleierne Hitze lag über dem Ort und es herrschte eine tiefe Stille. Menschen wie Tiere suchten Kühlung im Schatten der Bäume oder in ihren Häusern. Siesta, wie alle Tage, und doch war dieser Tag anders.
Hätte man jemanden danach gefragt, er hätte es nicht beschreiben können. Etwas Unbekanntes lag in der Luft. Auf der Insel traf man nur wenige Bäume an und den Hügel im Innern der Insel konnte man kaum einen Berg nennen. Doch die Einheimischen sprachen liebevoll von ihrem Berg und bezeichneten die Bäume am Fusse des Hügels als Wald. Auf dem Hügel hatte man vor vielen Jahren aus Dankbarkeit für die Rettung von Seeleuten eine Kapelle gebaut. Ganz genau wusste es niemand mehr, es war viel zu lange her.

Bei der Kapelle lebte der Pfarrer allein in einem sehr bescheidenen Nebengebäude, wenn man nicht auch seinen Kater Theophil und seinen Hund Pluto mitrechnen wollte.

Wenn ein Mensch so viel allein ist, wie dieser Pfarrer, kann es passieren, dass er mit seinen Haustieren Gespräche führt.

So war der Pfarrer es gewohnt, seine sonntägliche Predigt zuerst Theophil und Pluto vorzulesen.

Meistens schlief Pluto dabei ein und schnarchte leise vor sich hin. Nicht so Theophil, bei dem hatte man eher den Eindruck von Interesse. Vor allem, wenn der Pfarrer beim Lesen ins Stocken geriet, kam ein klägliches Miauen von Theophil.

Wieder einmal sass der Pfarrer vor seiner Predigt. Schweiss lief ihm den Rücken hinunter. Nicht nur, weil es ausnehmend heiss war, nein, auch das Thema brachte ihn zum Schwitzen. «Gibt es ein Leben nach dem Tod?» Alles wäre ihm lieber gewesen als das. Doch einer seiner treuesten Kirchgänger und grosszügigsten Spender lag schwer krank in seinem kühlen Herrschaftshaus. Er hatte ihm, dem Seelsorger, am selben Morgen diese Frage gestellt und wollte bis Sonntag, der in drei Tagen war, eine Antwort, und zwar in der Kirche vor der ganzen Gemeinde. Verzweifelt rang der Pfarrer nach Worten. Er schrieb und strich wieder durch, es wollte kein vernünftiger Satz gelingen.

«Wie soll man das wissen, es ist ja noch nie einer zurückgekehrt!», seufzte er.

«Bist du dir da so sicher?», tönte es hinter ihm.

Erschrocken drehte er sich um. Keine Menschenseele war zu sehen.

Er warf einen Blick auf das Kreuz mit Jesus.

«Ich träume. Das kommt davon, wenn man sich alte Filme von Don Camillo und Peppone anschaut», dachte der Pfarrer.

«Wer sagt, du seist ein Don Camillo?», kam wieder die Stimme aus dem Hintergrund.

«Da muss sich jemand einen bösen Scherz erlauben!»

Wütend stand der Pfarrer auf und rannte durch die Tür nach draussen. Es war Siesta, keine Menschenseele unterwegs, es war viel zu heiss.

Er setzte sich wieder an den Tisch und las, was er geschrieben und wieder durchgestrichen hatte.

«Was macht dich so nervös? Das Thema sollte dich doch schon lange interessieren!»

Dem Pfarrer lief es kalt den Rücken herunter und sämtliche Haare standen ihm zu Berge. Nur gut, dass er allein war und niemand von seiner kleinen Gemeinde hören und sehen konnte, was hier vor sich ging.

«Statt hinter meinem Rücken Fragen zu stellen, zeige dich. Ich will dich sehen und dir in die Augen schauen!» Der Pfarrer kam richtig in Rage.

«Beruhige dich, ich liege schon die ganze Zeit zu deinen Füssen!»

Kater Theophil streckte sich und suchte einen kühleren Platz.

«Du, Theophil, du sprichst mit mir?», fragte der Pfarrer überwältigt.

«Natürlich, wer denn sonst? Pluto schläft wie immer, interessiert sich nur für sein Fressen.»

«Was weisst du denn schon von einem Leben nach dem Tod?», fragte ihn der Pfarrer etwas verächtlich.

«Die Arroganz von euch Menschen ist wirklich grenzenlos», schnaubte der Kater.

Der Pfarrer drehte den Bleistift in seinen Händen. Es fiel ihm nicht das Gering-

ste ein. Zudem irritierte ihn der Kater. Das hatte ja gerade noch gefehlt, dass der Kater auch noch seine Gedanken lesen konnte!

«Na gut, mein so gescheiter Herr und Gebieter, sag mir, woher kommen wir, wenn wir geboren werden?», wollte der Kater wissen.

«Aus dem Mutterleib natürlich.»

«Ach so und wie kommen wir da hinein?»

«Natürlich durch Zeugung, so wie bei deinen Jungen auch.» Der Pfarrer hatte Mühe mit diesem Gespräch.

«Und die Seele, woher kommt die und wohin geht sie, wenn wir unseren Körper verlassen?» Der Kater liess nicht nach und trieb den Pfarrer in die Enge. «Es steht doch alles in deinem Buch, das du täglich in deinen Händen hältst.»

Ganz langsam dämmerte es dem Pfarrer. Ohne auf den Kater zu achten, ging er vor das Haus und schaute hinunter zum Meer. Die Wellen kamen und gingen. Vor seinen Füssen lag ein toter Vogel.

«Wo ist wohl deine Seele hingeflogen?», fragte sich der Pfarrer und schaute zum Himmel.

Eine tiefe Ruhe überkam ihn.

«Gibt es ein Leben nach dem Tod? – Ja!»

Er war sich mit einem Mal ganz sicher, dass wir alle in unsere geistige Heimat zurückkehren werden.

Auf den Wellen tanzten kleine Lichter, die Sonnenstrahlen holten sie sich zurück.

«So wird unsere Rückreise sein, auf einem Lichtstrahl», dachte er bei sich.

Eine leichte Brise vom Meer brachte Kühlung. Er wusste nun, was er am Sonntag predigen würde. Der Kater Theophil schnurrte zufrieden zu seinen Füssen.

Larissa und der Stein

Es war einmal ein kleines Mädchen namens Larissa an einem Strand, wo das Meer glasklar ans Ufer rollte.

Verträumt schaute es aufs Meer und wünschte sich eine Wasserelfe.

Der Morgen liess die Wellen glitzern. Wenn man genau hinschaute, und das tat Larissa, dann konnte man wirklich etwas Durchsichtiges auf den Wellen tanzen sehen. Immer wieder kam Larissa am frühen Morgen zum Strand und schaute staunend auf die Wellen. Sie war sich sicher, dass sie eines Tages eine Wasserelfe sehen konnte. Doch die Erwachsenen sahen

gar nichts und taten Larissas Beobachtungen als kindliche Fantasie ab. So konnte Larissa mit niemandem darüber reden.

Wieder einmal stand sie am frühen Morgen am Strand und seufzte tief: «Wenn ich doch nur mit den Wasserelfen sprechen könnte.»

Da war es, als ob diese tanzenden Elfen näherkämen.

«Du willst schon lange mit uns sprechen? Wir beobachten dich schon einige Zeit und kennen auch deine Wünsche», sagte eine der Elfen.

«Wunderbar, ich höre dich und nun kann ich dich auch noch besser sehen. Wie schön du bist», erwiderte Larissa voller Bewunderung.

Die Wasserelfe lächelte, sie alle liebten Larissa und wollten ihr schon lange mit einem Geschenk eine Freude machen. Sie hatten gut überlegt, was es sein sollte. Weil Larissa so ein reines Herz hatte, beschlossen sie, Larissa in die Grube der blauen Steine zu führen.

«Hör zu, Larissa, kennst du den Weg dort am Hügel, der zur kleinen Talsenke führt? Wenn man dort ganz still ist und gut hinschaut, trifft man hie und da die kleinen Häschen. Geh zu ihnen, sie haben etwas für dich.»

Bevor Larissa weitere Fragen stellen konnte, waren die Elfen fort und man sah nur die Wellen in der Sonne glitzern. Natürlich kannte sie den Weg ins Tal, einem heissen Ort ohne auch nur den geringsten Schatten. Doch am Morgen war es noch angenehm kühl. Sie beeilte sich, bevor es heiss wurde. Sie verabschiedete sich von den Wellen, die Elfen waren nicht mehr zu sehen, und rannte in die Talsenke. Noch nie hatte sie dort einen Hasen gesehen. Eigentlich kam sie auch sehr selten hierher, es war viel zu heiss. Eine stille, von verschiedenen Pflanzen überwachsene Gegend, nichts Besonderes. Still sass Larissa da und wartete, ob sich etwas bewege.

Nur das Summen der Insekten war zu hören, hie und da ein Vogelschrei.

Da, ein kleiner wunderschöner Schmetterling, er kam näher, ging von einer Blume zur anderen und flog plötzlich auf ihr Sommerkleid.

«Guten Morgen, auf wen wartest du denn?», fragte er Larissa und putzte sich langsam die Flügel.

«Oh, du kannst auch sprechen?» wunderte sich Larissa.

«Natürlich, wir können alle sprechen, doch nur ganz wenige Menschen können uns hören», gab er zur Antwort. «Also, was suchst du?»

Larissas Augen wurden immer grösser; welch ein Glück sie heute doch hatte! Zuerst traf sie die Elfen und nun den Schmetterling. «Hm, eigentlich suche ich die kleinen Hasen. Die Elfe hat mir gesagt, sie hätten etwas für mich».

«Komm, ich fliege voraus und zeige dir, wo sie wohnen, doch sei leise, sonst erschrecken sie. Sie sind die Menschen nicht gewohnt.»

Behutsam ging sie hinter dem Schmetterling her, bis sie zu einem kleinen Felsvorsprung kamen, der mit Pflanzen überwachsen war. Man sah ihn kaum.

«Hier unter dem Felsen wohnen sie. Warte, ich sag ihnen Bescheid.»

Es dauerte nicht lange, bis ein Häschen vorsichtig seine Nase herausstreckte und Larissa aufmerksam beobachtete.

«Also du bist Larissa. Die Elfen haben uns von dir erzählt. Du kommst den blauen Stein holen.»

Das Häschen verschwand und legte bald darauf einen wunderschönen blauen Stein vor Larissas Füsse.

«Das ist das Geschenk der Elfen», und schon war das Häschen wieder verschwunden.

Behutsam nahm Larissa den Stein in die Hand. Voller Freude brachte sie ihn ihrem Vater. Jetzt musste er glauben, dass es Elfen gab! Der Stein war der Beweis. Doch oh weh, schon bald kamen Leute und gruben beim Felsvorsprung nach weiteren Steinen. Die Häschen flohen entsetzt und mussten eine andere Bleibe suchen.

Man fand viele weitere von den schönen blauen Steinen. Sie wurden in alle Länder verschickt. Dort liebten die Menschen diesen Stein und trugen ihn als Schmuck. Eines Tages aber würde die Grube wohl ausgebeutet sein.

Der Stein bekam den Namen Larimar. Die Wasserelfen aber zeigten sich nicht mehr.

Den Larimar gibt es tatsächlich. Man findet ihn vor allem in der Dominikanischen Republik. Alle, die einen Larimar in Händen halten: bedankt euch bei den Wasserelfen von den dominikanischen Inseln. Sie sind ein Geschenk von ihnen!

Liebe und Geborgenheit

Es war einmal ein altes Holzhaus in einer Bergregion, nahe einem Wald, am Lauf eines Baches. Ein tiefes Dach bot Schutz vor Sonne, Wind und Regen. Die Blumen vor den Fenstern wurden emsig von den Bienen besucht. Eine göttliche Ruhe lag über dieser Gegend. Im Garten arbeitete die Bäuerin im stummen Gespräch mit den Pflanzen vertieft. Unter dem Dach plätscherte das Wasser im Brunnen und sang das Lied von seinen Reisen, Sorgen und den Nöten der Tiere und der Pflanzenwelt in den Bergen. Oft zogen heftige Gewitter und Stürme über die Berge ins Tal hinab und brachten Verwüstung und auch Unglück mit sich.

Wieder einmal war ein Sturm im Anzug. Das Wasser vom Brunnen war lauter als sonst und liess die Bäuerin aufhorchen.

«Mach die Scheune bereit für die Schafe aus den Bergen», tönte es vom Brunnen her.

Seufzend legte sie ihr Gartenwerkzeug beiseite. Schafe, was sollte sie mit Schafen? Sie hatte ja gar kein Heu und Stroh. Die Scheune stand schon lange leer und wurde selten gebraucht.

Nur mühsam liess sich das Tor öffnen. Eine Schar Mäuse ergriff die Flucht, drinnen herrschte gähnende Leere.

Schon hörte man Donnerrollen, der Wind kam auf und wirbelte den Staub durch die Scheune.

«So sei es denn, lass die Schafe kommen. Wenn sie einmal da sind, werde ich schon wissen, was zu tun ist.»

Vorsichtshalber schloss die Bäuerin alle Fensterläden. Es schien einen heftigen Sturm zu geben. Die Schwalben flogen in Scharen unters Dach. Die Bäume beugten sich dem Sturm. Alles was lose herumlag, flog durch die Luft. Die Bäuerin wartete unter der Küchentüre, sie hörte nur den Sturm und den Donner. Da, durch den Wald ertönte Hundegebell. Dann sah sie die Schafe. Sicher führte sie der Hund in die Scheune.

«Mein Gott, wie viele Schafe es wohl sind? Ob sie auch alle Platz haben in der Scheune?», murmelte sie mit immer grösser werdenden Augen. Ihre Frage wurde dadurch beantwortet, dass sich alle Tiere, eines nach dem anderen, friedlich und ohne Hast in die Scheune drängten.

Die Bäuerin wurde von den Schafen umringt. Sie musste oder konnte nichts tun. Der Hund kannte seine Aufgabe und brachte die ganze Herde sicher unters Dach. Am Schluss folgte der Hirte mit einem Lamm auf dem Arm und dem Muttertier an seiner Seite.

Die ersten Regentropfen fielen mit ungewohnter Heftigkeit, aber alle waren nun in Sicherheit, müde und erschöpft, Mensch wie Tier, glücklich, dem Sturm nicht mehr trotzen zu müssen. Auch der Hund war zufrieden und der Hirte setzte sich auf die Bank.

Nun kam wieder Leben in die Bäuerin.

«Zuerst bekommt der Hund Wasser und die Reste vom Mittag», und sie setzte ihm eine Schüssel vor. Zum Hirten sagte sie: «Kommen sie in die Küche, ein Stück Brot und Käse, dazu einen heissen Kaffee, das wird ihnen guttun.»

Beide sassen sie in der Küche.

«Die Stürme werden immer heftiger», meinte der Hirte. «Danke, dass sie uns aufgenommen haben.»

«Was brauchen die Schafe?», fragte die Bäuerin etwas hilflos.

«Im Moment nichts. Morgen geht es wieder weiter, auf die Weide. Die Tiere sorgen für sich selbst, auch für das Lamm ist gesorgt. Alles, was sie brauchen, ist Schutz und ein trockener Platz.»

So ging auch dieser Sturm vorbei und ein sonniger Morgen begrüsste sie alle am nächsten Tag.

Der Hirte zog mit seiner Herde weiter. Der Hund strich der Bäuerin noch schnell um die Beine, bevor er die Herde zur nächsten Weide trieb. Im Haus wurde es wieder still; die Bienen summten und das Wasser im Brunnen sang leise vor sich hin.

«Was mir wohl der nächste Sturm bringen wird?», dachte die Bäuerin, während sie im Garten wegräumte, was das Unwetter hinterlassen hatte.

Der nächste Gewittersturm brachte ihr zwei verängstigte Kinder, bis auf die Haut durchnässt, am ganzen Leib zitternd.

«Wo kommt ihr her?», wollte die Bäuerin wissen. Die Kinder zeigten zum Wald.

«Ja, und eure Eltern?»

Wieder zeigten sie zum Wald. Die Bäuerin vermutete Flüchtlinge, die ihre Kinder schickten, damit wenigstens ihnen nichts passierte. Sie selbst blieben lieber im Wald, als weggeschickt zu werden; wenn nur die Kinder in Sicherheit waren.

Die Bäuerin leuchtete mit der Laterne, ein Zeichen, dass auch die Eltern kommen sollten.

Es waren viele, still gingen sie in die Scheune, dankbar, ein Dach über dem Kopf zu haben.

Am anderen Morgen herrschte ein emsiges Treiben in der Küche, um all die hungernden Mäuler zu füttern. Auch diesmal gab es genug für alle. Es war wie ein Wunder.

Die Leute zogen wieder weiter, wohin, wusste die Bäuerin nicht.

Wieder stand das Haus leer. Ruhe und Frieden gaben Kraft für den nächsten Sturm.

Im Garten gedieh trotz allem alles gut und üppig. Die Bäuerin wusste nun wohl, dass es immer genug für alle haben würde, die den Weg zu diesem Haus fanden.

Eine tiefe Dankbarkeit und ein grosser Frieden erfüllte ihr Herz.

Bald darauf erzählte der Brunnen von Rehen und einem harten Winter. Die Bäuerin liess die Scheune mit Heu und Stroh füllen. Diesmal wollte sie vorbereitet sein.

So wurde die Scheune ein wunderbarer Zufluchtsort. Die Kunde ging von Mund zu Mund, dass es einen Ort der

Geborgenheit für Menschen und Tiere gäbe.

Im Dorf aber schüttelten alle mitleidig die Köpfe über die schrullige Alte dort oben am Waldrand in dem alten Holzbauernhof.

Jahre vergingen, und nun brauchte die alte Bäuerin selbst Hilfe.

Eines Tages stand der Hirte mit seinem Hund vor der Türe und brachte ihr die Hilfe, es war seine junge Frau.

Nun war sie es, welche die Scheune für die Notleidenden öffnete.

Die Alte fand Ruhe und Geborgenheit in der jungen Familie, mitten unter den Schafen im Winter und fröhlichem Kinderlachen das ganze Jahr hindurch.

Mara das Kind aus dem Meer

Es war einmal auf einer Insel im Mittelmeer. Juan, der Ziegenhirte, war der Älteste, aber auch der Lustigste des Dorfes. Als er noch jung war, tanzte keiner so gut wie er, woran er sich noch immer gerne erinnerte.

An jenem Abend stand er wie jeden Abend am Strand und schaute über das Meer. «Hört ihr das Meer? Wild ist es, ganz wild.» Verträumt beobachtete er die Wellen.

Aus dem Haus hörte man eine Frau singen. Juan ging zum Haus hinauf, um nachzusehen, ob José schon da war. Von Weitem hörte er schon, wie dessen Frau Pepa sang: «El cabrito tiene sueno…»

«Mää!»

«Ja, Rugeta, ja, ja, hab' doch keine Angst. Ich gebe dir dein Junges schon wieder zurück. Aber lass es mich ein wenig streicheln.»

«Mää…»

«Wie schön es doch ist, ganz weiss.»

«Mää…»

«Schau doch, du hast doch schon so viele Kinder geboren und ich kein einziges. Ach, immer habe ich mir ein Kind gewünscht, aber der Herrgott hat es nicht gewollt. Geh in den Stall Rugeta, es ist gut, sich auszuruhen, wenn man ein Junges zur Welt gebracht hat. Geh, ruhe dich aus.»

«Mää…»

So wiegte Pepa das frisch geborene Zicklein ganz vertieft in ihren Armen.

Da kam José nach Hause und sah Pepa im Stall. «Aber Pepa, du singst für ein Zicklein, als wäre es dein eigenes Kind», und er schüttelte den Kopf.

«Oh ja, José, jedes Mal, wenn Rugeta ein Junges bekommt, kommt bei mir der Wunsch nach einem Kind zurück.»

«Aber Pepa, wir sind schon alt und doch glücklich, oder nicht?»

«Ja, José, du hast recht. Warte, ich mach dir dein Essen», antwortete Pepa und eilte in die Küche.

«Das eilt nicht, Pepa, ich muss noch einmal zum Strand und helfen, die Boote an Land zu ziehen. Ich glaube, heute Nacht kommt noch ein Sturm. Ich bin bald zurück», und er eilte davon.

«Gut José, bis gleich.»

«Mää...»

«Komm mein kleines Zicklein, schlaf jetzt bei deiner Mutter», damit legte Pepa das kleine Tier sanft neben Rugeta.

José hatte zwei schöne grosse Fische gebracht, sie wollte sie mit Zwiebeln und Tomaten braten.

Nun kam Juan herein und fragte nach José.

«Er musste noch einmal zum Strand und helfen, die Boote an Land zu ziehen», bekam er zur Antwort.

«Eine seltsame Nacht, der Mond ist schmal wie eine Sichel und das Meer tobt. Ich habe so das Gefühl, als ob heute Nacht noch etwas geschieht, etwas Eigenartiges», meinte Juan, drehte sich um und ging zu seinen Ziegen, um nachzusehen, ob alles in Ordnung sei.

«Gute Nacht», rief ihm Pepa nach. «Ach, der alte Juan glaubt immer, dass irgend etwas passiert. Er ist schon sehr alt, fast so alt wie das Meer!», dachte sie und bereitete das Nachtessen für José.

«Pepa, Pepa, ich habe etwas für dich, komm schnell, ich bringe dir ein Geschenk.» Ganz aufgeregt stürmte José in die Küche und legte eine riesengrosse Muschel auf den Tisch, die grösste Muschel, die er je gesehen hatte.

«Mein Gott, die ist ja riesig», rief Pepa aus.

José erzählte, dass plötzlich eine grosse Welle gekommen sei, als er die Boote an Land gezogen habe und ihm diese Muschel direkt vor die Füsse geworfen habe.

«Vielleicht ist eine Perle drin, wäre das nicht wunderbar?»

«Dann wären wir zwei auf einmal reich», meinte Pepa begeistert.

«Ach Pepa, wir sind doch zufrieden und brauchen kein Silber und kein Gold und auch keine Perle um glücklich zu sein.»

Pepa zupfte José am Arm: «Hast du das gehört?» José verneinte. «Die Muschel klingt als ob ...!»

«Pepa, das ist doch das Meeresrauschen, was du da hörst», beruhigte Jose seine Frau.

«Nein, nein José, hör doch, da ist etwas drin!»

Tatsächlich, nun hörte es auch José und holte etwas, um die Muschel zu öffnen.

«Mein Gott, da ist ja ein Kind», rief José, als er die Muschel geöffnet hatte. Pepa war ausser sich vor Freude, begeistert rief sie: «Ein Kind – mein Kind, ein kleines Mädchen, das möchte ich behalten und aufziehen, unser Kind!»

José war es gar nicht wohl: «Ich weiss nicht Pepa, aber das kommt mir sehr unheimlich vor.»

Aber Pepa war nicht mehr zu bremsen. «Da ist nichts Unheimliches, es ist ein Kind. Schaff die Muschel weg und hol mir ein Körbchen. Wir wollen ihm eine Wiege machen. Lauf José! Schau, es ist voller Algen, ich muss es waschen und anziehen!»

Pepa war ausser sich vor Freude. «Das Meer hat uns dieses Kind geschenkt, wir wollen es «Mara» taufen. Lauf ins Dorf, hol den Priester und lade alle Nachbarn ein. Noch heute Nacht soll es getauft werden!»

José rannte ins Dorf, er wusste nicht mehr, wo ihm der Kopf sass.

In der Zwischenzeit, beim Waschen von Mara, sang ihr Pepa das alte Wiegenlied vor: «Esta Nina tiene sueño, su mama le quiera mucho, su Padre va a comprar un dulce de cucurucho. La Nana nanita Nana.»

So verging die Zeit und Mara wuchs zu einem grossen Mädchen heran. Wieder einmal stand Juan am Meer und sagte allen, die es hören wollten:

«Hört ihr das Meer? Wieder ist es wild wie damals vor zehn Jahren, als Mara aus der Muschel geboren wurde. Wie doch die Zeit vergeht; und ich bin immer noch rüstig und lustig wie damals», dabei kicherte er vor sich hin.

Immer wieder warnte Juan die Eltern von Mara: «Lasst das Kind nicht allein zum Meer gehen. Man weiss nie, ob sich das Meer nicht eines Tages zurückholt, was es gegeben hat. Ich kenne das Meer, ich kenne es sehr gut.»

Mara durfte an ihrem zehnten Geburtstag ihre Freundinnen einladen. Sie bedankte sich bei Juana und Francisca für die Geschenke. Ihre Mutter hatte ihr für diesen Tag ein neues Kleid genäht. Auch bekam sie einen Kanarienvogel, der fröhlich vor sich hin trillerte. Sie hatten es alle lustig.

«Ich behalte noch ein Stück Kuchen für Pedro», sagte Mara.

Die Mutter war erstaunt. «Er ist noch bei den Fischern.»

«Aber er kommt bestimmt. Er hat es mir versprochen.»

Die Mutter versorgte die Ziegen, dann wollte sie noch ins Dorf. «Lass es nicht spät werden», mahnte sie noch.

Pedro, der Junge des Nachbarn, war Maras Freund. Er hatte sich selbst eine Flöte geschnitzt und darauf spielte er fast den ganzen Tag. So hörte sie ihn auch kommen, versteckte sich aber, um ihn zu erschrecken.

«Alles Gute zum Geburtstag, es tut mir leid, dass ich nicht früher kommen konnte, wir hatten viel Wind und Mühe mit den Booten.»

Sie erzählte ihm von ihrem Fest, den Geschenken und dem Kanarienvogel, den sie von ihren Eltern bekommen hatte.

«Ich habe für dich auch ein Geschenk», Pedro tat sehr geheimnisvoll, «schau, was ich gefunden habe!»

«Eine Perle, die ist wunderschön», rief Mara aus und strahlte Pedro an. «Verliere sie nie», mahnte Pedro.

«Sicher nicht, ich werde sie immer tragen.»

Ein Fischer habe zu Pedro gesagt, eine solche Perle sei ein Geschenk vom Meereskönig, so erzählte ihr Pedro. Mara glaubte nicht an einen Meereskönig und wollte wissen, wo er sie gefunden hatte. Sie habe in einer Koralle gesteckt, erwiderte ihr Pedro.

«Komisch, vor ein paar Tagen hatte ich einen Traum. Ich bin zum Strand hinuntergelaufen, plötzlich tat sich das Meer auf und eine Treppe führte in die Tiefe. Es war wunderbar dort unten», schwärmte Mara.

«Hattest du keine Angst?», fragte Pedro erstaunt.

«Natürlich nicht. Es war ja nur ein Traum. Zudem lassen mich meine Eltern nicht zum Meer. Es sei nicht gut für meine Gesundheit.»

Mara war darüber ganz unglücklich, sie wünschte sich so sehr, einmal im Meer zu baden.

Pedro war erstaunt: «Das Meer ist gesund und gar nicht so kalt, wie man immer erzählt.»

So beschlossen die beiden, dass Pedro ihr am Sonntag das Meer zeige und ihr auch das Schwimmen beibringe. Natürlich durfte niemand etwas davon wissen. Sie verabschiedeten sich und Pedro spielte ein ganz spezielles Lied auf seiner Flöte, das nur für Mara bestimmt war.

«Wie das Meer heute rauscht. Eines Tages werde ich das Meer kennenlernen», dachte Mara. Sie hatte oft das Gefühl, als ob das Meer sie riefe, wie an jenem Abend.

«Ich komme!», rief Mara plötzlich und rannte zum Strand hinunter.

Wieder einmal stand Pedro am Meer.

«Hört ihr das Flötenspiel von Pedro? Er sitzt jeden Abend am Strand und spielt auf seiner Flöte. Er glaubt, dass Mara im Meer ist und sein Flötenspiel hören kann und sie eines Tages wieder zurückbringen wird.»

Es waren nun sieben Jahre vergangen, seit Mara verschwunden war.

Unterdessen wurde Mara zur Seejungfrau und vergnügte sich mit ihrem Freund, dem Delfin. Eben schenkte er ihr ein wunderschönes Stück Koralle, dabei begrüsste er sie herzlich und forderte sie auf, doch mit ihm in den Korallenwald zu kommen, wo Tausende von Fischen spielten.

Neben Mara blubberte es; es war der alte Tintenfisch. «Kommst du mit uns zu den Korallen?», wurde er gefragt.

«Sehr gerne, Mara, nur, ich habe Schmerzen in meinen Beinen. Ich glaube, ich habe Rheuma.»

Mara lachte laut auf, das wundere sie nicht, er habe ja zwei Knoten in seine Beine gemacht.

«Zwei Knoten! Ja, du hast recht. Ich glaube, ich machte sie, um etwas nicht zu vergessen!»

«Aber warum gerade zwei?», fragte Mara erstaunt.

«Einen, um etwas nicht zu vergessen, den zweiten, um nicht zu vergessen, warum ich den ersten gemacht habe! Ach Mara, du bist so gut zu mir, einem so alten Tintenfisch. Oh, was für eine schöne Koralle du hast.»

«Die hat mir der Delfin geschenkt. Kannst du sie für mich aufbewahren?» Natürlich machte der Tintenfisch das. Er schaute ihr nach. Dabei dachte er bei sich, dass er eine so schöne Seejungfrau noch nie gesehen hatte. Da kam der hässlichste und unsympathischste Karpfen daher, den man sich denken kann und fragte den Tintenfisch, ob er Mara gesehen habe. Sie sei mit dem Delfin im Korallenwald, bekam er zur Antwort. «Und dieses Stück Koralle?», wollte der Karpfen wissen.

«Das ist ein Geschenk vom Delfin an die Seejungfrau. Überhaupt, bin ich eigentlich ein Informationsbüro?», ärgerte sich der Tintenfisch.

Der Karpfen war empört; es gefiel ihm gar nicht, dass Mara immer mit diesem Vagabunden zusammen war.

«Warum denn nicht?», meinte der Tintenfisch, «sie passen gut zusammen.»

Das käme nicht infrage, er, der Karpfen, werde sie nämlich demnächst heiraten, verkündete der Unsympathische.

«Weiss Mara das schon?» Der Tintenfisch kam nicht aus dem Staunen. Das sei unwichtig, meinte der Karpfen, Mara könne froh sein, einen so exzellenten Mann zu bekommen, wie er einer sei. Denn er sei die rechte Hand vom Meeresgott.

«Was für ein arroganter Typ! Mara, die schönste Seejungfrau – da wäre es ja besser, sie heiratet mich, als diesen aufgeblasenen, überheblichen Typen», ärgerte sich der Tintenfisch.

Unterdessen bat Mara den Delfin, eine Pause zu machen. Das Spiel hatte sie ermüdet. Der Delfin lobte ihre Schwimmkünste.

Plötzlich hörte man wieder das Flötenspiel von Pedro. «Das ist mein Freund, ich glaube, es ist spät, ich muss zurück. Es war schön mit euch allen, aber nun muss ich zurück.»

«Zurück? Du kannst nicht mehr zurück», sagte der Delfin.

«Warum nicht? Ich habe stundenlang mit euch gespielt, nun ist es genug.»

«Liebe Mara, hier im Meer ist eine Stunde mehr als ein Jahr auf Erden. Du bist schon sieben Jahre hier.»

«Das kann nicht wahr sein!» Mara war entsetzt: «Meine armen Eltern, sie müssen verzweifelt sein. Delfin, ich muss zurück!»

«Das ist sehr schwierig; nur der König der Meere kann dir die Erlaubnis geben.»

«Delfin, du bist mein bester Freund, führe mich zum Meereskönig. Bitte hilf mir.»

Alles, was er für sie tun konnte, war ihr den Weg zu zeigen. Sie kamen in eine Tiefe, wo man nun Harfenspiel hörte. Der Delfin konnte nicht tiefer hinuntertauchen und Mara musste nun allein weiter. Er wünschte Mara viel Glück und kehrte um.

Da tauchte wieder einmal der Karpfen auf und fragte den Delfin, wo Mara sei. Das wisse er nicht, antwortete der Delfin. Aber er habe doch gerade mit jemandem gesprochen, hakte der Karpfen nach.

«Wirklich?», meinte der Delphin erstaunt, «dann habe ich wohl mit mir selbst gesprochen!»

Der Karpfen glaubte ihm kein Wort.

Wieder hörte man das Flötenspiel von Pedro.

«Eine schreckliche Musik. Ich kann sie schon nicht mehr hören.» Der Karpfen war sehr verärgert.

«Also mir gefällt sie», meint der Delfin belustigt.

«Wer spielt diese Musik überhaupt?»

«Was, das weisst du nicht? Alle wissen es doch, das ist die Musik von Maras Freund Pedro.»

Der Karpfen wurde nun sehr wütend: «Du bist ein Lügner, ich bin ihr einziger Freund und werde sie heiraten.»

Der Delfin lachte laut: «Du, ausgerechnet du, der hässlichste Fisch, alt wie meine Urgrossmutter.»

«So eine Frechheit!» Der Karpfen wollte mit dem Delfin kämpfen, doch der war viel schneller und biss den Karpfen in die Schwanzflosse. «Du Frechling!», schrie der Karpfen dem Delfin nach.

Nun musste er Mara suchen und sie sofort heiraten.

Mara schwamm immer tiefer und rief nach dem Meereskönig. «Ich muss mit dir sprechen, wo bist du?»

«Wer stört hier meine Ruhe?», tönte es von Weitem.

Da sah er Mara. «Du, meine schöne Seejungfrau, was bringt dich zu mir?»

«Bitte Majestät, verzeiht die Störung, ich muss zurück auf die Erde. Ich wusste nicht, dass die Zeit hier so schnell vergeht und auf der Erde schon viele Jahre vergangen sind. Meine armen Eltern warten sicher auf mich. Ich muss nach Hause, bitte. Ich wollte euch alle doch nur besuchen.»

«Was für eine Idee. Du bist ein Kind des Meeres, du bist hier geboren. Als du noch sehr klein warst, hattest du in einer Muschel geschlafen. Unglücklicherweise hatte dich eine Welle während eines Sturms mit der Muschel an Land gespült», erklärte ihr der König genau.

«Aber ich habe grosses Heimweh nach meinen Eltern und ich liebe meinen Freund Pedro. Bitte geben Sie mir die Erlaubnis, zu ihnen zurückzukehren.»

Der Meereskönig schaute sie lange an. «Du hast grosses Glück, du trägst eine grosse Perle an deinem Hals. Weisst du, was das zu bedeuten hat?» Mara schüttelte den Kopf; Pedro hatte ihr diese Perle geschenkt.

«Wer eine Perle von mir trägt, hat einen Wunsch frei, aber nur einen. Denke gut darüber nach. Wenn du zurückkehrst, wirst du sterblich sein», mahnte der Meereskönig.

«Ich habe nur den einen Wunsch, zu den Menschen zurückzukehren», erwiderte Mara sehr bestimmt.

«Wie du willst; dein Wunsch, Mara, wird dir erfüllt. Geh, suche den Delfin, er wird dir den Weg zurück zeigen. Lebe glücklich und zufrieden, Mara.»

Mara bedankte sich beim Meereskönig und kehrte zurück, um den Delfin zu suchen.

Der Karpfen hatte das alles beobachtet und war gar nicht glücklich über die Entwicklung der Dinge. «Ich muss etwas unternehmen», dachte er. Da kam ihm der Gedanke, Mara die Perle zu stehlen. So würde sie den Weg zurück bestimmt nicht mehr finden können.

Juan war ganz aufgeregt, es war ein Feiertag und gleichzeitig sein Namenstag. Er beobachtete den Sonnenaufgang und sah Pedro im Boot. «Hast du wieder die ganze Nacht im Boot geschlafen?»

Es gefiel Pedro, am Strand zu schlafen.

«Und, hast wieder die Flöte gespielt? Du denkst immer noch an Mara. Vergiss sie, Mara wird nicht mehr zurückkehren, da bin ich ganz sicher. Pedro, es sind sieben Jahre vergangen. Komm mit ins Dorf, heute spielt die Musik und es wird getanzt. Da hat es so viele schöne Mädchen.» Juan versuchte Pedro umzustimmen.

«Ich will mit niemandem ausser Mara tanzen!» Pedro war nicht umzustimmen.

«Trink ein paar Gläser Wein, dann wirst du wieder fröhlich und kannst alles vergessen. Du bist zu jung, komm tanzen, heute ist eine spezielle Nacht.»

Wieder begann Pedro auf seiner Flöte zu spielen und er dachte für sich: «Mara, eines Tages kommst du zurück, ich spüre es.»

Das Meer rauschte ungewöhnlich laut. Plötzlich tauchte ein riesiger Fisch aus dem Wasser auf.

«Mein Gott, was für ein grosses hässliches Gesicht der hat», rief Juan erstaunt aus.

Der Fisch sprach: «Pedro, es ist nicht das erste Mal, dass wir deine Musik hören. Wir lieben sie alle, vor allem der Meereskönig. Du kannst dir Gold und Silber wünschen, wenn du mir deine Flöte gibst.»

«Der Meereskönig… meine Flöte, also ist Mara bei euch?», fragte Pedro.

«Mara kenne ich nicht, nie von ihr gehört. Gib mir die Flöte und du wirst reich sein bis an dein Lebensende.»

Pedro aber spürte, dass er seine Flöte nicht hergeben durfte.

«Wenn der Meereskönig meine Musik hört, hört Mara sie bestimmt auch. Ich bin sicher, eines Tages kommt sie zu mir zurück.»

Der Karpfen lachte höhnisch. «Mara hat dich schon lange vergessen und denkt nicht daran zurückzukommen. Schau, sie hat sogar deine Perle weggeworfen», damit warf er Pedro die Perle vor die Füsse.

«Du Räuber, du Frechling, du hast Mara die Perle gestohlen!»

Pedro war ausser sich vor Wut.

«Gib mir die Flöte», forderte der Karpfen drohend.

«Ich verstehe jetzt, was du willst. Mara soll mich vergessen, wenn sie meine Musik nicht mehr hört.»

Der Karpfen kam bedrohlich näher.

«Hol dich der Teufel mit deinem Gold und Silber, das alles interessiert mich nicht, für nichts auf der Welt», schrie Pedro den Karpfen an.

«Idiot, Verrückter, Mara wird nie zurückkehren», damit verschwand der Karpfen im Meer.

«Meine Perle; ich glaube nicht, dass Mara sie weggeworfen hat.»

Pedro begann auf seiner Flöte zu spielen wie nie zuvor. Das Meeresrauschen wurde nun immer stärker.

Da tönte es plötzlich aus dem Meer: «Pedro, ich bin zurück.»

Mara tauchte aus den Wellen auf und rannte Pedro entgegen. Pedro konnte es fast nicht glauben und hielt Mara ganz fest in seinen Armen. «Ich habe dir so viel zu erzählen», dann sah sie ihre Perle im Sand liegen. «Pedro schau, meine Perle. Jemand muss sie mir gestohlen haben, als ich geschlafen habe.»

«Ich wusste doch, dass du sie nicht weggeworfen hattest.»

«Pedro, ohne diese Perle hätte ich nie mehr zurückkehren können. Aber jetzt wird diese Perle für immer bei uns sein. Wie schön doch unsere Welt ist», sagte sie und schaute sich glücklich um.

«Komm Mara, gehen wir ins Dorf, heute ist ein Fest und ich möchte die ganze Nacht mit dir tanzen.»

So endet die Geschichte von Mara und Juan; Mara, dem Kind aus dem Meer, das sich so sehr wünschte, bei den Menschen zu leben.

Sheila, die Haremsdame

Es war einmal eine Stadt in einem fremden, fernen Land, in der ein Sultan mit seinem Harem lebte. Um das Schloss waren wunderschöne Gärten angelegt mit herrlich erfrischenden Wasserspeiern in grossen, mit wunderbarem Mosaik dekorierten Brunnenbecken. Friede und Harmonie herrschten im ganzen Schloss, denn der Sultan war gut zu allen seinen Untertanen. Verständlich, denn er besass eine Haremsdame von einmaliger Schönheit. Noch einmaliger war ihre Stimme. Wenn der Sultan auch nur einen Anflug von Traurigkeit hatte, sang sie ihm eines ihrer Lieder. Im ganzen Umkreis waren sie zu hören und so waren alle fröhlich und heiter.

Es kam, dass der Sultan verreisen musste und seine Haremsdame zu Hause liess. Tapfer und mit einem Lächeln nahm sie Abschied. Der Sultan versprach, so schnell wie möglich wieder zurückzukehren.

Die Tage vergingen, doch der Sultan kam nicht zurück. Die Haremsdame mit Namen Sheila versuchte ihn mit ihren Liedern zurückzurufen. Täglich stieg sie auf den höchsten Turm des Schlosses und sang ihre Lieder voller Liebe und Sehnsucht. Reisende, die in die Stadt kamen, blieben mit ihren Karawanen stehen und lauschten gebannt dem Gesang, um bald fröhlich und heiter in die Stadt zu kommen.

Nun kam es, dass ein alter Weiser mit seiner Karawane in die Stadt kam, um dort den berühmtesten Arzt zu konsultieren. Der Weise konnte schon lange nicht mehr laufen und musste getragen werden. Seine Füsse waren geschwollen und bereiteten ihm grosse Schmerzen. Auch er hörte den Gesang beim Näherkommen an die Stadt. Er liess anhalten; gebannt hörte er zu und wollte wissen, wer da so wunderschön singe. Das sei Sheila, die Haremsdame, hiess es überall.

Der weise Mann konsultierte zuerst den Arzt, aber auch dieser konnte ihm nicht helfen.

Eigentlich wäre er nun weitergezogen, wenn da nicht die Stimme von Sheila gewesen wäre. Er kam zum Schloss und fragte, ob er mit Sheila sprechen könne. Was für eine ungeheuerliche Frage! Der Sultan, wäre er da gewesen, hätte ihn sofort einsperren lassen. So wurde ihm denn auch die Audienz mit Sheila verweigert. Aber diese Stimme verfolgte den Weisen auf seinem gesamten Weg.

Sheila wurde immer trauriger und sang auch immer traurigere Lieder, die nun die Menschen zum Weinen brachten. Am Ende verstummte sie ganz. Die Stadt versank in Trübsal und die Reisenden verliessen den Ort so schnell sie konnten oder mieden ihn ganz. Das vorher emsige Leben und das bunte Treiben auf dem Markt kamen fast ganz zum Erliegen.

Doch eines Tages stürmte ein Reiter, schwarz von Kopf bis Fuss, auf einem

schwarzen feurigen Hengst in die Stadt und zum Schloss. Der Hofmeister öffnete ihm das Tor und nahm ein Schreiben entgegen, das ihm der Reiter reichte. Entsetzt las er, dass der Sultan todkrank in einer weit entfernten Stadt lag und darum bat, dass man ihm Sheila schicke. Sofort rannte der Hofmeister in den Harem und suchte Sheila. Aber Sheila war krank und sass wie ein Häufchen Elend in einer Ecke.

«Du musst sofort zum Sultan. Mach dich auf den Weg, es ist dringend!» Sheila erschrak, sie war noch nie auf Reisen gewesen. Ja, überhaupt noch nie aus dem Schloss gekommen und jetzt sollte sie allein in eine fremde Stadt reisen? Und wie sie nun hörte, auch noch mit einem schwarzen, wilden Reiter. Traurig schüttelte sie den Kopf; es war zu spät, denn was nur die anderen Haremsfrauen wussten: Sie konnte nicht mehr singen. Ihre Stimme war wegen ihrer Traurigkeit verschwunden. Wie würde sie da dem sterbenden Sultan helfen können? Unmöglich, er hatte sie verlassen und nun konnte sie nicht mehr singen. Sie brach in heftiges Schluchzen aus. Alle im Schloss waren völlig hilflos, niemand wusste einen Rat. Die Ärzte, die man in grösster Eile zu Sheila holte, konnten auch nicht helfen.

Der schwarze Reiter wartete inzwischen ungeduldig und drängte zum Aufbruch. Die Reise würde Sheila guttun und je näher sie zum Sultan käme, desto besser würde es ihr gehen, davon war der Reiter überzeugt. Das ganze Theater um diese Frau ärgerte ihn. «Eine Tracht Prügel und die wird schon wieder singen», dachte er bei sich. Nach langem Hin und Her wurde Sheila endlich gebracht, tief verschleiert, wie es des Landes Sitte war. Man setzte sie auf ein Pferd und ein anderes wurde mit ihrem Gepäck beladen.

So zogen der Reiter, Sheila und ein paar Dienerinnen in der Dämmerung Richtung einer fremden Stadt. Zuerst führte der Weg quer durch die Wüste. Die Reise war lang und beschwerlich. Sheila sprach mit niemandem ein Wort. Bei einer Oase machten sie halt und trafen auf eine andere Reisekarawane. Wie es der Zufall wollte, war auch der alte Weise dabei, wieder einmal auf einer weiteren Reise zu einem berühmten Arzt. So hörte er, dass in der anderen Karawane das Singvögelein Sheila dabei sei. Diesmal bat er den schwarzen Reiter sofort um Audienz bei ihr. Der zögerte nicht lange. «Geht, sprecht mit ihr, wenn ihr könnt. Doch eines müsst ihr wissen, singen kann sie nicht mehr», sprach er laut und grimmig. Die Dienerinnen liessen den Weisen ohne Zögern in Sheilas Zelt. Oh je, was für ein unglückliches Geschöpf traf er da an!

«Mein Kind, weisst du denn nicht, dass Kummer und Tränen selbst die schönsten Frauen hässlich machen?» Da musste Sheila lächeln, der alte Weise gefiel ihr. Sie hiess ihn Platz zu nehmen und liess Tee bringen.

«Meine Stimme, die meinen Herrn einst glücklich machte, ist verloren gegangen», seufzte Sheila traurig.

«Keine Angst, sie kommt wieder zurück, denn bedenke, der Sultan braucht deine Stimme, um wieder gesund zu werden.»

«Wer weiss, ob der Sultan überhaupt noch lebt, wenn wir bei ihm ankommen», entgegnete Sheila niedergeschlagen. Sie hatte nur noch wenig Hoffnung. Wer würde sie dann noch haben wollen, wenn der Sultan tot war und sie nicht mehr singen konnte?

Der Weise wusste sehr wohl, was in Sheilas Kopf vorging und bot ihr an, mit ihrer Karawane mitzureisen. So geschah es auch. Nach viel Sonne, Sand und sengender Hitze erreichten sie schliesslich die Stadt, wo der Sultan war. Sofort wurden sie alle zu seinen Zelten gebracht. Der alte Weise begleitete Sheila, und so betraten sie beide das Zelt, in dem der Sultan lag. Er war kaum wiederzuerkennen.

Der alte Weise, der zwar sich selbst nicht helfen konnte, erkannte sofort den Grund für die Krankheit des Sultans.

Er flüsterte Sheila zu: «Koch dem Sultan diesen Tee aus Kräutern», und reichte ihr ein Stoffsäckchen. Sheila tat wie geheissen. Löffelweise gab sie ihm den Tee ein und schon bald schlief er ruhig ein wie seit langem nicht mehr.

Am anderen Morgen kam der Weise mit einer wunderschönen Laute zu Sheila. «Spiel dem Sultan damit deine Lieder vor.» Erstaunt nahm Sheila die Laute zur Hand. Noch nie hatte sie ein solches Instrument in der Hand gehalten. Doch, was für ein Wunder! Zart strichen ihre feinen Hände über die Saiten der Laute und bald erklangen so fröhliche Lieder, als ob sie diese singen würde. Der Sultan lächelte Sheila glücklich an.

Es vergingen nur wenige Tage und der Sultan und Sheila konnten die Reise nach Hause antreten. Der alte Weise begleitete sie und blieb dann für immer im Schloss. Auch seine Füsse wurden geheilt durch die grosse Liebe, die aus Sheilas Liedern kam.

Wie ein Stern Licht zu den Menschen brachte

Es war einmal ein grosser, tiefer Fluss, der still durch die Landschaft floss. Er spendete Leben für alle, Menschen, Tiere und Pflanzen. In einer klaren Nacht, in der sich Mond und Sterne im Fluss spiegeln konnten, kam ein Stern immer näher zur Erde. Er breitete sein Licht über den Fluss und die schlafenden Tiere aus. Ein Spatz, der gerade einen intensiven Traum von Sonne und einem reifen Kornfeld hatte, schlug seine Augen auf und wusste einen Moment nicht, wo er war.

«Es ist doch Nacht und trotzdem so hell, warum?», piepste er vor sich hin, doch er spürte keine Gefahr. Im Gegenteil, Wärme und Liebe hüllten ihn ein.

Nun erwachten auch die anderen Tiere.

«Was ist denn los?», wollte eine Hasenmutter wissen, umringt von ihren Kindern.

«Ich weiss es auch nicht, es wurde plötzlich so hell», krächzte ein Rabe.

Der Stern war nicht mehr weit entfernt und erfasste mit einem Blick die Ratlosigkeit der Tiere.

«Habt keine Angst, es geschieht euch nichts. Ich bin hier, um den Menschen Licht zu bringen, damit sie erwachen. Wie ich sehe, sind alle wach geworden, nur die Menschen schlafen noch», meinte der Stern lächelnd zu den versammelten Tieren.

«Glaubst du im Ernst, dass die Menschheit noch erwacht?», spottete ein Specht.

«Ich will ihnen noch eine Chance geben», gab ihm der Stern zur Antwort.

«Warum kommst du nicht bei Tag?», fragte ein Häschen schüchtern.

«Da würden sie mich noch weniger sehen. Sie sollen doch erwachen, im doppelten Sinne», erklärte der Stern.

In jener Nacht sass wirklich nur ein Menschenkind auf einer Bank in der Nähe des Flusses. Dieser Junge war so sehr in dunkle Gedanken gehüllt, dass das Sternenlicht im Moment nichts ausrichten konnte.

«Dort, schaut euch dieses Menschenkind an, so in dunkle Gedankenwolken eingehüllt. Das sollte man wecken», meinte der Stern und schickte seinen Sternenstrahl direkt zur Bank. Doch nichts rührte sich.

«Das ist doch nicht möglich», dachten alle Tiere, «blenden müsste es ihn.» Nein, diese seine Dunkelheit war zu dicht.

Nun sind die Feldtiere im Allgemeinen scheue Tiere, nicht gewohnt, sich den Menschen zu nähern. Wer also sollte da den Weckdienst übernehmen?

Da kam eine Katze aus dem Dorf daher. Sie war oft auf Mäusefang unterwegs in der Nacht. Plötzlich waren alle Tiere und Vögel verschwunden. Die Katze blinzelte zum Stern. «Ist der Himmel schon so nah?», miaute sie.

«Nein, das dann doch nicht. Ich bin da, um einige Menschenkinder zu wecken. Zum Beispiel dieses dort auf der Bank. Kannst du mir dabei helfen?»

«Oh, mit Vergnügen, ich kenne den Jungen. Wie es scheint, steckt er wieder einmal in Schwierigkeiten.» Mit einem Satz war der Kater auf der Bank und auf dem Schoss des Jungen. Samuel erschrak, sah den Kater und dann das Sternenlicht. Schnurrend schmiegte sich der Kater an ihn, als ob er zeigen möchte, dass er keine Angst haben müsse.

«Na endlich, wenigstens einer ist erwacht», meinte der Stern erleichtert zu Samuel.

«Ein Stern, der spricht, ich glaube, ich träume. Aber nein, da ist ja der Kater; sonderbar. Warum bist du da und kannst sprechen?»

«Schau, Samuel, es gibt so viele Menschen auf eurem Planeten Erde, die den Mut verloren haben, genau wie du. Darum bin ich hergekommen, um euch zu wecken und euch das Licht der Liebe zu bringen.»

Die Liebe, ein Wort, das Samuel schon lange nicht mehr gehört hatte. Ein Gefühl, das er nicht mehr kannte. Wer wollte ihn noch, mit all seinen Gesundheitsproblemen? Immer mehr wendeten sich seine Freunde von ihm ab. Seine Familie verlor immer öfters die Geduld mit ihm. Und nun kam ein Stern, der das Licht der Liebe bringen wollte?

Plötzlich merkte Samuel, wie eine grosse Wärme durch seinen Körper floss und ihm neue Kraft gab. Zum ersten Mal seit langem spürte er keine Schmerzen mehr. Seine Augen begannen wieder zu leuchten und er streckte seine Arme dem Sternenlicht entgegen. «Heile mich, bitte heile mich.»

Warme, liebende Sternenstrahlen hüllten ihn ein.

Erstaunt kamen nun alle Vögel und Feldtiere wieder aus ihren Verstecken. Vor diesem Menschenkind musste man wirklich keine Angst haben. Sogar der Kater vergass das Jagen. Liebe hüllte alle ein.

Der Stern schickte Samuel zurück ins Dorf. «Geh nach Hause, erzähl von dem, was du erlebt hast, von der Liebe, dem Licht und der Kraft, die davon ausgeht. Hilf mir, noch viele zu wecken, es ist so unendlich wichtig.»

Der Stern verabschiedete sich und zog weiter.

Glücklich trug Samuel diese Botschaft zurück ins Dorf, wie ein Stück Brot in den Händen eines Verhungernden.

Wie Simba zum Sultan kam

Es war einmal ein Karawanenvolk Namens Tuareg. Seit alters her tief mit ihren Traditionen verbunden, lebten sie im Einklang mit der Natur. Ihre Haustiere waren die Kamele und ihr kostbarstes Gut das Wasser. Sie brauchten beides zum Überleben. Mit ihrem Leben zufrieden, wollten sie nichts mehr und nichts weniger als was sie hatten.

Doch auch ein Karawanenvolk, das durch die eintönige Wüste zieht, braucht hie und da eine Unterhaltung, etwas zum Lachen und etwas, worüber man nachdenken kann. So war immer ein Geschichtenerzähler dabei. Meistens ein alter, weiser Mann, der es verstand, je nach Stimmung am Lagerfeuer, den müden Männern nach getaner Arbeit eine Geschichte zu erzählen.

Wieder einmal war eine Karawane unterwegs zu einer grossen Stadt, beladen mit kostbaren Tüchern, um sie einzutauschen gegen Nahrung und anderen wichtigen Sachen für ihr bescheidenes Leben.

Diesmal reiste ein reicher Kaufmann mit seinem Sohn Simba mit. Dieser machte zum ersten Mal eine Reise durch die Wüste. Er war ein aufgeweckter Junge, der den Männern gerne Fragen stellte. Grosse Mühe hatte er, wenn er nicht sprechen konnte, weil der Wind Sand in Mund, Nase und Augen trieb und sie sich in Tücher einhüllen mussten. Für Simba war es eine Qual, redete er doch für sein Leben gerne. Auf dieser Reise musste er oft schweigen und nur seinen Gedanken nachhängen.

Wieder einmal hüllte ein Sandsturm die Karawane ein. Früher als geplant mussten sie ihre Zelte aufschlagen, um darin Schutz zu finden; eine recht schwierige Arbeit. Mit vereinten Kräften schafften sie es und sassen schon bald im Kreise beisammen, einigermassen sicher vor diesem Sturm. An diesem Abend wollte der Geschichtenerzähler keine Geschichte erzählen. Alle waren müde und wollten nur noch schlafen.

Simba bedauerte dies sehr, er war noch lange nicht müde, schon gar nicht für eine Geschichte. Seit einiger Zeit beschäftigte ihn eine wichtige Frage. Hinter vorgehaltener Hand munkelten die Männer über den Sultan der Stadt, zu der sie zogen, um ihre Geschäfte abzuwickeln. Auch Simbas Vater wollte einen wichtigen Besuch machen. Darum hatte ihn der Vater ja mitgenommen, ohne aber den Grund zu verraten. Er werde es schon sehen, war alles, was Simba stets zur Antwort bekam auf seine vielen Fragen. Immer wieder sprachen die Männer mit leiser Stimme über den Sultan und wenn Simba in die Nähe kam, verstummten sie alle.

«Wer ist dieser Sultan? Ist er ein guter Mann oder muss man Angst vor ihm haben?»

Simba hatte eine blühende Fantasie, hatte ihm doch seine Mutter unzählige Geschichten von Sultanen und Haremsdamen erzählt. Aber alles Betteln half ihm an diesem Abend nichts, der Geschichtenerzähler wollte nichts erzählen. Simba wurde recht barsch zum Schlafen geschickt. Halb eingeschlafen, hörte er seinen Vater und den weisen Alten miteinander reden.

«Noch zwei Tage und wir sind in der Stadt. Wollen Sie mit ihrem Sohn wirklich zum Sultan?»

«Ja, es muss sein, er hat es befohlen, ich muss ihm Simba bringen. Er hat meine Frau vor vielen Jahren wegen einer Kleinigkeit verstossen, doch wie es scheint, nicht vergessen. Nun will er ihren Sohn kennenlernen.»

Nach einer Pause sagte er noch zum Alten: «Es ist ein Befehl, den ich befolgen muss, wenn auch ungern. Ich liebe meinen Sohn und will ihn nicht verlieren. Der Sultan ist unberechenbar, das wissen wir alle.» Und nach einer kurzen Denkpause meinte der Alte zum Vater: «Du hast keine andere Wahl. Beten wir zu Allah um Gerechtigkeit.»

Dann wurde es still, die beiden mussten sich zum Schlafen niedergelegt haben. Simba konnte nicht einschlafen. Zum Sultan musste er. Der hatte seine geliebte Mutter gekannt? Trotz allem Nachsinnen fiel auch Simba in den Schlaf und als er erwachte, wusste er nicht mehr, ob er das alles nicht nur geträumt hatte. Er hatte nicht den Mut, seinen Vater oder den Alten zu fragen, er durfte ja von nichts wissen.

Simba war ein bildhübscher Junge von zehn Jahren, er wusste viel, konnte lesen und schreiben, auch rechnen und war seinen Freunden weit voraus. Das kam wohl davon, dass er so viele Fragen stellte.

Nach zwei Tagen wurden die Mauern der Stadt sichtbar. Sie erreichten die Stadttore noch zur rechten Zeit, bevor sie für die Nacht geschlossen wurden.

Am frühen Morgen herrschte in der Stadt ein emsiges Treiben mit viel Geschrei und einem riesigen Chaos. So kam es wenigstens Simba vor, nach der Stille in der Wüste. Er hielt sich dicht hinter seinem Vater, um ihn in diesem Gedränge ja nicht zu verlieren. Sein Vater nahm Abschied von der Karawane, drückte die Hand des Alten länger als gewöhnlich. Der strich Simba mit der Hand über den Kopf und hing ihm ein Amulett um den Hals.

«Das wird dich schützen, mein Junge», dabei schaute er ihn lange an, dann drehte er sich um und ging zur Karawane.

Der Vater mahnte zum Aufbruch. «Wir müssen in den Palast.»

Wortlos machten sie sich auf den Weg. Simba hatte Angst, doch solange sein Vater bei ihm war, konnte nichts passieren. Im Palast wurden sie schon erwartet. Niemand kam unbemerkt in diese Stadt, ohne dass der Sultan davon unterrichtet wurde.

Nach einem erfrischenden Bad und in sauberen Kleidern wurden sie zum Sultan geführt. Der Sultan, ein freundlicher, doch ernster, alter Mann, empfing sie mit Wohlwollen und hiess sie auf seidenen Kissen Platz nehmen. Nach den üblichen Begrüssungsworten sagte der Vater nichts mehr und wartete, bis der Sultan ihn zum Sprechen aufforderte. Der Sultan schaute Simba lange an. Dieser schlug die Augen nieder, sein Mut drohte ihn zu verlassen. Was wollte dieser mächtige Mann von ihm? Irgendwie spürte er, dass sein Schicksal in den Händen dieses Mannes lag und dass es für ihn kein Entrinnen gab. Plötzlich lächelte der Sultan. «Dein Sohn scheint Angst vor mir zu haben. Weiss er, warum er hier ist?» Der Vater verneinte und Simba schüttelte den Kopf.

«Simba, ich habe dich kommen lassen, weil ich ein alter, kranker Mann bin und keinen Sohn habe. Ich suche einen geeigneten Nachfolger für mich.»
Ungläubig und voller Staunen schaute er dem Sultan in die Augen. «Ich glaube nicht, dass ich klug genug bin, einmal an eurer Stelle zu sein.» Dabei verbeugte er sich, wie er es gelernt hatte.

«Deine Antwort gefällt mir. Ob du klug genug bist, ja, ob du dich als zukünftiger Sultan eignen wirst, werden wir noch sehen. Zuerst musst du in die Palastschule und viel lernen, dann erst werden wir entscheiden.»

Das hiess: hier bleiben, ohne Eltern in einem fremden Land. Fast wäre Simba in Tränen ausgebrochen.

«Keine Angst», die Stimme des Sultans klang gütig, «du kannst selbst entscheiden. Dein Vater wird dich einige Zeit hier lassen. Es wird dir an nichts fehlen. Wenn er von seiner nächsten Reise zurückkommt, kannst du mir sagen, ob du bleiben oder wieder mit deinem Vater nach Hause gehen willst.»

«Dann will ich es mit ihrer Erlaubnis versuchen.» Das war alles, was Simba stockend herausbrachte.

Ein paar Tage blieb sein Vater noch in der Stadt, vergewisserte sich, dass seinem Sohn nichts fehlte. Dabei lernte er auch Simbas Lehrer kennen, einen weisen alten Mann, der ihn an den Märchenerzähler erinnerte. Beim Abschied flossen Tränen, doch Simba wusste, wenn sein Vater zurückkam, konnte er selbst entscheiden.

Winter- und Weihnachtsgeschichten

Manchmal meldet sich ein Weihnachtsmärchen schon im Sommer; so war es mit der Geschichte «Der blaue Bär». Am zweiten Bärenfestival in Sigriswil suchte man eine Bärengeschichte, zu deren Inhalt ich mir Gedanken machte. Als in Heiligenschwendi die Jagd eröffnet wurde, traf ich den Wildhüter und wir sprachen über die Steinböcke. So kamen die Winter- und Weihnachtsgeschichten für Kinder und Erwachsene zusammen.

Mögen diese Geschichten Sie durch die Adventszeit bis zu Weihnachten begleiten.

Als ein Sternenkind auf Erden kam

Es war einmal in einer eiskalten Nacht, als der Mond in seiner ganzen Pracht die Sonne abgelöst hatte. Eine einsame Frau war den Tränen nah, weil sich schon lange aus tiefstem Herzen ein Kind wünschte; nicht nur, weil sie so oft allein war, auch weil sie das Kinderlachen vermisste. Ihr Mann war viel unterwegs, die Zeiten waren schwer, die Arbeitswelt hart und unmenschlich. Er konnte nicht verstehen, wie man sich in solchen Zeiten ein Kind wünschen konnte, reichte es doch kaum für sie beide. Doch die Frau fühlte sich leer und allein, ohne eine Aufgabe, die ihr Leben erfüllen konnte. Die grosse Dunkelheit, die sich auf die Menschheit gesenkt hatte, erdrückte sie fast. So schaute sie in dieser eiskalten Nacht zum Mond und bat ihn wieder einmal aus tiefstem Herzen, ihr doch wenigstens ein Sternenkind zu senden.

Da gab es so einen Stern, der jeden Abend besonders hell leuchtete. Es war ihr, als ob sie ihn schon lange kannte. Nur wenn der Himmel mit dicken Wolken verhangen war, konnte sie ihn nicht begrüssen, was sie sonst jeden Abend tat. Der nächste Tag schien ihr dann besonders freudlos und trüb, fehlte ihr doch der Sternengruss. Doch damals war eine besonders klare Nacht und der Mond stand in seiner ganzen Pracht am Himmel.

Der Mond kannte die sehnsüchtigen Wünsche dieser einsamen Frau. Auch heute schaute er zu ihr hinunter und hörte ihre Bitte.

«Ich muss das im Himmel zur Sprache bringen und mit den Engeln reden», murmelte der Mond und zog weiter, schon bald wurde es ja wieder Morgen.

Noch jemand kannte die Sorgen und Nöte dieser Frau. Ja, er kannte sie sogar besonders gut, schickte er ihr doch jeden Abend seinen Gruss. Es war unser besonders hell leuchtender Stern.

Doch wie das so ist, auch im Himmel gibt es eine Ordnung, die eingehalten werden muss. Erste Regel: Kein Stern darf ohne ganz spezielle Erlaubnis auf die Erde hinunter. Unser Stern konnte sich nicht einfach auf einen Mondstrahl setzen und zu dieser Frau hinunterrutschen, was er aber natürlich für sein Leben gern getan hätte.

«Ob ich wohl mit dem Mond darüber sprechen sollte?», überlegte der Stern so vor sich hin. «Ich werde es versuchen», und er schickte der Frau wie jeden Abend seinen Sternengruss und verschwand in seinem Wolkenbett, das plötzlich vor ihm stand und ihn aufforderte, mitzukommen, bevor er auf dumme Gedanken kommen könne. Auch die Wolken kannten sich sehr gut aus mit den heimlichen

Wünschen, die diese Sterne vor allem zur Weihnachtszeit hatten, jener wunderschönen Nacht, in der die Alten von der Geburt Jesu erzählten, von Engelscharen und der himmlischen Musik. Seit jener Zeit war so etwas nie mehr vorgekommen. Kein himmlischer Meister kam je wieder auf die Erde zu den Menschen, um ihnen zu helfen, auch wenn sie es im Moment bitter nötig gehabt hätten.

Am nächsten Morgen ging eine blasse Sonne auf und schickte den Mond fort, sich auszuruhen.

Doch der hatte anderes im Sinn. Er rief alle Erzengel zu einer wichtige Konferenz zusammen; ungewöhnlich um diese Zeit und mit einer solchen Dringlichkeit.

So standen sie alle da und warteten geduldig, was der Mond ihnen zu sagen hatte.

«Meine lieben Erzengel, seit einiger Zeit erhalte ich die Bitte einer jüngeren Frau um ein Kind. Wie ihr wisst, zögern die Seelen, auf die dunkle Erde zu gehen. Im Moment wüsste ich niemanden, der sich freiwillig melden würde, braucht es doch gerade jetzt viel Mut.» So sprach der Mond. Betroffenes Schweigen herrschte, auch die Engel hatten keine Lösung.

Da drängte sich unser Stern mit grossem Mut bis zum Mond durch. Er hatte gehört, was der dieser gesagt hatte.

«Lass mich gehen. Bestimmt könnte ich ein wenig Licht auf diese dunkle Erde bringen. Ich liebe diese Frau von ganzem Sternenherzen. Ihr könnt es mir glauben.» Das alles sprudelte sehr schnell aus dem Stern hervor und nun schaute er den Mond erwartungsvoll an.

Das war für alle sehr ungewöhnlich. Noch nie wollte ein Sternenkind zu den Menschen, um dort als Menschenkind zu leben. Betretenes Schweigen machte sich breit.

Der Engel Gabriel, der ja bei der Geburt Jesu dabei war, lächelte liebevoll.

«Also, wenn ihr mich fragt, ich finde das eine sehr gute Idee. Ungewöhnlich, zugegeben, aber eine gute Idee. Warum nicht einmal ein Sternenkind auf die Erde senden?»

Ein verlegenes Hüsteln und fast eine Art Aufatmen gingen durch die Engelschar. Der Mond stand noch immer sprachlos vor dem Sternenkind. Er musste zweimal ansetzen, bevor er sagen konnte: «Weisst du, was das für dich bedeutet?» Das Sternenkind schüttelte den Kopf, es hatte keine Ahnung, es wollte nur seine Erdenfreundin glücklich machen.

«Das heisst, dass du für eine sehr lange Zeit auf Erden bleiben musst, bis du wieder zu den Sternen zurückkommen kannst. Willst du das?», fragte der Mond sehr streng. «Es gibt vorher kein Zurück», fügte er noch hinzu.

Unser Sternenkind schaute auf den Wolkenboden und dachte nach. Ringsum war es still geworden, alle schauten auf das Sternenkind. Zum ersten Mal wusste

es, was es heisst, allein zu sein und eine grosse Entscheidung zu treffen.

«Ich gehe!», kam es nach einer Zeit des Schweigens.

So kam es, dass sich das Sternenkind kurz vor Weihnachten auf die grosse Reise machte und sanft im Schoss der jungen Frau landete. Die Freude war unendlich gross und sie nahm das Sternenkind mit ihrem ganzen liebenden Herzen auf. Gemeinsam brachten sie den traurigen und verzweifelten Menschen in den nächsten Jahren viel Licht. Das Sternenkind half den Menschenkindern, das verlorene Lachen wiederzufinden.

Im Himmel herrschte grosse Freude und alle Engel hielten ihre Flügel schützend über die beiden. Der Mond schaute jede Nacht auf sie hinunter und schickte ihnen den himmlischen Segen.

Der blaue Bär

Es war einmal kurz vor Weihnachten, als eine junge Bärenmacherin ihre Bären in den Korb setzte, um sie in den Puppen- und Bärenladen zu bringen. Sie nähte Bären in allen Farben: braune, goldgelbe und weisse. Da entdeckte sie plötzlich, dass einer der weissen Bären schmutzig geworden war. Schnell wurde er mit ein paar anderen Sachen in die Waschmaschine gesteckt.

Aber oh weh! Der weisse Bär wurde in der Maschine blau!

So brachte die Bärenmutter, wie man die Frau überall nannte, auch einen blauen Bären in den Puppen- und Bärenladen.

Frau Brummi, die Ladenbesitzerin staunte: «Nein, so was kann man nicht verkaufen. Blau ist keine Farbe für einen Bären. Niemand wird ihn haben wollen und wenn es der letzte Bär wäre.»

Traurig schaute die Bärenmutter auf den blauen Bären. «Schade, er ist mir so gut gelungen und er hat so ein liebes Gesicht. Kann ich ihn nicht hier lassen? Wer weiss, so vor Weihnachten …»

So kam es, dass der blaue Bär allein und verlassen neben einer alten Holzlokomotive und einem Wetterhäuschen im Schaufenster sass. Frau Brummi konnte alle drei nicht verkaufen, also schmückte sie ihr Schaufenster über Weihnachten mit den drei Übriggebliebenen, schloss den Laden ab und ging nach Hause, um das Fest mit ihren Lieben zu feiern.

Bluebody, so nannte sich der Bär, weinte dicke Bärentränen, die Holzlokomotive seufzte tief und die beiden Leute im Wetterhäuschen stritten sich.

Plötzlich sagte Bluebody laut vor sich hin: «Heute ist doch Heilige Nacht, da kann man sich etwas wünschen. Ich möchte ins Land der blauen Bären.»

«Und ich wünsche mir Schienen, um in die weite Welt zu fahren, ich nehme dich gerne mit», sagte die Holzlokomotive zu Bluebody. Im Wetterhäuschen wurde es plötzlich still. Die Regenfrau und der Sonnenmann kamen beide heraus.

«Eine gute Idee, aber was sollen wir uns wünschen?» Und schon fingen sie wieder an zu streiten, weil beide etwas anderes wollten.

Draussen fing es an zu schneien. Die Strassen leerten sich, die Menschen eilten nach Hause in ihre warmen Stuben.

Da drückte sich eine kleine Nase ans Schaufenster und zwei schwarze Augen schauten traurig hinein. Bluebody entdeckte das Kind zuerst. «He, schau, ein Kind, um diese Zeit und bei diesem Wetter ganz allein!»

Mustafa, so hiess der Junge, schaute sehnsüchtig zum blauen Bären und der Holzlokomotive. «Ach, könnte ich da drinnen sein, dann wäre ich nicht so allein», seufzte er.

In so einer Heiligen Nacht aber ist alles möglich. Denn gerade in dem Moment flog der Engel Balduin an dem Puppen- und Bärenladen vorbei, hörte die Bitte und sah Mustafa in Pantoffeln, ohne Jacke und Mütze frierend vor dem Laden stehen. Zu seinem grossen Erstaunen sah er auch einen blauen Bären im Schaufenster.

Engel können nicht nur Herzenstüren öffnen, sondern auch Ladentüren. So kam Mustafa in den warmen Laden zum blauen Bären und der Holzlokomotive.

Hätte ein vorüber eilender Mensch nur einen Blick ins Schaufenster geworfen, dann hätte sich ihm ein unvergessliches Bild geboten: ein Kind mit einem blauen Bären und einer Holzlokomotive im Arm.

Der Mond hat bekanntlich die Aufsicht über die Sterne und so hörte er von einem Kind, einem blauen Bären und einer Holzlokomotive. «Das muss ich mir selbst anschauen», dachte der Mond und ging auf seinem Weg am Laden vorbei. Er sah die drei in Liebe, aber auch in grosser Einsamkeit dasitzen.

«Was lässt sich da machen? Es ist heilige

Zeit, wo alle Wünsche in Erfüllung gehen, wenn sie von Herzen kommen. Warum ist dieses Kind allein?», fragte sich der Mond.

Die gleiche Frage stellte auch Bluebody und Mustafa erzählte: «Meine Familie hat plötzlich alle Koffer gepackt, um in der Nacht so schnell wie möglich abzureisen, in ein anderes Land. Warum weiss ich auch nicht. Aber mich haben sie in der Aufregung vergessen.» So allein bekam er Angst und rannte auf die Strasse, um sie zu suchen.

Der Mond war empört über diese Geschichte. Im Himmel rief er alle Erzengel zusammen, um sie um Rat zu fragen. Als in der Stadt um Mitternacht alle Glocken anfingen zu läuten, um Friede und Freude für alle Menschen zu verkünden, wurden Bluebody, Mustafa und die Holzlokomotive sanft in einen Traum gewiegt.

Die Holzlokomotive fuhr mit Mustafa und Bluebody als Reisegefährten mit Volldampf auf eigenen Schienen über die himmlischen Strassen ins Land der blauen Bären, wo sie schon mit viel Liebe erwartet wurden.

Nach den Festtagen staunte Frau Brummi nicht schlecht, als sie in ihrem Schaufenster nur noch das Wetterhäuschen vorfand. Doch die Regenfrau und der Sonnenmann konnten ihr nicht erzählen, was in der Heiligen Nacht geschehen war.

Der Engel auf der Torte

Es war einmal in einem kalten Winter. Wie Scherenschnitte ragten die Baumsilhouetten in den Himmel. Der Schnee knirschte unter den Füssen. Nur ein Kater schlich lautlos durch die Nacht und hinterliess Spuren im Schnee. Er strebte dem verlassen Gartenhaus entgegen. Ein bitterkalter Wind fegte durch die Gegend und lies die gefrorenen Äste klirren, als ob kleine Glöcklein aneinanderstossen würden. In der Ferne hörte man den Ruf einer Eule. Sonst war alles still. Die Menschen sassen hinter geschlossenen Fensterläden in ihren Häusern. So konnte die Wärme drinnen bleiben. Kerzenlicht in den Stuben liess schon Weihnachten erahnen.

Im Gartenhaus gab es kein Licht und keine Wärme. Der Kater wartete, seine Augen leuchteten in der Dunkelheit. Mäuse hatte er keine im Sinn, diese überliess er in jener Nacht der Eule. Nervös klopfte er mit seinem Schwanz auf den Holzboden. Mit seiner Geduld war es heute nicht weit her.

Nach einer für ihn langen Wartezeit kam eine Kätzin langsam ins Gartenhaus

geschlichen. Behutsam hob sie ihre zierlichen Pfoten durch den Schnee. Sie hatte es gar nicht eilig.

«Dass man auf euch Frauen immer warten muss», knurrte der Kater ungehalten.

«Ich kann ja wieder gehen, wenn es dir nicht passt», dabei putzte sie sich sorgfältig die Pfoten.

«Tu nicht so geziert, kommen wir zur Sache. Du weisst, dass morgen ein grosser Geburtstag im Haus gefeiert wird», so der Kater.

Es schien ihm gar nicht zu passen, einem Haus voll Gästen entgegenzusehen. Er hasste es, wenn sein gewohnter Alltag durcheinandergeriet. Die Kätzin aber liebte Gäste, vor allem wenn es Katzenfreunde waren. Dann wurde sie immer bewundert und gestreichelt, kurz gesagt, verwöhnt.

«Du wirst es überleben, sonst kannst du ja im Gartenhaus bleiben.»

Ihr machte der Kater nichts vor, wusste sie doch, wie eifersüchtig er war. Er hasste es, gestreichelt zu werden. Schon mancher Gast ging mit zerkratzter Hand aus dem Haus. So mieden sie ihn alle. Und jetzt kam dieses Fest mit all den Leckerbissen und er musste draussen bleiben, um dem Gedränge zu entgehen.

Die ganze Zeit über hockte ein kleiner Engel auf einem alten grünen Emaillelampenschirm und hörte den beiden zu. Leise schüttelte er den Kopf über die beiden, kannte er sie doch schon lange. Der Kater Mikesch, ein richtiger Draufgänger, und Happy, die zierliche Kätzin, die all ihre weiblichen Register ziehen konnte, wenn es ihr zum Vorteil gereichte.

«He, ihr beiden, was soll diese Aufregung? Niemand will etwas von euch, morgen am 40. Geburtstag eures Herrn», sagte der Engel von der Lampe herunter.

«Du hast es ja gut, dich sieht ja niemand, nicht einmal in der Adventszeit», knurrte Mikesch.

«Eigentlich traurig, da hängen sie überall künstliche Engel auf, dabei kommt keiner der Schönheit eines echten Engels auch nur im Geringsten nahe», meinte Happy.

«Da hast du wohl recht. Doch immer mehr Menschen spüren uns, auch wenn sie nicht sehen können, dass es uns gibt. Das ist, wenn ich so sagen darf, ein Fortschritt.»

Der kleine Engel hatte damit keine Mühe, er kannte nichts anderes von den Menschen.

«Schade, das sollte man ändern», meinte Happy.

«Hast du eine Idee?», wollte Mikesch wissen.

Es hätte ihn nicht gewundert, wenn Happy auf eine ausgefallene Idee gekommen wäre.

«Haltet ein, ihr sprecht von mir. Wer sagt denn, die anderen Engel und ich möchten das ändern?», wehrte sich der Engel.

«Och, ich dachte nur so. Das wäre doch eine gute Überraschung, wenn dich unser Meister auf seiner Torte sitzend sehen würde. Ich sehe schon, wie er sprachlos dasitzt und seinen Augen nicht mehr traut! Wo er doch immer behauptet, euch gäbe es nicht!»

Happy war in Fahrt. Was für ein Spass wäre das! Aber es war zu schön, um wahr zu sein. Mikesch war da anderer Meinung, blieb aber für einmal still.

Der kleine Engel schaute Happy streng an. «Wir sind nicht für Spass und Gaudi auf einer Geburtstagstorte da. Unsere Aufgabe ist es, den Menschen zu helfen, wenn sie uns darum bitten», tönte es sehr ungehalten.

«Schon gut, war ja nur so eine Idee. Aber, was er nicht sieht, das glaubt er nicht. Das wäre eine gute Gelegenheit gewesen.»

Happy wollte dem Menschenkind ja nur ein Geschenk machen: Die Erkenntnis, dass es noch andere Dinge im Leben gibt.

Der Tag des Geburtstags kam. Die Gäste reichten einander die Türfalle in die Hand. Ein enormer Geburtstagskuchen wurde hereingebracht. Mikesch und Happy schlichen unbemerkt zum Tisch. Das Menschenkind musste seine goldenen Kerzen ausblasen; nur: eine liess sich nicht löschen. Es nahm noch einmal einen tiefen Atemzug, seine Augen weiteten sich…dann Staunen: das Licht, das sich nicht löschen liess, erschien einen Moment lang als Engel.

«Happy Birthday, mein Freund», ertönte eine zarte Stimme. Dann erlosch das Licht.

«Was ist mit dir?», wollten alle Gäste wissen. Das Geburtstagskind kam nicht dazu, eine Antwort zu geben. Mikesch und Happy übernahmen. Sie sprangen neben den Kuchen, miauten, was das Zeug hielt und brachten damit alle zum Lachen. Die Stimmung war wieder hergestellt und das Menschenkind würde das Bild eines Engels nie vergessen.

Der Igel und der Kater

Es war einmal in einem Vorgarten, wo sich an einem milden Herbstabend eine Igelfamilie versammelte. Der Vater ging wie immer voraus, um das Futter in Angriff zu nehmen und um zu kontrollieren, ob auch alles geniessbar war. Die Kleinen mussten noch an Gewicht zulegen, vor allem der Kleinste. Nur, wo steckte der schon wieder? Immer wurde er gesucht. Wütend pfiff der Vater: «Köbi, wo bist du schon wieder? Komm sofort her!»

Keine Antwort und weit und breit kein Köbi. Der hatte wieder einmal einen Umweg genommen. Er hatte nämlich entdeckt, dass es da an einer Stelle ein anderes Futter gab. Das schmeckte ihm viel besser als das, was der Vater für ihn aussuchte. Dieses Futter aber hatte auch ein kleiner Kater entdeckt.

«Das ist nicht fair, dass du unser Futter frisst. Wir müssen bis zum Winter noch Fett ansetzen», piepste Köbi, nahm all seinen Mut zusammen und näherte sich dem Kater.

«Du interessierst mich nicht, hau ab!», fauchte der kleine Kater unfreundlich.

«Hast du denn nicht dein eigenes Futter zu Hause?», Köbi gab nicht nach.

«Ich habe im Moment kein Zuhause», sagte der kleine Kater und frass mit einer Geschwindigkeit, dass es Köbi schwindelte. «Zudem bekommen mir eure Körner und Nussstängeli gar nicht gut.»

«Tut mir ja leid, dass du kein Zuhause hast. Hast du auch keine Familie?»

Für Köbi war das etwas ganz Neues; kein Zuhause, das hiess, keinen Ort, wo man vor Kälte, Regen und Sonne geschützt war, keine Geborgenheit.

Der Kater hatte den Teller leer gefressen und putzte sich genüsslich den Schnauz.

«Kein Zuhause und keine Familie, das liebe ich. Nur eben, mit den Mahlzeiten ist das so eine Sache!»

Zum ersten Mal schaute sich der Kater den kleinen Igel genauer an. Ja, ein wenig Fett konnte der schon noch vertragen. Der Kater respektierte die Igel, vor allem ihre Stacheln.

Nun knurrte Köbis Magen und mit Schrecken wurde ihm bewusst, dass ihn sein Vater vermutlich schon überall suchte. Also nichts wie weg! So schnell ihn seine Beinchen trugen, rannte er durch das nächste Blumenbeet davon und war verschwunden.

Köbis Vater empfing ihn frostig, vom Futter war nicht mehr viel übrig geblieben. Diese Nussstängeli konnte man auch nicht so schnell essen wie das Katzenfutter. Köbi konnte ja den Kater verstehen. Als Igel hatte er verschiedene Fressmöglichkeiten, im schlimmsten Fall die roten Schnecken.

Am anderen Tag wollte Köbi auf dem Weg zu den Nussstängeli noch schnell nachschauen, ob eventuell der Kater da gewesen war. Doch der Igelvater machte ihm einen Strich durch die Rechnung.

«Hiergeblieben, mein Sohn!», und er stiess ihn unsanft vor sich her.

Der Winter kam plötzlich, doch die Igelfamilie lag dicht aneinander gedrängt in ihrem wohligen Bau. Sie schliefen mit prall gefüllten Bäuchen dem Frühling entgegen.

Nur der Kater schlich hungrig durch den Garten und fand nun alle Teller leer. Entkräftet legt er sich eines Abends vor eine Haustüre und träumte von einem Heim und von Wärme.

Der Lärm eines Töffs schreckt ihn aus dem schönsten Traum auf. Er wollte fliehen, doch seine Beine wollten ihn nicht tragen. Schon wurde er von einer grossen Hand aufgehoben.

«Na, wen haben wir denn da?» Eine tiefe Männerstimme liess ihn erzittern. Liebevoll strich die Hand durch sein Fell. Wärme umschloss ihn und er fing an zu schnurren.

«Du bist ja nur noch Haut und Knochen!», stellte der Mann fest und trug ihn ins Haus, wo er gefüttert, verwöhnt und gehätschelt wurde. Vorbei war es mit seiner Freiheit, aber er hatte wieder zu fressen und eine Familie.

«Man kann nicht alles haben im Leben. Im Winter braucht man ein Dach über dem Kopf», so sinnierte der Kater in seinem weichen Bett.

Draussen fing es an zu schneien. Wie es wohl der Igelfamilie ging und dem kleinen Köbi?

Der Lumpenkönig

Es war einmal ein Kamel, das schon viele Stunden schwer beladen unterwegs war und zusammen mit seinem Meister in einer Karawane durch die Wüste wanderte. Sonne und Sand hatten alle ausgetrocknet und das Wasser in den Schläuchen wurde knapp.

Sie mussten noch in jener Nacht die Stadt erreichen, sonst würden sie es nicht mehr schaffen. Die Vorräte waren seit dem vorigen Tag zu Ende. Allen knurrte der Magen. Zudem wurden sie vom König mit grosser Ungeduld erwartet, hatten doch die Kamele eine kostbare Fracht geladen.

Bald schon zeigten sich die Sterne am Himmel und der Mond wurde als klare Sichel sichtbar. Doch von der Stadt war nichts zu sehen. Je dunkler es wurde, desto grösser wurden die Zweifel, ob sie wohl auf dem rechten Weg wären.

Rings um sie war nichts als Sand, Sand und nochmals Sand und der Mond und die Sterne am Himmel.
Plötzlich blieb das Kamel bocksteif stehen und war mit nichts zu bewegen, vorwärts zu schreiten.
Seine Augen waren schreckensweit geöffnet, als ob es Geister sähe. Sein Meister versuchte es mit gutem Zureden, dann wurde seine Stimme laut und böse; ohne Erfolg. Da schaute er in die Richtung, in die das Kamel blickte. Nun lief es auch ihm heiss und kalt den Rücken hinunter und das bei immer noch 38 Grad. Was er sah, liess ihn verstummen. Zuerst war es nur ein helles Licht, das auf ihn zukam. Alles Mögliche ging ihm durch den Kopf, was das sein könnte. Doch als eine helle Lichtgestalt in Form eines Engels vor ihm stand, warf er sich ehrfurchtsvoll auf den Boden.
«Herr, habe Erbarmen mit mir», flüsterte er zutiefst erschrocken. «Vergib mir alle Sünden und was ich sonst noch alles falsch gemacht habe!», stammelte er unter Schock.
«Fürchte dich nicht, ich bin nicht gekommen, um zu richten, sondern um dich auf den richtigen Weg zu führen. Du bist auf dem falschen Weg mit deiner Ware», sagte nun der Engel zu ihm.
«Wie das, ich will nur zum König Herodes, in die Stadt, die nicht mehr weit von hier sein sollte», meinte der Kaufmann sichtlich erstaunt.
«Richtig, die Stadt, die du suchst, ist nicht mehr weit. Folge dem Sternenkind, es wird dir den richtigen Weg zeigen.»
Der Engel war so plötzlich wie er gekommen war auch wieder verschwunden.
Am Himmel leuchtete nun ein Stern heller als alle anderen und senkte sich zur Karawane hinunter. Wortlos folgten die Karawane und die Kamele, allen voran der Kaufmann mit seiner kostbaren Fracht.
Es war, als ob auch der Mond doppelt so hell scheinen würde als üblich. Die ganze Sahara war hell erleuchtet und wenn man gut hinhörte, konnte man himmlische Musik hören. Hunger und Durst waren vergessen, die Schritte der Menschen und Tiere beschwingter. Bald sahen sie in der Ferne einen Gebirgszug. Beim Näherkommen erkannten sie eine Reihe armseliger Hütten und Höhlen, die tief in die Felsen hinein gebaut waren. Das Sternenkind führte sie ins Gebirge hinein und bald erkannte man auch die kleinen Lichter vor den Hütten und die Menschen, die still auf sie gewartet hatten.

«Wo soll da ein König sein?», fragte sich der Kaufmann im Stillen, als sich ein Mann aus der Menschengruppe löste und den Kaufmann und die Karawane begrüsste.

Beim näheren Hinschauen zeigte es sich, dass es eher ein Lumpenkönig war, mit einem Wanderstab anstelle eines Zepters. Doch die Augen des Mannes hatten eine königliche Ausstrahlung und sein Haupt war stolz erhoben.

«Seid willkommen, wir haben schon seit Tagen auf euch gewartet», sprach dieser sonderbare Mann zum Kaufmann.

«Wie das?», wollte der Kaufmann wissen.

«Tretet ein, ihr seid sicher hungrig und durstig. Auf leeren Magen soll man keine Fragen stellen.»

Die Kamele wurden mit Wasser versorgt und von der schweren Last befreit, während sich die Männer an den gedeckten Tisch setzten. Die Frauen kamen mit heissem Wasser, um ihnen die Hände, das Gesicht und die Füsse zu waschen.

So erfrischt und gesäubert und mit dem Segen des Gastgebers begann die Mahlzeit.

«Warum wir gerade hierhergekommen sind, von einem Sternenkind geführt, wissen wir nicht. Kannst du uns sagen, was das zu bedeuten hat?», brach nun der Kaufmann das Schweigen, nachdem die Mahlzeit beendet war.

«Deine Frage kannst du dir selbst beantworten. Lass deine Fracht kommen», erwiderte der Gastgeber.

Der Kaufmann erschrak, wusste er doch, was seine Fracht enthielt: Waffen, Gewehre und Munition. Der König Herodes wollte sie für einen Krieg mit den Beduinen.

Die Fracht wurde geholt und die Kisten und Tücher wurden langsam ausgepackt. Die Augen des Kaufmanns wurden grösser und grösser. Es waren keine Gewehre und Waffen. Vor ihnen kamen landwirtschaftliche Geräte, Stoffe für Kleider und Lebensmittel zum Vorschein. Alles Sachen, die diese Menschen so bitter nötig hatten, um am Leben zu bleiben. Am Schluss lag nur noch ein kleines Bündel vor ihnen.

«Mach es auf», forderte der Gastgeber lächelnd. Mit zitternden Händen öffnete er es. Es waren lauter Spielsachen, welch ein Jubel! Nun war es für alle Weihnachten geworden.

Wie war das nur möglich? Der Kaufmann fand keine Worte.

Liebevoll sah ihn der Gastgeber an, «Wir sind ein Volk des Friedens und führen keinen Krieg. König Herodes hätte uns alle vernichtet. Mit unseren Gebeten konnten wir es verhindern, denn es ist Zeit, dass auf der ganzen Welt Friede einzieht. Das hier ist der Anfang, andere Völker werden folgen!»

Der Kaufmann hatte immer noch Mühe mit allem, was er hier erleben durfte. «Was soll ich jetzt tun?», fragte er.

«Ruhe dich aus mit deinen Leuten, dann trage den Frieden von einem Volk zum anderen. Erzähle ihnen, wie aus Waffen Pflugscharen wurden, und dass alle Menschen Brüder und Schwestern sind, auch unsere Tiere und Pflanzen. Friede sei mit dir!»

Damit suchten alle ihr Lager auf. Der Kaufmann konnte noch lange keinen Schlaf finden. Er ging vor die Hütte und schaute zum Himmel. Es war ihm, als ob sich das Sternenkind lächelnd verabschiedete. Am Horizont zeigte sich schon der frühe Morgen.

Der Steinbock, der Hüter der Berge

Es war einmal eine Hütte hoch oben in den Bergen. Es hatte schon tagelang geschneit. An diesem Abend sass der Vater mit seinen zwei Kindern in der Hütte vor dem Feuer.

Draussen hatte sich ein Steinbock im Schnee verirrt und kam ohne Scheu vor den Menschen zur Hütte.

Drinnen bettelten die beiden Kinder: «Bitte Vater, erzähl uns eine Geschichte, die vom Steinbock.»

Der Vater lächelte: «Die habe ich doch schon so oft erzählt.»

«Ja schon, nur gesehen haben wir einen Steinbock noch nie.»

«Steinböcke sind scheue Tiere und kommen selten in die Nähe der Menschen. Sie leben hoch oben in den Bergen», erwiderte der Vater.

«Haben sie auch eine Familie wie wir?», wollten die Kinder noch wissen.

«Genau so wie wir», bestätigte der Vater. «Also hört zu», und er begann mit der Geschichte:

Es war einmal ein alter Steinbock, der einsam durch die Berge zog. Nie sah man ihn bei einer Herde. Der Jäger wunderte sich, beobachtete er doch dieses Tier schon lange. Eines Tages stand der Steinbock keine zwei Meter vor dem Jäger und schaute ihm direkt in die Augen. Überrascht blieb der Jäger stehen und senkte sein Gewehr zu Boden.

«Willst du mich nicht erschiessen?», fragte ihn das Tier.

Der Jäger erschrak. Ein Steinbock, der seine Sprache sprach, war unheimlich. «Nein, nein, du bist so ..., so ..., so majestätisch, wie könnte ich dich töten?», stotterte der Jäger mit zitternden Knien.

«Oh, vielleicht wegen meines Geweihs, es würde deine Stube sicher schmü-

cken!», kam spöttisch die Antwort.

«Ich könnte es nicht tun. Schon so lange frage ich mich immer wieder, warum du allein bist», gab der Jäger zu.

«Ich bin kein gewöhnlicher Steinbock, wie du schon festgestellt hast.»

«Was dann?»

Der Jäger wurde immer unsicherer. Bis jetzt waren für ihn alle Steinböcke einfach Steinböcke, einer wie der andere. Nur, dieser unterschied sich von allen anderen. Aber wie, das konnte er auch wieder nicht sagen, ausser dass dieser mit ihm sprach.

Der Steinbock liess den Jäger nicht aus den Augen.

«Um deine Frage zu beantworten: ich bin der Hüter der Berge.»

«Wie soll ich das verstehen?»

«Ihr Menschen meint doch immer, ihr müsstet euch in die Natur einmischen, jagen, damit wir nicht überhandnehmen, ohne zu wissen, dass wir selbst dafür sorgen, damit keiner hungern muss.»

«Aber warum kannst du mit mir sprechen?»

Der Jäger hatte grosse Mühe, alles, was ihm da widerfuhr, zu verstehen. Wenn er das im Dorf erzählen würde, man würde ihn für verrückt halten.

«Du musst niemandem von unserer Begegnung erzählen, wenn du davor Angst hast», spottete der Steinbock.

«Gedanken lesen kann das Tier auch noch!»

Dem Jäger wurde es immer unheimlicher. Am liebsten wäre er davongelaufen. Er schloss einen Moment lang die Augen. «Vielleicht träume ich das nur. Bestimmt ist er weg, wenn ich wieder hinschaue.» Aber der Steinbock war immer noch da. «Ihr Menschen glaubt doch nur, was ihr sehen könnt. Du siehst mich, also was ist los mit dir?»

Das Tier kam ein paar Schritte näher. Der Jäger griff automatisch zu seinem Gewehr. «Lass das, ich tue dir sicher nichts. Mein Tod wäre auch der deine oder erkennst du mich immer noch nicht?»

Der Jäger verstand die Welt nicht mehr.

Langsam wurde es Abend. Der Mond und die Sterne zeigten sich schon am Himmel. Ganz langsam begann der Jäger zu begreifen. Der Steinbock könnte sein Schutzgeist sein. Man sagt doch, jeder Mensch habe einen Schutzengel.

«Wir sind mit allem verbunden. Öffne dein Herz, dann kann ein Baum, ein Stein eine Zeit lang dein Begleiter sein. Da du Jäger bist, zeige ich mich dir als ein Steinbock.»

«Danke», stammelte der Jäger mit Tränen in den Augen.

Nie mehr würde er ein Tier erlegen. Tiefe Dankbarkeit und eine grosse Liebe strömten in sein Herz hinein.

Atemlos hatten die Kinder dem Vater zugehört.

«Glaubst du, wir werden auch einmal einen Steinbock sehen?», fragten die Kinder.

«Schon möglich», antwortete der Vater.

Vor der Hütte drehte sich der Steinbock um und kehrte zu seiner Herde zurück, seine Spuren im Schnee zurücklassend; ein Zeichen für die Kinder, die noch glauben können.

Die rote Weihnachtskugel

Es war einmal ein Holzhaus mitten in einem grossen Wald. Dort wohnte schon viele Jahre ein alter Mann, bekannt als Kräutersammler und Kräuterkenner. Er wurde im Sommer oft von Menschen besucht, die seine Kräuter und sein Heilwissen nötig hatten.

Wenn der Schnee fiel und der Wind durch die Baumwipfel sauste, kam niemand mehr. Vergessen war der alte Mann im Wald. Ihm war das nur recht, so wusste kein Mensch, dass um die Weihnachtszeit in seinem Holzhaus fast Tag und Nacht das Licht brannte.

Die Engel flogen ein und aus mit Geschenken und Wunschbriefen von den Kindern. Gebückt sass der alte Mann über einem grossen Buch und schrieb und schrieb...

«Habe ich auch ja kein Kind vergessen? Es werden von Jahr zu Jahr mehr», murmelte er vor sich hin. Wer würde hinter dem Kräutermann den Santiklaus vermuten? Aber so war es. Er war von Hauptberuf Nikolaus. Kein Wunder, dass er froh war, dass ihn nicht auch noch Menschen wegen der Kräuter besuchten. Seine sonst nach Kräutern riechende Küche duftete nun nach Lebkuchen, Mandarinen und Nüssen. Dazwischen türmten sich unzählige Geschenkpäckli, fein säuberlich mit von Engelshand geschriebenen Namen versehen.

Engel Bonifatius öffnete gerade die Wunschbriefe, einen nach dem anderen, als ihm plötzlich ein «Na so was, so ein komischer Wunsch», entschlüpfte.

«Was gibt es? Wir sind doch komische Wünsche gewohnt, oder nicht?», dabei schaute Santiklaus einen Moment vom Buch auf.

«Schon, nur diesen hatten wir noch nicht: eine rote Weihnachtskugel», erwiderte der Engel.

«Was ist daran so komisch?»

«Es sollte eine rote Zauberweihnachtskugel sein», tönte es leise vom Engel.

«Eine Zauberweihnachtskugel und dazu noch rot!», Santiklaus schüttelte den Kopf. «Gibt es so etwas überhaupt in eurer Spielzeugwerkstatt?»

«Ich weiss es nicht, soll ich mich erkundigen?»

«Aber sicher, du weisst doch, dass wir, wenn möglich, alle Wünsche erfüllen.»

Oh, lieber Santiklaus, hättest du nur sehen können, was diese Sucherei für ein Durcheinander auslöste in der Werkstatt. Rote Weihnachtskugeln gab es jede Menge, nur zaubern konnte man nicht damit. Der Zwergenmeister machte dem Ganzen ein Ende, indem er erklärte: «Wir sind eine Spielzeugwerkstatt und keine Zauberwerkstatt. Zudem, was will ein Kind mit einer Zauberkugel, rot oder wie auch immer.»

So musste Bonifatius den Wunschbrief hervorsuchen und den Absender ausfindig machen. Bald schon war ein Engel unterwegs, um herauszufinden, was es mit dieser Zauberkugel auf sich hatte.

Es war eine gute Adresse, in einem vornehmen Haus, mit Garten und grossen schönen Zimmern. Im Kinderzimmer herrschte totaler Überfluss. Aber wo war das Kind? Nichts regte sich. Plötzlich hörte der Engel ein leises Weinen. Hinter einem riesigen Teddybären sass ein Junge, traurig und verheult.

«Oh je, was ist denn mit dir los?»

Der Engel vergass jede Vorsichtsmassnahme, insbesondere unsichtbar zu bleiben. Das Bild, das sich ihm bot, war zum Herzerweichen.

Erschrocken fuhr der Junge zusammen, als er den Engel sah, und er vergass seinen Kummer für einen Moment.

«Bist du ein richtiger Engel? Kommst du mich holen, darf ich mit dir in den Himmel?» Seine Augen leuchteten auf.

«Aber gefällt es dir denn hier gar nicht mehr?» Der Engel schaute sich um; nichts fehlte. Der Junge seufzte tief, seine Augen wurden wieder traurig. «Weisst du, niemand hat Zeit für mich. Ich glaube, man hat mich gar nicht lieb.»

«Aha, so ist das!», der Engel überlegte, wie man da Abhilfe schaffen könnte.

«Ich habe eine Idee. Komm, zieh dich warm an, ich kenne jemanden, der froh ist, wenn du ihm helfen kannst.»

So kam es, dass der Junge vor dem Santiklaus stand, seine Fragen beantwortete und dann noch so froh war, den Engeln zu helfen.

Im vornehmen Haus wurde er lange nicht vermisst; erst als man ihn zum Essen rief und keine Antwort kam und auch kein Junge zum Essen erschien, hiess es: «Er ist sicher eingeschlafen, lassen wir ihn in Ruhe.»

Seine Mutter hatte Gäste und alle Hände voll zu tun.

Verschmitzt schaute der Santiklaus immer wieder zum Jungen hinüber. Mit roten Backen und grossem Eifer war er bei der Arbeit und hörte dabei voller Begeisterung die Geschichten, welche die Engel erzählen.

«Komm doch mal zu mir», rief ihn der Santiklaus zu sich. «Willst du morgen mit dem Esel Balthasar und mir zu den Kindern gehen und all diese Geschenke verteilen helfen?»

Der Junge war sofort dazu bereit. Er bekam von den Engeln eine weisse Kutte und begleitete den Santiklaus am nächsten Tag von Haus zu Haus. Vor einem, in dem viele Kinder waren und wo Santiklaus besonders lang verweilte, blieb der Junge im Schlitten und schlief ein.

Vor dem vornehmen Haus, dem Zuhause des Jungen, machte der Santiklaus halt und läutete Sturm. Erschrocken kam der Hausherr öffnen. Santiklaus übergab den schlafenden Jungen seinem Vater.

«Wo haben Sie ihn denn gefunden?», fragte der Vater erstaunt.

«Im Wald.» Damit drehte er sich um, ging zu seinem Schlitten und fuhr todmüde zurück in sein Haus im Wald.

Dankbar, dass sie den Jungen wiederhatten, wurde er in sein Zimmer und ins Bett gebracht.

Am anderen Morgen, als er erwachte, wusste er nicht mehr so genau, ob er alles nur geträumt hatte oder ob er wirklich beim Santiklaus war.

Über dem Stuhl aber lag die weisse Kutte und darauf eine rote Weihnachtskugel. Wenn man hineinschaute, sah man den Engel und den Santiklaus, die ihm zuwinkten.

Die Weihnachtskugel, die singen sollte

Es war einmal ein Haus in einer ländlichen Gegend, umgeben von alten Bäumen. Im Garten blühte eine letzte Rose, bevor die Herbststürme auch sie im Wind zerstreute. Die Natur war dabei, sich zurückzuziehen, die Bäume wurden kahl. Doch die kleine Rose leuchtete noch in ihrer ganzen Pracht und streckte die rote Blüte dem Himmel entgegen.

«Schaut mich alle nochmals an, bin ich nicht wunderschön?», rief sie stolz.

«Sicher, du gefällst mir», erwiderte ein Schmetterling und setzte sich sanft auf die Rose, «aber von Bescheidenheit ist bei dir keine Spur vorhanden.»

«Och, du bist ja nur eifersüchtig», meinte die Rose leicht pikiert.

«Überhaupt nicht, aber es gibt so viele Schönheiten, die ganz bescheiden strahlen und andere glücklich machen.» Der Schmetterling flog weiter.

Über Nacht fegten Stürme übers Land, holten die letzten Blätter von den Bäumen und entblätterten auch die Rose.

In den Häusern bereiteten sich die Menschen auf den Winter vor. Die Kinder bastelten schon Weihnachtsdekorationen. Warmes Kerzenlicht schien.

Ein Junge überlegte, wie er wohl dieses Jahr dem Santiklaus seinen Wunsch senden könnte. Schreiben fiel ihm noch schwer. Telefonieren? Was hatte Santiklaus wohl für eine Nummer? Mutter oder Vater fragen ging nicht. Es sollte ja ein Geheimnis sein.

Draussen fielen die ersten Schneeflocken. Gebannt schaute der Junge aus dem Fenster. Da fiel eine besonders schöne Schneeflocke auf den Fenstersims.

«He, was studierst du so ernst?», wollte sie wissen.

«Juchhu, du kannst mich ja verstehen!», jubelte der Junge. «Kannst du meinen Wunsch dem Santiklaus bringen?», fragte er die Schneeflocke.

«Natürlich, was soll es den sein?»

So trug die Schneeflocke den Wunsch in die Waldhütte, in welcher der Santiklaus beim Schreiben war.

Es war eine doch eher ungewöhnliche Art eines Kindes, seinen Wunsch durch eine Schneeflocke zu schicken.

Unterdessen herrschte im Haus des Jungen Hektik und Unruhe, es gab viel zu tun, es wurde ein- und ausgeräumt.

Der Junge spielte in seinem Zimmer und schaute den Schneeflocken zu. Im Garten deckte der Schnee langsam alles zu. Hungrige Vögel meldeten sich und bettelten um Körner.

«Ob die Vögel auch wissen, wo der Santiklaus wohnt?», fragte sich der Junge. Er war plötzlich nicht mehr so sicher, ob die Schneeflocke es geschafft hatte. Zweifel kamen in ihm auf, je mehr Flocken liegenblieben.

Ob er mit einem Vogel reden sollte?
Doch die flogen alle davon, wenn er in den Garten ging. Es liess ihm keine Ruhe.
Am Abend erzählt ihm die Mutter eine Geschichte von den Engeln.
«Wie sieht man die Engel?», wollte er wissen.
«Die kommen, wenn du schläfst und beschützen dich.»
Liebevoll deckte sie ihn zu und gab ihm einen Gutenachtkuss.

Ob vielleicht die Engel seinen Wunsch dem Santiklaus bringen würden?
Unruhig warf er sich im Bett hin und her und konnte einfach nicht einschlafen.
Der Mond schaut auf seiner Runde gerne in die Kinderzimmer, schaut, ob auch alle schlafen und gut zugedeckt sind.
Er entdeckte den Jungen und fragte sich, was der für einen Kummer hatte, dass er nicht schlafen konnte. So schickte er einen Stern zu den Engeln und zog weiter.
Bald stand ein Engel am Bett des Jungen und fragte, was ihn denn nicht schlafen lasse.
«Mein Wunsch für den Santiklaus, den ich einer Schneeflocke mitgegeben habe. Aber jetzt bin ich nicht sicher, ob er auch dort angekommen ist.»
«Ich werde nachschauen, mach dir keine Sorgen. Was war denn dein Wunsch?», wollte der Engel noch wissen.
«Eine Weihnachtskugel, die singen kann und nicht kaputtgeht!», flüsterte er dem Engel zu.
Der Engel lächelte und verabschiedete sich. Was Kinder doch für Wünsche haben! Auch Santiklaus schüttelte den Kopf über diesen Wunsch und konnte sich beim besten Willen nicht erklären, warum eine Weihnachtskugel singen und erst noch nicht kaputtgehen sollte. Das hatte sicher einen Grund und schien das Geheimnis des Jungen zu sein.
In der himmlischen Werkstatt hatte es zwar Kugeln, die Musik machten, aber keine, die singen konnten und zerbrechlich waren sie ausserdem leider alle.
So stand der Engel wieder am Bett des Jungen, um herauszufinden, was dieser Wunsch zu bedeuten hatte. Der Engel erklärte dem Jungen, dass es in der ganzen himmlischen Werkstatt keine einzige Kugel gebe, die singen könne und nicht zerbreche.
Der Junge konnte das fast nicht begreifen.
Der Engel schüttelte den Kopf und fragte: «Warum willst du denn eine solche

Kugel?»

«Meine Mutter ist oft traurig, aber mit Singen wird sie wieder froh. Nur, wenn ich singe, tönt es nicht so gut», sagte der Junge ganz traurig.

«Komm mit mir», sagte der Engel plötzlich, «wir lehren dich singen.»

So lernte der Junge bei den Engeln singen.

Immer wenn seine Mutter traurig war, sang der Junge mit Engelsstimme die schönsten Lieder und alle, die ihn hören, wurden wieder fröhlich.

Eine Vorweihnachtsgeschichte

Es war einmal ein verschneiter Ort. Der Wind blies kalt über die Gegend. Fensterläden schlugen an die Hauswände, Bäume und Büsche wurden geschüttelt. Nichts liess Vater Wind aus, mit grossem Spass trieb er sein Spiel und freute sich, wenn der Schnee von den Sträuchern geschüttelt wurde

Dem Wind trotzend, schlich ein schwarzer Kater durch den Garten. Die Mäuse hatten sich schon lange verkrochen. Dem Kater knurrte den Magen, zielstrebig ging er zum Haus, miaute erbärmlich in der Hoffnung, es werde ihn wohl jemand hören. Die Türe wurde ihm aber nicht sofort aufgemacht. Drinnen waren alle in der warmen Küche versammelt und emsig am Guetzli backen, Weihnachtsvorbereitungen eben. Unbemerkt stopfte der Kleinste hie und da ein Stückchen Teig in den Mund. Es war denn auch Peter, der den Kater miauen hörte und ihm die Türe öffnete.

«War aber auch höchste Zeit. Wolltet ihr mich da draussen erfrieren lassen?»

Leicht gekränkt kam der Kater in die Küche und brachte einen Schub kalter Luft mit hinein. Sein Napf war leer, empörend! Er miaute in den allerhöchsten Tönen, sodass alle vor lauter Schreck ihre Guetzliformen fallen liessen.

«Negri, da bist du ja endlich!»

Schnell bekam er seine Mahlzeit, die er genauso schnell hinunterschlang.

Bald nahm niemand mehr Notiz von Negri, sie machten mit Backen weiter und erzählten sich dabei Geschichten.

Negri mochte diese Vorweihnachtszeit gar nicht. Es schien, als ob niemand mehr Zeit und Aufmerksamkeit für ihn hätte. Gut, sein Fressen bekam er allemal, aber er wollte mehr von seinen Leuten. So zog sich Negri an einen Platz zurück, von wo aus er alles übersehen konnte. Eigentlich liebte er seine Menschenfamilie, er konnte sich seine Freiheiten nehmen, wann immer er wollte. Heute beobachtete er Peter genauer. Der Kleine war gewachsen. Negri hatte irgendwie den Eindruck, Peter habe einen Kummer oder ein Geheimnis; was es wohl war? Im Moment schlich Peter um den Tisch, um an die Teigreste zu kommen.

«Hör auf Peter, du hast genug gehabt, das gibt nur Bauchweh. Mach etwas für dich, wir sind bald fertig.» Seine Mutter schickte ihn in die Stube. Seine beiden grossen Schwestern grinsten vor Schadenfreude.

«Warum kann ich nicht auch mithelfen?», fragte Peter weinerlich.

«Ein anderes Mal», wurde er vertröstet.

So trollte sich Peter in die Stube, ohne zu wissen, was er tun sollte. Negri legte sich zu seinen Füssen und begann laut zu schnurren.

«Du hast es ja gut», dabei beugte sich Peter über Negri und strich ihm liebevoll durch das Fell.

«Sag mal Peter, hast du Kummer oder nur ein Geheimnis? Mir kannst du es ja sagen, du weisst, dass ich schweigen kann.»

Peter erschrak. Zum ersten Mal verstand er die Sprache von Negri.

«Wie kommst du darauf, dass ich ein Geheimnis haben solle?», wollte Peter wissen.

«Na, weisst du, das ist unser siebte Sinn, wir spüren so etwas!»

Negri drehte sich auf den Rücken, das war ein Zeichen von Vertrauen. Peter schwieg und seufzte tief.

«Ach Negri, bald ist Weihnachten und ich möchte meinem Freund Mali helfen. Weisst du, sie sind sehr arm und noch nicht lange in unserem Ort. Aber wie? Ich habe ja kein Geld.»

«Hast du schon mit deiner Mutter darüber gesprochen?»

Negri schaute Peter nun direkt an.

«Nein, das geht nicht. Sie mag diese Familie nicht, es seien Zigeuner, da müsse man aufpassen. Aber Mali und ich verstehen uns, ich hab ihn sehr lieb.»

Nun schwieg der Kater. Er wusste mehr als die meisten, kam er doch viel herum. Er kannte die Küche von Malis Familie. Nein, da gab es nicht viel, schon gar nicht für einen Kater. Mali streichelte ihn immer, wenn er vorbeikam und sprach mit ihm.

«Weisst du Kater, wir sind sehr arm, niemand mag uns, ich weiss nicht warum.» Dabei kamen Mali schon die Tränen.

«Nur Peter mag mich», sagte Mali dann ganz schnell und schaute dabei sehnsüchtig zu Peters Haus hinüber, wo ein warmes Licht aus dem Küchenfenster schien.

«Was sie wohl gerade kochen?»

Dabei knurrte Malis Magen vor Hunger.

«Peter, könntest du nicht vielleicht ein paar von diesen Guetzli zu Mali bringen?», fragte Negri nun.

«Das heisst, ich müsste sie heimlich nehmen», meinte Peter. Das wäre kein einfaches Unternehmen, denn die Küche und die Guetzli wurden bewacht.

So schlich denn Peter als alles schlief in die Küche, packte schnell ein paar Guetzli in einen Plastiksack, schlich aus dem Haus und legte sie auf den Fenstersims von Mali.

Am anderen Tag war Peter krank und fieberte. Der Arzt musste kommen und untersuchte Peter genau. Er kannte ihn gut.

«Peter muss einen Kummer haben», meinte der Arzt. Alle schauten ihn erstaunt an.

Im Fieberwahn rief Peter immer wieder nach Mali. Der Arzt liess Mali holen. Mali, in ärmliche Kleider gehüllt, kam ans Bett von Peter.

«Peter hörst du mich? Danke für die feinen Guetzli, sie waren wunderbar», flüsterte Mali in Peters Ohr.

Peter schlug die Augen auf.

«Mali, du bei mir?» und er strahlte wie schon lange nicht mehr.

«Mami, das ist mein Freund Mali, ich habe ihn sehr lieb auch wenn er arm ist.»

Betroffen schaute ihn die Mutter an.

Sie hatte verstanden, alle Vorurteile fielen von ihr ab.

Es wurde ein besonderes Weihnachtsfests in jenem Jahr. Am Weihnachtsabend sassen die Familien von Mali und Peter um den Küchentisch. Verständnis und Liebe waren eingekehrt.

Zufrieden schnurrte Negri vor sich hin.

Peter Pan und der kleine Tannenbaum

Es war einmal in einer Stadt, am Ende einer Strasse in einem kleinen Park. Im Sommer spielten dort die Kinder. Doch jetzt kurz vor Weihnachten, nachdem der erste Schnee gefallen war, war der kleine Park leer und vereinsamt.

Mitten im Park stand ein Brunnen mit der Figur des Peter Pan. Im Moment hatte Peter Pan einen Schneehut auf. Die Vögel kamen zum Brunnen, um zu trinken. Die Bäume im Park hatten sich zurückgezogen, ringsumher war es sehr still geworden. Von Weitem hörte man den Strassenverkehr, aber das Kinderlachen war verschwunden.

«Wie langweilig es doch geworden ist», seufzte Peter Pan vor sich hin.

Da erklang plötzlich Glockengeläute: Santiklaus mit seinem Esel Balthasar kam über den Platz.

«Könnte ich doch mit ihm gehen, statt auf diesem Brunnen zu stehen.» Sehnsüchtig schaute er dem Santiklaus nach.

In der Nacht konnte Peter Pan beim besten Willen nicht schlafen. Da wurde es plötzlich hell auf dem Brunnenrand. Erstaunt rieb er seine Augen, um besser zu sehen. Wahrhaftig, da sass ein kleiner Engel.

«He, was machst du da?», fragte Peter Pan voller Erwartung.

«Ich suche Peter Pan, der sich wünscht, mit dem Santiklaus zu gehen. Bist du das?»

Vor lauter Staunen konnte er nur mit dem Kopf nicken.

«Na, dann komm, du wirst erwartet, es gibt noch so viel zu tun.»

So ging der Engel mit Peter Pan davon; zurück blieb der leere Brunnen.

Vorerst fiel das Fehlen von Peter Pan niemandem auf. Eingehüllt in Tücher, mit Hüten auf dem Kopf gegen die bissige Kälte und das Schneetreiben, eilten alle am Brunnen vorbei.

Nur ein kleiner Junge, der seinen ersten Schneeball machte und sich gerade überlegte, ob der Schnee auch für einen Schneemann reichen würde, bemerkte das Fehlen von Peter Pan.

«Wo haben sie ihn denn hingetragen?», rief er laut. Doch das kümmerte keinen Menschen.

An einer Strassenecke wurden schon Weihnachtsbäume verkauft.
«Weisst du, wo Peter Pan ist?», fragte er den Verkäufer; der aber verneinte. Er fragte seine Eltern, aber auch die wussten es nicht, in der Zeitung stehe darüber nichts geschrieben.
Der Lehrer in der Schule schüttelte den Kopf. Was interessierte ihn schon eine Bronzefigur auf einem Brunnen.
«Peter Pan ist fort», erzählte er allen Kindern. «Wir müssen ihn suchen gehen.»
Doch alles Suchen brachte nichts, Peter Pan war und blieb verschwunden.
Fleissig wurden Verse gelernt und Geschenke gebastelt. Dann endlich kam der Santiklausentag. Mit glänzenden Augen warteten alle Kinder auf ihn, nochmals schnell die Verse repetierend.
Dann hörte man leise von ferne das helle Glockengeläute vom Santiklausenschlitten mit dem Esel Balthasar davor.
«Er kommt, er kommt!», jubelten alle und rannten dem Santiklaus entgegen.
Doch wer sass da im Schlitten und läutete mit der Glocke? Peter Pan!
«Darum haben wir dich nicht mehr gefunden!», rief der Junge erstaunt aus.
«Hast du mich denn gesucht?», fragte Peter Pan lachend.
«Aber sicher, du hast mir doch so gefehlt. Der Platz ist ohne dich so leer», erwiderte der Junge und rannte neben dem Schlitten her.
In der Heiligen Nacht stand Peter Pan wieder mit einem glücklichen Lächeln auf dem Brunnen. War das doch schön gewesen, mit dem Santiklaus zu den Kindern zu gehen.
«Komm, Peter Pan, du vergeudest hier nur deine Zeit. Das Christkind könnte deine Hilfe auch gebrauchen.»
So holte ihn der Engel zum zweiten Mal vom Brunnen. Diesmal chauffierte Peter Pan den himmlischen Schlitten. An der Strassenecke stand einsam und verlassen ein kleines mickeriges Tannenbäumchen, das man nicht mehr verkaufen konnte.
«Oh bitte, bitte nimm mich mit, kein Mensch will mich, bitte, bitte!»
Also nahm Peter Pan den kleinen Tannenbaum auf seinen Schlitten.

«Dich müssen wir aber noch tüchtig schmücken», meinte Peter Pan.
Bald schon war das kleine Tannenbäumchen nicht wiederzuerkennen. Ganz weiss mit Silberkugeln, glitzernden Verzierungen und schneeweissen Kerzen sah es himmlisch aus.
«Wo bringst du mich hin?», wollte es wissen.
«Zu Kindern, die noch nie ein Weihnachtsbäumchen gehabt haben.»
Schon bald stand es in einer ärmlichen Stube, umringt von drei Kindern. Bewundernd und mit glänzenden Augen wurde das Bäumchen betrachtet. Als die Kerzen brannten, sangen die Kinder Weihnachtslieder in tiefer Dankbarkeit für dieses Bäumchen.
«Du hast uns sehr glücklich gemacht», sagte die Kleinste zu ihm.
«Noch nie hatten wir ein Bäumchen. Du bist der schönste Tannenbaum der Welt», flüsterte ihm das zweite Kind zu.
«Dich hat uns der Himmel geschickt», sagte das dritte Kind mit Tränen in den Augen.
«Dabei wollte mich gar niemand haben. Nur Peter Pan hat mich mitgenommen und mich so schön geschmückt», dachte das kleine Tannenbäumchen still für sich.

Waldweihnachten bei der Kräuterfrau Susan

Es war einmal an einem nebligen Tag, an dem die Schneeflocken ununterbrochen zur Erde segelten und diese mit einer dichten Decke zudeckten.
Im Wald wurden den Bäumen die Äste immer schwerer unter der kalten Last. Die Häuser sahen aus wie überzuckerte Lebkuchenhäuschen. Nur wenige Menschen wagten sich aus den warmen Stuben. Die Waldtiere suchten Schutz vor der weissen Pracht und stellten sich dicht zusammen, um sich zu wärmen.
Das Futter wurde knapp.
«Wenn das so weitergeht mit Schneien müssen wir hungern und das an Weihnachten», murmelte der Hirsch zu den Rehen und schaute dabei besorgt zum Himmel. Nebel und Schnee wurden immer dichter.
«Juhui, ist das herrlich», jauchzten die tanzenden Schneeflocken einander zu. Sie amüsierten sich köstlich über die Bemühungen der Menschen, mit ihnen allen fertig zu werden.
«Sie wollten eine weisse Weihnachten, ihren Wunsch haben wir ihnen erfüllt und doch sind sie nicht zufrieden», bemerkte eine grosse Schneeflocke.
«Allen recht getan ist eine Kunst, die niemand kann», kam es altklug als Antwort einer anderen Schneeflocke.
Draussen im Wald war es still geworden, nichts bewegte sich, als ob sich die

Natur nun ganz zurückgezogen hätte.

Die alte Eule der Kräuterfrau Susan schüttelte sich schon zum x-ten Mal, um den Schnee aus ihrem Federkleid loszuwerden.

«Heute wird wohl nichts mit Mäuse jagen», meinte sie und flog zum Waldhaus der Kräuterfrau. Mit lautem Uhurufen lockte sie Susan vor die Tür. Ein Lichtstrahl von Wärme schien auf den Schnee, als Susan öffnete.

«Wo warst du so lange, alter Uhu, komm herein, heute gibt es ein Festessen für alle!»

Die Eule flog in der Küche auf die Fensterbank.

«Lass mein Alter aus dem Spiel, ich bin noch fit wie eine Junge. Nur der Schnee hindert mich am Jagen», murrte die Eule.

«Schon gut», Susan rührte weiter in ihren Töpfen. Ein herrlicher Duft breitete sich aus. Es roch nach Kräutern aus dem Wald. Bilder von Frühling, Sommer und Herbst stiegen aus der Erinnerung auf.

«Ich werde mich in den Winterschlaf zurückziehen», meinte die Eule und wunderte sich, was wohl für sie in den Töpfen zum Essen dabei sein könnte. Susan kannte die Gedanken der Eule sehr gut und lächelte leise:

«In diesen Töpfen ist nichts für dich dabei», und rührte weiter.

«Warum hast du mich denn hereingerufen?»

Die Eule hatte Hunger und das machte sie immer gehässig. Zudem wusste sie genau, dass Susan kein Fleisch ass, dafür liebte sie die Tiere viel zu sehr. In einem harten Winter wie diesem half sie den Tieren so gut sie konnte.

«Erwartest du vielleicht noch jemanden?», wollte die Eule wissen.

«Dass du immer so neugierig bist und nicht warten kannst», war alles, was sie zur Antwort bekam.

Draussen fiel der Schnee weiter. Plötzlich hörte man leises Glockengeläute, dann singende Kinderstimmen, die näher kamen.

Die Eule wurde unruhig, sie liebte die Menschen nicht besonders, zudem fühlte sie sich in dieser Küche eingeschlossen.

«Lass mich raus, hier ist es mir zu warm und meinen Hunger kannst du mir ja auch nicht stillen», bemerkte sie noch spöttisch.

«Wie du willst», Susan öffnete die Tür.

Draussen stand eine Kinder-

schar, frierend, aber mit leuchtenden Augen. Sie waren umringt von allen Waldtieren, die hungrig waren wie die Eule. Diese flog auf den nächsten Baum, um in Sicherheit zu sein.

Susan lachte. «Kommt Kinder, helft mir, das Heu unter den Rehen zu verteilen, die Hasen bekommen das Gemüse, die Körner kommen ins Vogelhäuschen und die Eule bekommt das Hackfleischplätzchen», dabei schaute Susan lachend in den Baum, wo die Eule sass.

Flink verteilten klamme Kinderhände alles an die Tiere. Dann wurden die Kinder in die warme Küche gerufen, in der Liebe, Wärme und eine köstliche Mahlzeit auf sie warteten.

Bevor Susan den Brombeerkuchen verteilte, nahm sie ein altes Buch vom Regal und las ihnen die Weihnachtsgeschichte vor. Sie erzählte nicht nur von den Hirten auf dem Felde, vom Engel, der die frohe Botschaft verkündete und dem Jesuskind in der Krippe mit Maria und Josef; nein, auch von den Tieren und ihrer Not auf Erden, von den Bäumen und den Heilkräutern.

Es wurde dunkel, die Tiere kehrten zu ihren Schlafplätzen zurück, als die Kinder mit roten Backen und leuchtenden Augen immer noch der Kräuterfrau Susan zuhörten. Sie gelobten alle, immer gut zu den Tieren zu sein.

Doch auch die längste und noch so spannende Geschichte nimmt einmal ein Ende. Draussen hatte der Schnee die Erde zugedeckt, drinnen deckte Susan die Kinder mit Decken zu und liess sie von Weihnachten und glücklichen Tieren träumen.

*Wer dem Flügel des Geistes nicht auch
in der Tier- und Pflanzenwelt Schutz gewährt,
dem ist die Lilie des Herzens
an der Oberflächlichkeit seines Fühlens und
Denkens zerbrochen.*
　　　　　　　　　　　　　Trudi Harmath Bachmann